형통의 축복을 받아 누리는 비결을 알려주는 가이드

형통의 복을 받는법

강요셉 지음

모든 성도는 형통의 축복을 받을 자격이 주어졌다.
형통의 축복은 모든 성도가 받아 누려야 하는 것이다.

형통의 축복을 받는 방법을 명확하게 알려주는 책

성령

형통의 복을 받는 법

성령

들어가는 말

하나님은 형통이십니다. 성도는 누구나 하나님이 함께 하시면 형통의 복을 받게 됩니다. 모든 사람들이 세상을 살아가면서 모든 일에 형통한 삶을 살아가고자 하는 소망은 누구에게나 다 있는 것입니다. 과연 형통의 복은 무엇일까요? 세상 사람들은 복을 어떻게 생각하고 있을까? 세상적인 복의 개념을 먼저 생각해 볼 필요가 있습니다.

새해가 되면 복 받으라는 인사를 많이 합니다. 인사뿐만 아니라 복주머니, 복조리 등이 잘 팔립니다. 우리나라의 생활의 도구 속에도 복이라는 글이 많이 쓰여 있습니다. 옛 사람들은 5복을 ① 훌륭한 아내를 맞이하는 것, ② 부유해 지는 것, ③ 평안을 누리는 생활, ④ 넉을 쌓는 일, ⑤ 죽을 때 뜻을 이루는 것이라고 했습니다. 그러나 세상의 모든 사람들은 그것을 복이라고 생각하지 않고 많이 있는 것을 복이라고 생각하고 성공이라고 생각하고 있습니다. 형통은 자기가 하는 것은 무엇이든지 모든 것이 잘 되는 것이라고 생각합니다.

그러면 믿음으로 살아가는 성도들의 형통의 복과 원하는 복을 받고자 하는 신앙 안에서 복의 개념은 무엇일까요? 현실 속에서 세상이 말하는 복과 말씀 안에서 복의 개념이 무엇이 다른지 생각해 볼 수 있어야 합니다. 성도들이 믿음 안에서 복을 받기 원하는데 믿음 안에서 복을 받는다는 것은 누구에게로부터 복을 받겠다는 것인가요? 복을 주실 분은 하나님이십니다.

　하나님께 빈다는 성경적인 표현은 하나님의 뜻이 이루어지기를 위한 간구인데, 오히려 우리는 자기의 유익을 위하여 간구하는 자기중심적인 기도가 변질된 모습을 보게 됩니다.

　그래서 성도들도 복의 개념을 많은 것으로 잘못 이해하는 부분이 많이 있습니다. 무엇이든지 많은 것이 복의 척도로 생각하게 됩니다. 즉 다복(많은 것이 복)의 개념입니다. 교회가 구속의 복음과 십자가를 통한 구원의 사역, 내가 져야할 십자가는 멀리하고 사는 날 동안 물질, 건강, 명예, 권력 등 세상적인 번영만을 요구하고 강조한다면 일시적인 성공과 복이 될지는 모르나 예수 그리스도 안에서는 완전한 실패의 삶을 사는 것이 됩니다.

　그러므로 교회, 목회자, 성도들은 성경이 말하고자 하는 복의 의미를 바로 알아야 합니다. 하나님이 말씀하시는 복은 하나님과 함께 하시는 것이 복이라는 것입니다. 저자는 이 책에서 형통의 복이 무엇인지 분명하게 할 것입니다. 독자 여러분 이 책을 통하여 형통의 복을 모두 받으시기를 바랍니다.

　주후 2013년　06월 10일
　충만한 교회 성전에서
　저자 강요셉목사.

형통의 복 목차

들어가는 말 -3

1부 형통의 성경적인 원리

1장 형통의 복을 받은 체험 -7

2장 형통의 복을 받으려면 -32

3장 형통한 사람이 되려면 -49

4장 형통의 복을 받는 비결 -62

5장 범사에 형통한 사람의 특징 -79

6장 꿈을 가진 자가 형통한다. -98

7장 기도하는 성도가 형통한다. -114

8장 형통의 복을 받는 영적원리 -132

2부 형통의 복을 받는 법

9장 형통한 삶을 살려면 −152

10장 형통하고 번성하는 길 −171

11장 야곱의 습관과 형통의 복 −191

12장 요셉이 받은 형통의 복 −212

3부 형통의 복을 받아라.

13장 영혼에 임한 형통한 복 −230

14장 건강에 임한 형통의 복 −250

15장 형통한 가문을 이루는 비결 −269

16장 물질에 임한 형통의 복 −288

4부 형통의 복을 누리라.

17장 평상시에 받는 형통의 복 −306

18장 환난 통해 받는 형통의 복 −325

19장 형통하고 창대해지는 복 −348

1부 형통의 성경적인 원리

1장 형통의 복을 받은 체험

(수 1:7-8)"오직 강하고 극히 담대하여 나의 종 모세가 네게 명령한 그 율법을 다 지켜 행하고 우로나 좌로나 치우치지 말라 그리하면 어디로 가든지 형통하리니, 이 율법책을 네 입에서 떠나지 말게 하며 주야로 그것을 묵상하여 그 안에 기록된 대로 다 지켜 행하라 그리하면 네 길이 평탄하게 될 것이며 네가 형통하리라"

사람들이 세상에서 바라고 원하는 것 중 하나는 모든 일이 형통하는 것일 것입니다. 형통이 무엇인데 그렇습니까? 형통은 막히지 않고 순조롭게 되는 것입니다. 이 책을 통하여 목회하시는 분은 목회가 형통하게 되기를 바랍니다. 사업을 하는 분은 사업이 형통하게 되기를 바랍니다. 공부하는 학생은 공부가 형통하게 되기를 바랍니다. 직장에 다니시는 분은 직장에서 하는 일이 형통하게 되기를 바랍니다. 자녀를 기르는 어머니는 자녀들이 형통하게 되기를 바랍니다. 장래의 일을 계획하는 사람은 그 계획이 형통하게 되기를 바랍니다.

그러므로 형통의 복을 받으면 승승장구합니다. 날이 갈수록 커갑니다. 매사가 잘되어 갑니다. 그러니 이 형통의 복을 마다할 사람이 어디 있겠습니까? 사람이라면 누구나 다 이 복을 바랄 것입니다. 성경에 보면 이런 형통의 복을 누렸던 인물들이 많이 있습니다.

 대표적인 사람으로서 먼저 요셉을 들 수 있습니다. 요셉은 그의 생애 속에서 많은 어려움과 역경을 겪었습니다. 그러나 그의 생애를 살펴보면 그는 형통하는 삶을 살았습니다. 그는 노예로 팔려갔다가 나중에는 애굽의 총리대신이 되었습니다. 또 다른 사람으로서 여호수아가 있습니다. 위대한 지도자 모세가 죽자 여호수아가 그의 뒤를 이어 지도자가 되었습니다. 처음에 그는 어떻게 이 많은 이스라엘 백성들을 지도해야 할지 몰라서 두려워하였습니다. 그러나 하는 일마다 성공하여 마침내 가나안 땅을 정복했습니다. 그리고 또 다른 사람으로서는 다니엘이 있습니다. 다니엘은 이스라엘 멸망 후 적국에 포로로 잡혀갔습니다. 그러나 그곳에서 형통하는 삶을 살아 높은 관직에 올랐습니다. 전쟁 포로로 잡혀간 그였지만 그는 그 나라를 다스리는 사람이 되었습니다. 이 외에도 모세, 다윗, 솔로몬, 히스기아, 등 수많은 사람들이 이 형통의 복을 누리고 살았습니다. 현시대에 와서는 필자가 형통의 복을 받았다는 것을 체험하며 살아가고 있습니다. 이와 같이 형통의 복을 받으면 성공적인 삶을 살 수 있는데 그러면 어떻게 해야 이 복을 받을 수 있겠습니까? 무엇보다도 하나님의 마음에 합한자가 되어야 합니다. 지금부터 필자가 형통의 복을 받게 된 체험을 기록합니다. 많은 유익이 있으시기를 바랍니다.

1. 하나님의 뜻을 따랐다.

저는 군대에 가서 출세하겠다는 청운의 꿈을 품고 23년간 나의 모든 지혜와 노력을 다해 열심히 군대생활을 했습니다. 그러나 내가 생각하는 것처럼 잘 풀리지 않았습니다. 이상하게 결정적인 순간에 사람을 통하여 방해하는 일이 생겨서 더 이상 군생활을 할 수 없는 처지가 되었습니다. 그렇게 어려워도 중병에 걸리지 않았고 물질문제로 거지가 되지 않았다는 것입니다. 어려움 중에도 술술 일이 잘 풀렸다는 것입니다. 이것 또한 형통의 복이라고 할 수가 있습니다.

한 가지 감사한 것은 아무리 어려워도 정직하고 깨끗하게 살았다는 것입니다. 하나님은 깨끗하고 정직한 사람을 들어 사용하십니다. 저는 하나님의 마음에는 들었지만, 사람의 마음은 움직이지 못해서 앞길이 막힌 것입니다. 저는 군에서 할 일이 너무나 많았습니다. 글을 쓰는 달란트가 있었기 때문에 제가 근무하는 분야에 발전시킬 것들이 많았습니다.

그러나 모든 것이 안개같이 사라지고 말았습니다. 지금 생각하면 하나님이 저를 통하여 하실 일이 있었다는 것입니다. 그것은 글을 쓰는 은사를 가지고 기독교계의 영성을 발전시키고, 책을 내서 성도들을 깨우게 하는 깊은 사명이 있었던 것입니다. 하나님의 편에 서서 생각하면 지금이 훨씬 유용하게 저를 사용하는 것입니다. 앞길이 막혀서 마땅히 갈 바를 몰랐습니다. 눈앞이 캄캄했습니다. 그때 내 나이는 40대 초반 이었습니다. 여러 가지 우여곡절로 인하여 자녀가 늦게 태어났습니다. 당시 우리 아이들이 초등학교 일학년, 삼학년을 다녔습니다. 앞길이 막막하니 그제야 하나님이 저에게 부여한 사명이 어디에 있는지 하나님에게 구했습니다.

그러자 길이 두 개가 나타났습니다. 한 길은 사람이 제시하는 길입니다. 이 길은 눈에 보이고 제가 쉽게 갈 수 있는 길입니다. 또 다른 한 길은 하나님이 알려주시는 길이었습니다. 이 길은 한 번도 가 본적이 없는 길이었습니다. 저는 선택의 기로에 서있었습니다. 사람이 알려준 보이고 편안한 길을 갈 것인가? 하나님이 제시한 보이지 않는 길을 따라갈 것인가? 기도하고 또 기도했습니다.

그때 제가 고민할 때 결정적으로 방향을 정하게 하는 말을 해주는 분을 만났습니다. 저와 같이 하나님이 알려주는 길을 마다하고 편안한 세상길을 가다가 간암에 걸려서 지금 육 개월 시한부 인생을 살고 있는데, 이제야 하나님이 원하는 길을 가겠다고 한다는 것입니다. 그러면서 저보고 집사님도 그렇게 된 다음에 하나님이 원하시는 길을 간다고 하면 때는 늦은 것이니 지혜롭게 판단을 하라는 것입니다.

　그래도 제가 자존심이 있고 고집이 있어서 절대로 하나님이 나에게 알려주시고 보여주시지 않으면 절대로 가지 않겠다고 했습니다. 정말로 지금 생각하면 하나님의 함께하심을 체험하게 하시려는 하나님의 역사입니다. 우리 교회에서는 하나님의 음성을 듣는 훈련과 예언사역자 훈련을 하고 있습니다. 훈련 교재에 보면 하나님의 뜻을 아는 기본원칙이 있습니다. 하나님의 뜻을 아는데 다른 사람을 의지하는 것은 절대로 안 된다는 것입니다. 꼭 본인이 하나님에게 기도하여 뜻을 알고 행동에 옮겨야 합니다. 다른 사람의 말은 참고로 할 수는 있어도 결정을 해서는 안 된다는 것입니다. 하나님의 역사로 기도원에 가서 하나님이 나에게 직접 징표로 보여주시면 목사가 되겠다고 금식하며 기도를 했습니다. 당시 저는 하나님의 소리를 듣지 않으려고 정신을 바짝 차리고 기도하는데 음성이 들릴 리가 만무하지 않습니까? 절대로 목사가 되어야 한다는 소리를 들으면 되지 않았기 때문에 정신을 차리고 정한 기간 동안 기도를 한 것입니다.

　원래 하나님의 음성을 들으려면 자신의 의지를 내려놓고 성령의 깊은 임재 하에 들리는 것입니다. 계속 기도하다 산에서 내려오는 날까지 보여주시지를 않아서 너무 기쁘고 황홀했습니다. 그러나 그 다음이 문제입니다. 아침에 집으로 가려고 준비를 하는데 계속 방언기도가 끊어지지 않고 나왔습니다.

　차를 탈 때까지 계속 방언기도가 나왔는데, 차를 타고 휴우!

이제 음성을 듣지 못했으니 목사가 되지 않아도 되겠다. 할렐루야! 하고 기분이 좋아서 그만 마음을 놓고 방언으로 몰입되어 기도하다가 성령의 깊은 임재(입신)에 들어가 황홀한 중(비몽사몽)에 환상이 보이기 시작하더니, 그림이 많이 보이고 지나가고 했습니다. 마치 비행기를 탄 것 같이 하늘 위에서 땅을 바라보면 보이는 것같이 여러 건물들과 산과 바다를 지나갔습니다. 그러다가 아무도 없는 건물에 들어가 강대상 앞에 서니 사람들이 금방 모여들었습니다. 꼭 많은 사람들이 시청 앞에 사람이 모이는 장면을 방송사에서 빨리 돌아가게 하는 것과 똑 같았습니다. 별별 사람들이 다 모여 있었습니다. 그리고 사람들이 다 차자 다른 교회 건물로 제가 들어갔습니다.

거기서도 사람들이 막 모여들면서 금방 가득하게 찼습니다. 이제 또 다른 건물인데 이번에는 아주 큰 건물이라 전체를 한 번에 보여주지 않았습니다. 한 군데 한 군데 나누어서 보여주시는데 마치 우리나라에서 가장 크다고 하는 ○○○기도원 성전과 같은 것을 보여 주시는데 사람들로 가득하게 찼습니다. 그리고 다시 걸어서 조그마한 산에 올라갔는데 올라가 보니, 세 사람이 십자가에 달려있었습니다. 그래서 제가 군복을 입고 지나가면서 "어떤 분이 예수님 인가요" 했습니다. 그러니까 가운데 십자가에 달려 피를 흘리고 계시는 분이 "내가 예수다" 하며 손을 내밀며 말씀하셨습니다. 그분이 저에게 손을 내미시는데 손에 종이를 만 무엇을 나에게 주어 내가 막 받아드는데 옆에 계시던 분이 내릴 때가 되었다고 깨우며 준비하라고 해서 깨어 났습니다.

　지금도 생각하면 정말 신비스럽습니다. 어떻게 십자가에 달린 주님과 이야기하고 나니 차에서 내릴 시간이 되었는가 말입니다. 이것은 도저히 사람의 이론으로는 해석이 안 됩니다. 그래서 성경을 보니 예수님이 십자가에 달릴 때 양편에 강도가 있었으니 세 사람이 맞습니다. 그래도 저는 집에 돌아가 사모에게 귀신들이 나를 목사 되게 하려고 헛것을 보여 주었다고 했습니다. 그러나 제가 기도를 하면 할수록 정확하다는 감동이 오고, 또 본 것을 아무에게도 말하지 말고 입을 다물고 있으라는 감동을 주셔서 아무에게도 말을 하지 않고 있었습니다. 그러다가 2002년 8월경에 기도하니까 이제 말을 해도 된다는 감동이 와서 여기에 기록합니다. 그래서 저는 목사가 된 것이 사발적으로 된 것이 아니고 하나님의 강권하심으로 할 수 없이 된 것입니다. 보여주시면 하겠다고 하고 산에 기도하러 갔으니, 약속을 지켜야 되어 나이 40대 초반에 신학을 시작했습니다. 이 길은 한 번도 가 본적이 없는 길입니다. 그러나 하나님이 저에게 사명을 확실하게 보여 주셨기 때문에 담대하게 순종할 수가 있었습니다.

　그래서 아브라함이 고향과 친척과 아버지의 집을 떠나 내가 네게 지시한 땅으로 가라는 말씀에 순종한 것같이 순종하여 식구들을 데리고 서울로 올라와 신학대학원을 다니게 된 것입니다. 다행히 하나님이 원하시는 사명이 결정된 후로 좌로나 우로나 치우치지 않고 하나님이 예비한 길을 따라 왔습니다. 그래서 귀한 시간을 낭비하지 않았습니다. 성령의 인도를 따라왔지만, 저에게 환상으로 보여준 것같이 금방 되지 않았습니다.

그래서 하나님에게 항변 하다가 음성으로 찬양으로 하나님의 위로도 많이 받았습니다. 교회를 개척하여 퇴직금으로 받은 물질 다 날아가고 이제는 하나님의 역사 외에는 도저히 해결할 수 없는 상황에 처하게 하시기도 했습니다. 교회 뒤에 칸을 막고 4년을 우리 자녀들하고 지내기도 했습니다. 어떻게 해서라도 내가 열심히 해서 교회를 부흥시키려 하다가 뜻대로 되지 않아 하나님에게 어떻게 해야 합니까? 하나님에게 항변도 하며 기도할 때 하나님이 앞으로는 영성이다. 영성! 영성! 21세기는 영성이다. 라는 음성을 듣고 영성에 관심을 가지고 치유도 받고 말씀도 들었습니다. 병원에 환자들을 기도해주다가 귀신에 눌려 한 동안 고통을 당하기도 했습니다. 그 고통을 치유하려다가 여러 가지 성령의 역사를 체험하였습니다. 성령을 체험하며 심령을 내적 치유하니 성령의 권능이 나타나 성령치유 사역을 하였습니다. 성령의 인도에 순종하고 따라오다 보니까, 지금 여기까지 온 것입니다. 그래서 서울 강남 방배동에서 성령으로 치유목회를 하고 있는 것입니다. 내가 군대에서 나올 때는 이렇게 되리라고 꿈에도 생각하지 못했는데 하나님의 인도를 따라 오다 보니 이렇게 된 것입니다. 하나님이 자신에게 주신 사명을 알았으면 좌로나 우로나 치우치지 말고 하나님만 바라보고 따라 가시기를 바랍니다. 그러면 때가 이르매 거둔다는 말씀대로 하나님에게 귀하게 쓰임 받으며 하나님의 때를 만날 수가 있는 것입니다. 하나님의 뜻이 있는 곳에는 반드시 길이 있습니다. 문제는 하나님과 영의 통로를 여는 것입니다. 영의 통로는 하나님의 뜻에 순종하는 것입니다. 하나님만 의지하는 것입니다. 지속적으로 하나님과 교통하며 음성을 듣는 것입니다. 이것이 영의 통로입니다. 내가 여기서 말하고 싶은 것은 자신의 생각대로 잘 나갈 때는 하나님의 사명을 깨닫지 못합니다. 자신의 힘과 지혜로 살다가 생각대로 되지 않아 고난을 통해야 비로소 하나님이 자신에게 부여한 사명을 찾는 다는 것입니다. 저의 인생경험에 비추어 보아 사명은 빨리 발견하는 것이 좋습니다.

사명을 발견하고 하나님이 예비한 길을 따라가다 보면 반드시 저와 같은 형통의 복을 받게 됩니다. 아니 형통의 복이 나와 함께 했구나! 간증하게 될 것입니다. 책을 읽는 독자분이여 지금 현실이 막막하고 어려워도 좌절하거나 낙심하지 말고 하나님의 분명한 뜻을 구하시기를 바랍니다. 하나님의 뜻을 알아내는 것이 형통의 복을 받는 입구가 됩니다.

2. 영성을 깊게 하려고 노력했다.

하나님은 영이십니다. 아무리 하나님의 뜻을 알고 하나님이 예비한 길을 따라가도 영이신 하나님과 같은 영성이 되지 않으면 형통의 복은 미루어집니다. 다행히 저는 하나님께서 알려주셔서 영성에 눈을 뜨게 되었습니다. 영성도 성령으로 세례를 받고 내적치유를 해야 깊어진다는 것을 알게 되었습니다. 성령으로 세례를 받고 내면의 상처를 치유해야 땅의 사람이 하늘의 사람으로 바뀌기 때문입니다. 그래서 저의 사모하고 함께 매주 월요일부터 목요일까지 일 년이라는 세월을 투자하여 성령을 체험하며 내면을 치유 받았습니다. 내적상처만 치유 받으면 되는 것이 아니라 자아를 부수어야 됩니다. 자아는 지금까지 세상을 살아가면서 배우고 터득한 내용들입니다. 제일 자아를 빨리 부수는 방법은 내 힘과 지식으로는 아무것도 할 수 없다는 것을 발견하는 것입니다. 모든 것을 하나님에게 문의하여 해결해야 된다고 알고 행하면 자아는 빨리 부수어집니다. 제가 성령치유 사역을 하다 보면 세상에서 하던 행동을 예수 믿고도 끊지 못하여 귀신들이 떠나가지 않는 분들이 있습니다. 그렇게 강조를 해도 알아듣지 못합니다. 귀신들이 들을 귀를 막아버려서 그러는 모양입니다.

좌우지간 성령을 체험하고 내면의 상처를 치유하고 자아를 부수어야 땅의 사람이 하늘의 사람으로 바뀌어서 형통의 복을 받게 되는 것입니다. 말씀과 성령으로 땅의 사람이 하늘의 사람으로 바뀌기 시작하면 비로소 혈통에 역사하던 빈곤 귀신들이 떠나가는 것입니다. 절대로 상처와 자아가 부수어지기 전에는 자신의 앞길을 막는 귀신은 떠나가지 않습니다. 하나님을 따라가는 길을 막는 귀신을 쫓아내지 않으면 형통의 복을 받지 못합니다. 그런데 아무리 조상의 우상숭배를 인정하고 회개를 해도 성령의 역사가 일어나지 않으면 헛일입니다. 성령의 역사가 일어나야 합니다. 성령의 역사가 형통의 복으로 인도하기 때문입니다. 형통의 복을 받으시려면 성령으로 세례를 받으십시오. 그리고 상처를 내적치유 하십시오. 자아를 부수고 혈통에 역사하는 귀신들을 말씀과 성령으로 찾아서 원인을 제거하고 쫓아내야 합니다. 그리고 지속적으로 성령으로 충만한 믿음 생활을 하십시오. 그러면 당신도 형통의 복을 받게 될 것입니다. 그리고 나도 형통의 복을 받았다고 간증하게 될 것입니다.

성령의 세례와 충만에 대하여는 근간 출간 예정인 "**불같은 성령으로 충만받는 법**"을 읽어보시기를 바랍니다. 여기에는 성령으로 세례를 받는 비결과 성령의 불세례는 왜받아야 하는가? 항상 성령으로 충만받는 여러가지 비결들이 제시되어 있습니다.

3. 강한 영적전쟁을 했다.

우리가 예수를 믿고 성령으로 세례를 받으면 영적인 전쟁을 피할 수 없습니다. 영적인 전쟁에 승리해야 형통의 복 받으면서 살아갈 수가 있습니다. 예수님도 성령으로 세례를 받으시고 광야에서 주리시면서 마귀와 전쟁을 하셨습니다. 우리도 마찬

가지입니다. 영적인 전쟁 없이 형통의 축복은 없습니다.

하나님은 분명하게 말씀하셨습니다. 여호수아에게 이렇게 말씀하셨습니다. 여호수아 1장 3-4절에서"내가 모세에게 말한 바와 같이 너희 발바닥으로 밟는 곳은 모두 내가 너희에게 주었노니, 곧 광야와 이 레바논에서부터 큰 강 곧 유브라데 강까지 헷 족속의 온 땅과 또 해 지는 쪽 대해까지 너희의 영토가 되리라"발바닥으로 밟는 곳은 모두 너희에게 주었다고 하십니다. 그냥 주시는 것이 아니고 발바닥으로 밟는 곳을 주신다는 것입니다. 발바닥으로 땅을 밟으면 그곳을 점령하고 있던 토속민들하고 싸워야 합니다. 싸워서 이겨야 땅을 차지 할 수가 있는 것입니다. 그러므로 영적인 전쟁 없이 형통의 축복을 받지 못하는 것입니다. 영적인 전쟁은 내 힘으로 하는 것이 아닙니다. 성령의 권능을 가지고 해야 하는 것입니다. 성령의 권능으로 영적전쟁을 해야 하기 때문에 필히 성령으로 세례를 받아야 합니다.

하나님은 마태복음 11장 12절에서 이렇게 말씀하십니다. "세례 요한의 때부터 지금까지 천국은 침노를 당하나니 침노하는 자는 빼앗느니라"침노하여 빼앗아야 전인적인 분야에 형통의 복을 받을 수가 있는 것입니다. 일부 성도들이 잘못 알고 있는 것이 하나님에게 열심히 빌고, 봉사하고, 헌금을 드리면 자동으로 하나님의 형통에 복이 임하는 줄 알고 있습니다. 이것은 잘못 알고 있는 것입니다. 열심히 기도하고, 봉사하고, 헌금하면서 성령의 권능을 가지고 본인이 싸워야 합니다. 절대로 하나님에게 열심히 한다고 앞길을 막고 빈곤하게 하는 귀신이 떠나가는 것이 아닙니다. 열심히 하면 형통의 복이 임한다고 하는 것은 샤머니즘 신앙의 잔재입니다. 이것을 빨리 떨쳐버려야 고통에서 해방될 수가 있습니다. 영적인 전쟁을 하려면 자기 힘으로는 영적 존재인 귀신을 이길 수가 없습니다. 성령으로 충만한 영의 상태에서 성령이 주는 레마를 선포할 때 하나님을 따라가는 것을 방해하던 귀신들이 소리를 지르고 떠나가는 것입니다. 하루 아침에 해결되는 것이 아닙니다. 자신이 영적으로 변하는 만큼씩 귀신들이 떠나간다는 것을 알아야 합니다. 귀신이 떠나가는 만큼씩 형통의 복이 임합니다.

하나님은 출애굽기 23장 27-33절에서 이렇게 말씀하고 있습니다. "내가 내 위엄을 네 앞서 보내어 네가 이를 곳의 모든 백성을 물리치고 네 모든 원수들이 네게 등을 돌려 도망하게 할 것이며, 내가 왕벌을 네 앞에 보내리니 그 벌이 히위 족속과 가나안 족속과 헷 족속을 네 앞에서 쫓아내리라 그러나 그 땅이 황폐하게 됨으로 들짐승이 번성하여 너희를 해할까 하여 일 년 안에는 그들을 네 앞에서 쫓아내지 아니하고, 네가 번성하여 그 땅을 기업으로 얻을 때까지 내가 그들을 네 앞에서 조금씩 쫓아내리라. 내가 네 경계를 홍해에서부터 블레셋 바다까지, 광야에서부터 강까지 정하고 그 땅의 주민을 네 손에 넘기리니 네가 그들을 네 앞에서 쫓아낼지라. 너는 그들과 그들의 신들과 언약하지 말라. 그들이 네 땅에 머무르지 못할 것은 그들이 너를 내게 범죄 하게 할까 두려움이라 네가 그 신들을 섬기면 그것이 너의 올무가 되리라"

위의 말씀을 보면 29절 30절에서 "그러나 그 땅이 황폐하게 됨으로 들짐승이 번성하여 너희를 해할까 하여 일 년 안에는 그들을 네 앞에서 쫓아내지 아니하고, 네가 번성하여 그 땅을 기업으로 얻을 때까지 내가 그들을 네 앞에서 조금씩 쫓아내리라" 이 말씀을 이해가 될 때까지 읽어보시기를 바랍니다. 하나님은 절대로 한꺼번에 쫓아내주시지 않습니다. 내가 변하고 성령의 권능을 받아 감당할 만큼씩 쫓아낸다는 것을 알아야 합니다. 귀신이 떠나가는 만큼씩 형통의 복이 커지는 것입니다. 그러므로 지속적인 영적전쟁을 해야 합니다.

필자는 영적인 전쟁을 하면서 혈통에 대물림된 마귀저주를 찾아서 끊었습니다. 혈통에 역사하던 마귀 귀신들과 영적인 전쟁을 강하게 하여 몰아내야 형통의 복을 받게 됩니다.

첫째로 단명의 대물림입니다. 저는 어려서부터 목사가 되려고 한 사람이 아니고 중간에 하나님의 은혜로 목사가 되어 제2의 인생을 살아가는 사람입니다. 우선 저의 친가에 대하여 말씀드리겠습니다. 할아버지는 전주에서 아주 부자였다고 합니다. 땅이 하도 많아서 다른 사람의 땅을 밟지 않고 다닐 정도였다고 합니다. 그런데 일정시대에 가산을 다 탕진하는 바람에 강원도의 어떤 곳에서 일하시다가 40대 중반에 사고로 세상을 떠났다고 합니다. 저의 아버지가 십 대일 때 할아버지가 돌아가신 것입니다. 아버지는 할머니와 다른 사람들의 도움으로 공부를 하셨다고 합니다. 공부를 많이 하여 경찰관이 된 아버지는 6.25 전쟁 때에 지리산의 빨치산 토벌에 많은 전공을 쌓으셨습니다. 그리고 중매로 저희 어머니를 만나셨다고 합니다.

우리 친가는 유교 사상 속에서 제사를 아주 많이 지냈습니다. 제가 어렸을 때를 생각해 보면 거의 한 달에 한 번씩 제사를 지낸 것 같습니다. 없는 집에 제사 돌아오듯 한다고 하지 않습니까? 저의 외가 또한 우상숭배를 아주 열심히 하는 집안이었습니다. 무당을 데려다가 굿거리 하는 것을 어렸을 때에 종종 본 기억이 있습니다. 이것을 보고 대물림 받은 우리 어머니는 툭하면 무당에게 가서 점을 보거나 무당을 데려다가 굿을 하곤 하였습니다. 그런데 저의 아버지가 그만 질병 때문에 경찰관까지 그만두게 되었는데 그 후로는 고생 고생하시다가 결국 40대 후반의 나이에 다섯 명의 자녀를 두고 세상을 떠나가셨습니다. 아버지가 병이 드셔서 일을 제대로 못하시는 동안 우리 집은 지지리도 가난했습니다. 밥을 굶는 날이 먹는 날보다 더 많았을 정도로 가난했습니다. 우리 가문에는 남자들이 40대에 죽는 단명이 대물림되고 있었습니다. 할아버지도 큰아버지도 저의 아버지도 40대에 돌아가셨습니다. 저의 동생도 그렇게 예수를 믿으라고 해도 버티다가 몇 년 전에 40대 초반에 뇌출혈로 세상을 떠났습니다. 그리고 두 동생은 세상에 태어나 얼마 살지 못하고 세 살, 네 살 때 두 동생이 세상을 떠나갔습니다. 모두 합하여 세 명의 동생들이 세상을 떠난 것입니다.

둘째는 질병과 가난의 대물림입니다. 또, 저의 가문에 질병과 가난이 대물림되었습니다. 저는 신학대학원을 다니고, 저의 두 자녀들 모두 학교에 다니고 있을 때 물질문제로 인해 나날이 궁핍한 생활을 했습니다. 목사 안수를 받고 교회를 개척해서 열심히 하였지만 교회는 쉽게 부흥되지 않았습니다. 대물림의 역사는 처가의 가문도 만만치 않습니다. 장인께서는 집안의 제주 역할을 하며 제사란 제사는 다 모셨다고 합니다. 또한 교통사고로 죽는 것 역시 대물림되었습니다. 저의 장인께서 교통사고로 40대 후반에 세상을 떠나셨습니다. 필자의 사랑하는 큰딸, 눈에 넣어도 아프지 않던 딸이 네 살 되던 해에 교회 앞에서 놀다가 버스에 치여서 사랑하는 아빠와 엄마를 세상에 두고 먼저 천국에 갔습니다. 정말 지금 생각하면 지긋지긋한 마귀의 역사에 묶여 살았습니다. 그래도 저와 사모는 예수만 믿으면 다 해결되는 것으로 착각하고 마냥 마귀에게 당하며 살았습니다.

하나님의 은혜로 목사가 된 후로 개척한 교회에서 부르짖어 기도하던 중에 어느 날 "앞으로는 영성이다. 21세기는 영성이다. 영성! 영성! 영성!" 이라는 하나님의 음성을 듣게 되면서 영의 눈을 뜨기 시작한 저는 영적인 사역에 관심을 갖고 내적 치유를 받았습니다. 또한 마귀의 저주를 끊는 세미나에도 네 번이나 참석하여 치유를 받았습니다. 그래서 그때부터 가문에 대물림된 마귀의 역사가 있다는 것을 인정하게 되었고, 본격적으로 영적 전쟁에 돌입하여 계속 대적기도를 하며 마귀와 일전을 벌였습니다. 그러면서 제가 대물림을 끊는 세미나를 직접 수없이 진행하며 인도하여 왔습니다. 특히 마귀가 일으키는 고통을 끊는 세미나에 참석하여 우리 친가의 죄악을 회개하고 역사하는 귀신을 쫓아냈습니다. 외가에 역사하는 무당의 영들에 의한 우상숭배의 죄악을 회개하고 마귀 역사에 의한 저주의 줄을 끊으면서 역사하던 귀신을 축사했습니다. 그럴 때마다 수많은 귀신들이 쫓겨 나갔습니다. 마귀의 역사를 끊는 세미나에 참석하여 기도할 때는 대물림된 귀신들이 썩은 냄새를 풍기면서 떠나갔습니다. 혈통에 대물림된 저주를 끊는 사역에 대해서는 "가계의 고통을 끊고 축복받는 비결"을 활용하시기를 바랍니다.

한번은 이런 일이 있었습니다. 성령 체험을 함과 동시에 성령 치유 사역을 한창 하던 때에 낮에 사모와 함께 기도하고 있는데 갑자기 성령께서 "혈통으로 대물림 되어서 너의 목회를 방해하고 가난하게 하는 귀신을 몰아내라!" 라고 하시는 것입니다. 그래서 저는 "예수 이름으로 명하노니 나의 목회를 방해하고 가난하게 하는 더러운 귀신은 예수 이름으로 명하노니 물러갈지어다" 하고 세 번을 명령 하였습니다.

그랬더니 막 하품이 나오기를 한 20여 차례 나오면서 더러운 귀신들이 떠나가는 것이었습니다. 그러기를 한참 하더니 곧이어 아랫배가 뒤틀리고 아프면서 귀신들이 떠나갔습니다. 그 전까지만 해도 교회에서 강력한 성령의 불의 역사가 일어나는 가운데 아무리 성도들을 붙잡고 기도하며 귀신들을 축사하고 사역을 해도 저를 괴롭히고 목회를 방해하며 가난하게 하던 귀신들은 떠나가지 않았던 것입니다.

그러므로 예수만 믿으면 귀신은 자동으로 떠나간다는 말은 체험 없이 하는 말입니다. 저도 그 말을 믿고 지금까지 왔더라면 아마 이 세상에 없었을 것입니다. 그래서 하나님의 은혜로 마귀의 단명의 역사를 끊게 된 저는 지금 아주 건강하게 하나님의 사명을 감당하고 있습니다. 지금 아주 건강합니다. 매주 월요일부터 목요일까지 하루 세 번 집회를 인도해도 끄떡없습니다. 이것이 다 하나님의 은혜입니다. 성경을 보면 예수를 믿는 자는 아브라함의 복을 받는다고 했는데 그것을 몸으로 체험하고 있습니다. 저는 지금 형통의 복이 함께하는 것을 눈으로 보면서 목회하고 있습니다.

4. 성실하게 수행했다.

저는 군대에서 명퇴하고 목회 길에 들어선지 20년이 다되어 가고 있습니다. 그런데 지금까지 세상에 나가 제대로 된 세상 구경을 한 번도 한 적이 없습니다. 노회에서 시찰회에서 제주도니 중국이니 남해안이니 선교 여행을 가자고 해도 그런 것은 나보다 일찍 목회를 시작하여 하나님의 마음에 합한 분들이 가는 것이다, 하고 절제하고 오직 하나님을 기쁘시게 하자, 그렇게 생각하고 뒤돌아보기조차 싫은 군대에서 세속에 물들은 더러운 육의 때를 생명의 말씀과 성령으로 씻어내자, 그리고 늦게 목사가 되었으니 부지런히 말씀묵상하고 교재를 만들고 책을 쓰고 심령을 치유하여 하나님이 기뻐하는 심령으로 정화시키자는 생각으로 지금까지 왔습니다. 낮에는 성령치유 집회를 했습니다. 밤에는 성령치유 집회간 체험한 영적인 원리들을 정리하여 컴퓨터에 입력을 시켰습니다. 형통의 복에 대한 책도 십 년 전부터 정리하여 오던 것을 3년 전에 완결하였습니다. 다시 미비한 것들을 보강하여 책을 완결시킨 것입니다. 이와 같이 한권의 책을 출간하는 것이 쉽지 않습니다. 해당분야에 몰입을 해야 가능한 것입니다.

저는 아직도 달려 갈 길이 멀었습니다. 앞으로 천국에 가는 날까지 말씀과 성령으로 치유하고 말씀을 묵상하여 영육으로 고통당하는 분들을 치유하여 하나님의 군사를 만들어 예수를 믿는 성도답게 이 땅에서도 천국을 누리게 하는 것이 저의 기도 제목입니다. 물론 저희 충만한 교회도 치유하여 영, 혼, 육이 예수화된 영적군사로 만드는 교회로 성장할 것입니다. 독자들이여! 하나님에게 형통의 복을 받아 하나님이 주신 축복으로 이 땅에 하늘나라가 임하게 하기위하여 선교하는 데 일익을 감당하는 모두가 되시기를 소원합니다.

5. 하나님만 바라보고 달려왔다.

우로나 좌로나 치우치지 않았다는 것입니다. 찬양에 이런 곡이 있습니다. "이 세상사람 날 몰라줘도, 이 세상사람 날 몰라줘도, 뒤 돌아 서지 않겠네." 하나님이 함께하여 형통의 복을 받고 고통을 청산하려면 절대로 사람을 의지하면 안 됩니다. 사람들이 무어라고 해도 귀담아 듣지 말고 하나님에게 눈과 귀를 돌리는 것입니다. 저에게도 별별 희한한 소리를 하면서 저의 심기를 건드리는 분들이 있었습니다. 특별히 가족 친지들입니다. 편한 세상일을 두고 어렵고 힘든 일을 한다는 것입니다. 저는 절대로 마음에 두지 않았습니다. 다른 부류는 선배 목사님들입니다. 총회와 노회의 어른들을 챙기지 않는다는 것입니다. 아니 내가 지금 빈곤으로 교회를 하느냐 못하느냐의 위기에 처해 있는데 무슨 여유가 있다고 선배목사님들 챙기고 돌아다닙니까? 말도 안 되는 말을 하시는 것입니다. 만약에 내가 교회를 못할 정도가 되어 교회 문을 닫았다면 그분들이 교회를 세워주지 않습니다. 영성에는 이런 용어가 있습니다. 외적침묵과 내적침묵입니다. 이 말을 해석하면 "밖에서 들리는 소리에 신경 쓰지 말고, 내면에서 올라오는 잡념에 마음을 쓰지 말고 오로지 하나님에게만 집중하라는 말입니다." 오로지 하나님에게만 집중해야 형통의 복을 받을 수가 있습니다. 정말로 의지를 가지고 집중해야 합니다. 형통의 복 아무에게나 오지 않습니다. 하나님의 마음에 합한자에게 하나님은 형통의 복으로 역사를 하십니다. 형통의 복을 받고 싶으십니까? 오로지 하나님에게만 집중하시기를 바랍니다.

6. 하나님에게 영광을 돌렸다.

모든 일들을 하신 분은 하나님이십니다. 하나님이 저를 통하여 하신 일입니다. 저는 예수를 믿을 때 죽었습니다. 갈라디아서 2장 20절에 보면 "내가 그리스도와 함께 십자가에 못 박혔나니 그런즉 이제는 내가 사는 것이 아니요 오직 내 안에 그리스도께서 사시는 것이라, 이제 내가 육체 가운데 사는 것은 나를 사랑하사 나를 위하여 자기 자신을 버리신 하나님의 아들을 믿는 믿음 안에서 사는 것이라" 우리 확실하게 알아야 합니다. 이제 내가 사는 것이 아니라 내 안에 그리스도께서 사시는 것입니다. 주객이 전도되면 안 됩니다. 이 영적원리를 빨리 적용해야 하나님이 주시는 형통의 복을 받을 수가 있습니다.

일부 목회자나 성도들이 자꾸 내가, 내가하면서 자기를 내세우는 분들이 있습니다. 이는 영적으로 보면 아직 땅의 사람이 죽지 않았다는 것을 은연중에 표현하는 것입니다. 땅의 사람은 아담입니다. 아담은 마귀의 종입니다. 하나님과 관계가 없는 사람입니다.

그래서 하나님은 고린도전서 10장 31절에서 이렇게 말씀하시는 것입니다. "그런즉 너희가 먹든지 마시든지 무엇을 하든지 다 하나님의 영광을 위하여 하라." 또 베드로전서 4장 11절에서 "만일 누가 말하려면 하나님의 말씀을 하는 것 같이 하고 누가 봉사하려면 하나님이 공급하시는 힘으로 하는 것 같이 하라. 이는 범사에 예수 그리스도로 말미암아 하나님이 영광을 받으시게 하려 함이니 그에게 영광과 권능이 세세에 무궁하도록 있느니라 아멘"

7. 사고를 영적으로 했다.

영적인 사고방식이 중요합니다. 말이나 일이나 모두 영적으로 사고를 해야 합니다. 그래야 문제에 봉착했을 때 영적인 하나님의 방법을 찾을 수 있기 때문입니다.

궁극적으로 그리스도인의 생활이라는 문제와 그 어려움들은 모두 영적인 것이므로 거기에 대처하는 우리도 영적으로 사고하여야 하며 여타의 사고방식은 버려야 합니다. 이것은 특히 하나님께서 우리를 다루시는 방법을 이해하는 데 있어서 적용되어야 할 진리입니다. 시편 73편의 기자가 겪는 문제가 바로 이것입니다. 그는 하나님이 왜 이런 것들을 허용하시는가라고 말합니다. 왜 악인들이 형통하는가? 하나님이 하나님이시라면 왜 나로 하여금 현재와 같은 괴로움을 당하게 하시는가? 이것들은 하나님의 방식을 이해하려는데 있어서 제기되는 문제들입니다. 여기에 대한 대답은 오직 한 가지뿐입니다.

이사야 55장 8절의 "여호와의 말씀에 내 생각은 너희 생각과 다르며 내 길은 너희 길과 달라서 하늘이 땅보다 높음 같이 내 길은 너희 길보다 높으며 너희 생각보다 높으니라." 이것만이 궁극적인 대답입니다. 우리가 먼저 기억해야 할 것은 하나님의 방법을 생각할 때에 우리가 젖어왔던 낮은 수준의 차원에 머물러서 생각하지 말아야 한다는 사실입니다. 우리는 이러한 문제를 생각할 때에는 중생하지 못한 사람들의 사고방식을 고집하는 것입니다. 우리는 구원의 문제를 다루는 데는 영적인 사고방식이 필요한 줄 알지만 우리들 주변에 부딪히는 일들에 대해서는 다시 합리적인 사고방식으로 들어가려는 경향이 있습니다. 그러므로 우리들이 하나님의 방법을 이해하지 못한다 할지라도 이상하게 생각해서는 안 됩니다.

왜냐하면 하나님의 방법은 전적으로 다른 것이기 때문입니다. 이 두 사고방식 사이의 차이는 하늘과 땅의 차이입니다. 그러므로 우리가 이해할 수 없는 일을 당했을 때 우리는 먼저 "내가 이 일을 영적으로 대치하고 있는가?"라고 자문해 보아야 합니다. 이것은 하나님과 나 사이의 관계에 대한 문제가 아닌가? 내가 지금 영적인 사고방식을 가졌다고 확신 할 수 있는가? 아니면 나도 모르게 자연적인 사고방식으로 되돌아가고 있는가?

어떤 상황이나 사건에 직면했을 때에는 그 충격이나 염려 때문에 영적인 생각을 갖는다는 것은 어려운 것입니다. 그러므로 훈련을 통하여 어떤 상황, 어떤 문제가 닥치더라도 위로부터 생각하는 습관이 되어 삶으로 나타날 수 있어야 합니다. 바울은 고린도전서 15장 31절에서 "형제들아 내가 그리스도 예수 우리 주 안에서 가진 바 너희에게 대한 나의 사랑을 두고 단언하노니 나는 날마다 죽노라"말합니다.

스펄젼은 학생들에게 이렇게 말한 적이 있습니다. 즉 기도회에서는 진짜 성도처럼 기도하고 성도처럼 행동하는 사람들이 교회의 집회에서는 자주 마귀가 되어버리는 것을 발견할 수 있다는 것입니다. 슬프게도 교회의 역사는 스펄젼의 말이 사실임을 증거 해 주고 있습니다. 알다시피 성도들은 하나님께 기도할 때만은 영적으로 생각합니다. 그러나 교회의 모임에서는 마귀가 되어 버립니다. 왜 그럴까요?

이는 기도회와 교회 모임 사이에는 본질적인 차이가 있다는 가정아래 처음부터 영적인 방법으로 출발하지 않았기 때문입니다. 그들은 마음속에 구별의식을 갖고 있으며 그것이 밖으로 나타나는 것입니다. 그것은 단지 그들이 모든 일에 있어서 영적으로 생각해야 한다는 사실을 잊어버리기 때문입니다. 그러므로 우리가 명심해야 할 첫 번째 원리는 "어떤 길은 사람의 보기에 바르나 필경은 사망의 길이니라."(잠16:23) 항상 영적으로 생각하는 것을 배워야 한다는 것입니다. 그렇지 않으면 우리는 어느새 시편 기자가 아주 생생하게 묘사하고 있는 위험 속에 빠져 들게 될 것입니다.

  형통의 복을 받으면서 살아가고 싶습니까? 사고를 영적으로 하는 습관을 들이시기를 바랍니다. 영적인 사고를 하지 않으면 항상 하나님과 관계없는 합리를 추구하게 됩니다. 합리는 육의 세상놀이입니다. 마귀역사입니다. 하나님은 예수를 믿는 모든 성도가 형통의 복을 받으면서 살아가기를 소원하십니다. 사고를 영적으로 하여 하나님의 마음에 합한자가 되시기를 바랍니다. 그러면 하나님이 형통의 복으로 역사를 하실 것입니다.

2장 형통의 복을 받으려면

(고후 9:6-15)"이것이 곧 적게 심는 자는 적게 거두고 많이 심는 자는 많이 거둔다 하는 말이로다. 각각 그 마음에 정한 대로 할 것이요 인색함으로나 억지로 하지 말지니 하나님은 즐겨 내는 자를 사랑하시느니라. 하나님이 능히 모든 은혜를 너희에게 넘치게 하시나니 이는 너희로 모든 일에 항상 모든 것이 넉넉하여 모든 착한 일을 넘치게 하게 하려 하심이라. 기록된 바 그가 흩어 가난한 자들에게 주었으니 그의 의가 영원토록 있느니라 함과 같으니라. 심는 자에게 씨와 먹을 양식을 주시는 이가 너희 심을 것을 주사 풍성하게 하시고 너희 의의 열매를 더하게 하시리니, 너희가 모든 일에 넉넉하여 너그럽게 연보를 함은 그들이 우리로 말미암아 하나님께 감사하게 하는 것이라. 이 봉사의 직무가 성도들의 부족한 것을 보충할 뿐 아니라 사람들이 하나님께 드리는 많은 감사로 말미암아 넘쳤느니라. 이 직무로 증거를 삼아 너희가 그리스도의 복음을 진실히 믿고 복종하는 것과 그들과 모든 사람을 섬기는 너희의 후한 연보로 말미암아 하나님께 영광을 돌리고, 또 그들이 너희를 위하여 간구하며 하나님이 너희에게 주신 지극한 은혜로 말미암아 너희를 사모하느니라. 말할 수 없는 그의 은사로 말미암아 하나님께 감사하노라."

하나님은 형통이십니다. 하나님이 함께하는 사람은 형통한 것입니다. 인간이 아무리 계획을 세우고 노력을 해도 하늘이 때에 따라 햇빛을 주시고 비를 주시지 아니하면 인간의 애씀이 무효가 된다는 것을 우리는 너무나 잘 알고 있습니다. 우리의 삶은 일평생 심고 거두는 일을 계속합니다. 옥토에 잘 심고 열심히 가꾸면 거둘 것이 많아지는 것입니다.

창세기 8장 22절에 "땅이 있을 동안에는 심음과 거둠과 추위와 더위와 여름과 겨울과 낮과 밤이 쉬지 아니하리라"고 말씀하셨습니다.

고린도후서 9장 6절에는 "이것이 곧 적게 심는 자는 적게 거두고 많이 심는 자는 많이 거둔다 하는 말이로다" 그렇게 말씀하고 계십니다. 이 원리는 인간생활 전반에 걸쳐 작용하는 우주적인 법칙인 것입니다.

1.옥토에 심어야 한다.

옥토에 심어야만 하나님이 복을 주실 수가 있습니다. 예수님께서는 마태복음 13장에 씨 뿌리는 비유를 말씀하시는데 길가에 뿌린 씨가 있고 돌밭에 뿌린 씨가 있고 가시 떨기에 뿌린 씨가 있고 옥토에 뿌린 씨앗이 있다고 말씀을 하셨습니다. 길거리에 심은 씨앗이란 길거리에 떨어짐에 새들이 와서 주워 먹어 버렸다고 말했어요.

마태복음 13장 19절에 "아무나 천국 말씀을 듣고 깨닫지 못할 때는 악한 자가 와서 그 마음에 뿌리는 것을 빼앗나니 이는 곧 길가에 뿌리운자요" 라고 말했습니다. 세속의 죄악으로 마음이 굳어질 대로 굳어진 사람, 그리고 하나님의 은혜와 하늘나라에 대해서 전혀 관심 없는 사람, 이런 사람에게는 아무리 하나님의 은혜와 축복의 씨앗이 뿌려져도 마귀가 와서 하나님의 축복을 다 거둬 가버리고 그 사람에게는 아무런 축복의 은혜도 일어나지 않습니다. 이런 길거리 같은 마음을 가지고 인생에 아무리 애를 써 봤자 하나님의 축복은 임하지 않습니다.

자갈밭에 심은 씨앗과 같은 것은 흙이 얇은 돌밭에 떨어지므로 싹이 나오나 뿌리가 내리지 못함으로 햇빛이 나면 타 죽습니다.

마태복음 13장 20절로 21절에 "돌밭에 뿌리웠다는 것은 말씀을 듣고 즉시 기쁨으로 받되 그 속에 뿌리가 없어 잠시 견디다가 말씀을 인하여 환난이나 핍박이 일어나는 때에는 곧 넘어지는 자요" 이는 회개가 깊지 못한 마음을 말합니다. 예수 그리스도를 구주로 모시어 드리고 신앙 속에 들어왔으나 마음속을 깊이 갈아내지 못하고 회개가 깊지 못합니다. 형식적인 회개만 하는 사람입니다. 회개는 성령으로 영의 차원에서 깊은 회개를 해야 합니다. 그렇기 때문에 신앙이 깊지 못하고 굉장히 신앙이 얕습니다. 이러한 사람은 믿음을 실천하지 못하고 주일날도 지키지 아니하고 십일조도 드리지 아니하고 말씀도 읽다 말다하고 이렇게 신앙에 항구성이 없는 사람인 것입니다.

이러한 사람은 곧장 어려움이 다가오면 신앙을 저버리고 맙니다. 얕은 마음의 씨앗. 이것은 씨가 나서 곧장 뿌리가 없으므로 시험과 환난이 다가오면 다 죽어 버리고 맙니다. 가시 넝쿨에 심은 씨앗은 씨가 돋아나나 가시 기운에 가려 죽어버립니다.

마태복음 13장 22절에 "가시떨기에 뿌리웠다는 것은 말씀을 들으나 세상의 염려와 재리의 유혹에 말씀이 막혀 결실치 못하는 자요" 이러한 사람은 하나님보다 자기를 사랑하는 사람인 것입니다. 교회에 나오나 하나님을 이용하려고 나온 것이지 진실로 하나님을 믿고 섬기고 즐거워하기 위해서 나오는 것이 아닙니다. 어찌하든지 하나님을 내 삶의 목적에 이용하고자 하는 사람입니다. 이런 사람은 욕심과 탐심으로 마음이 꽉 덮여 있기 때문에 우상 숭배의 죄를 짓습니다. 욕심과 탐심을 향하여 절을 하고 하나님을 그저 욕심과 탐심의 제물로 삼으려고 합니다.

이러한 사람들은 하나님 앞에 결코 복을 받을 수 있는 마음의 바탕이 되지 못합니다.

옥토가 된 마음이라고 하는 것은 마태복음 13장 23절에"좋은 땅에 뿌리웠다는 것은 말씀을 듣고 깨닫는 자니 결실하여 혹 백 배, 혹 육십 배, 혹 삼십 배가 되느니라 하시더라" 이러한 사람은 그 마음속에 세속과 죄악을 깨뜨리고 주님께로 돌아온 사람입니다. 길거리 같은 그 마음을 다 갈아엎어 버리고 옥토가 된 마음입니다.

그리고 하나님의 은혜를 사모하면서 주님께로 돌아온 사람인 것입니다. 이러한 사람은 깊이 회개하여 마음을 깊이 파헤친 사람인 것입니다. 이러므로 불순종을 다 파헤쳐 버리고 그리고 불신앙의 자갈을 다 지워버리고 성경 말씀과 성령의 은혜를 깊이 받아들인 사람인 것입니다.

요한복음 7장 38절에 "나를 믿는 자는 성경에 이름과 같이 그 배에서 생수의 강이 흘러나리라 하시니" 말씀한 것처럼 성령의 충만함을 받은 사람을 말한 것입니다.

시편 1편 1절로 3절에 있는 말씀처럼 "복있는 사람은 악인의 꾀를 좇지 아니하며 죄인의 길에 서지 아니하며 오만한 자의 자리에 앉지 아니하고 오직 여호와의 율법을 즐거워하여 그 율법을 주야로 묵상하는 자로다 저는 시냇가에 심은 나무가 시절을 좇아 과실을 맺으며 그 잎사귀가 마르지 아니함 같으니 그 행사가 다 형통하리로다" 이와 같이 이 사람은 하나님을 뜨겁게 사랑하고 그 나라와 그 의를 먼저 간절히 구하는 그런 마음을 말하는 것입니다.

마태복음 6장 33절에는 "너희는 먼저 그의 나라와 그의 의를 구하라 그리하면 이 모든 것을 너희에게 더하시리라"고 말씀하셨습니다.

로마서 1장 17절에도 "복음에는 하나님의 의가 나타나서 믿음으로 믿음에 이르게 하나니 기록된 바 오직 의인은 믿음으로 말미암아 살리라 함과 같으니라"고 말했습니다. 이와같은 마음의 터전의 삶의 꿈인 씨앗을 심어야 되는 것입니다. 우리가 이 세상에 살면서 여러 가지 꿈을 꿉니다. 그 꿈의 씨앗을 옥토에 심어야 되는 것입니다. 마음의 밭이 옥토가 되어야 하나님께서 복을 주실 수 있는 것입니다. 신명기 28장 2절로 6절에 "네가 네 하나님 여호와의 말씀을 순종하면 이 모든 복이 네게 임하며 네게 미치리니 성읍에서도 복을 받고, 들에서도 복을 받을 것이며 네 몸의 소생과, 네 토지의 소산과, 네 짐승의 새끼와 네 우양의 새끼가 복을 받을 것이며 네 광주리와, 떡반죽 그릇이 복을 받을 것이며 네가 들어와도 복을 받고, 나가도 복을 받을 것이니라"

갈라디아서 6장 7절에 "스스로 속이지 말라 하나님은 만홀히 여김을 받지 아니하시나니 사람이 무엇으로 심든지 그대로 거두리라"고 말씀하셨습니다. 이러므로 우리가 옥토에 잘 가꿔 심어야 하나님께서 역사하지 마음이 길거리의 밭이 되고 자갈밭이 되고 가시 넝쿨 밭이 되어 있으면 우리의 꿈의 씨앗을 아무리 심어 놓아도 그것을 하나님께서 복 내려 줄 수가 없습니다. 그러한 황무지에 씨를 뿌려서 무슨 좋은 열매를 맺겠습니까? 북한 사회와 같은 공산주의 황무지 땅에 그들이 아무리 씨를 심은들 하나님께서 복을 주나요? 그렇기 때문에 공산주의 사회가 다 무너졌습니다. 러시아와 공산주의 사회가 하나님을 대적하고 반역하며 길거리 밭과 같이 되어서 무관심하고 자갈밭이 되고 가시넝쿨 밭이 된 그들에게 어떠한 씨앗을 심어도 그 씨는 열매를 맺지 못하는 것입니다. 우리의 마음속이 옥토가 되어야 하는 것입니다.

2. 가꾸는 생활을 해야 한다.

이와 같이 옥토가 되어서 우리가 씨앗을 심으면 가꾸는 생활을 해야 하는 것입니다. 씨를 심고 난 다음 물을 주어야 하지 물을 안 주면 씨가 자라지 못하잖아요. 성령님의 은혜와 충만한 역사가 있어야만 반드시 하나님의 은혜가 우리 생활 속에 넘쳐나는 것입니다.

고린도전서 3장 6절에 "나는 심었고 아볼로는 물을 주었으되 오직 하나님은 자라나게 하셨나니"라고 말한 것입니다. 심고 난 다음에 물을 주어야 하나님이 자라게 하시는 것입니다. 이러므로 우리들은 마음에 씨를 심고 물을 주어야 되는 것입니다. 우리는 간절히 기도해서 성령으로 충만함 받고 항상 성령님을 인정하고 환영하고 모시어 드리며 성령의 인도를 받고 살아야 되는 것입니다.

그리고 햇빛이 비춰야만 하는 것입니다. 감사와 찬양과 긍정적인 삶의 태도가 있어야만 하는 것입니다. 우리 마음이 부정적이 되어서 늘 원망하고 불평하고 탄식하고 좌절하면 이것은 구름 낀 하늘과 같습니다. 이 사람은 햇빛이 비추지 않기 때문에 아무리 심어 놓아도 자랄 수가 없습니다. 하나님이 우리에게 축복을 주시기 위해서는 우리의 마음속에 감사와 찬양으로 긍정적이고 적극적이고 창조적이고 생산적인 그런 생각으로 꽉 들어차 있어야 합니다. 원망과 불평과 탄식은 쓰레기 더미를 쌓아 놓습니다. 쓰레기를 내 가슴속에 자꾸 쌓아 놓으면 쓰레기 동산에 씨앗이 자랄 수가 없는 것입니다.

이러므로 우리가 항상 조심해야 할 것은 원망과 불평과 탄식과 비난 공격 이런 모든 부정적인 것을 밀어내 버리고 감사와 찬송하는 생각과 말을 하며 언제나 긍정적이고 적극적인 밝고 맑고 환한 기대와 소망이 꽉 들어찬 이런 마음 바탕이 있어야 되는 것입니다. 그래야지, 우리가 심어 놓고 난 다음에 잘 기르지 못하면 물주지 아니하고 햇빛이 비추지 아니하면 심은 것 다 죽어 버리고 마는 것입니다. 그 다음에 심은 것은 비료를 주어야 하는 것입니다. 비료를 주어야 하는 것은 비료라는 섯은 말씀의 공부와 연구가 있어야 합니다. 말씀으로 자꾸 우리에게 비료를 주어야 신앙이 자라고 우리의 심은 모든 것이 활성화되는 것입니다.

마태복음 4장 4절에 "예수께서 대답하여 가라사대 기록되었으되 사람이 떡으로만 살 것이 아니요 하나님의 입으로 나오는 모든 말씀으로 살 것이라 하였느니라 하시니"라고 말씀한 것입니다.

로마서 10장 17절에도 "그러므로 믿음은 들음에서 나며 들음은 그리스도의 말씀으로 말미암았느니라" 말씀을 듣고, 묵상하고, 그리고 마음속에 채워 넣으면 이것이 우리 신앙에 비료가 됩니다. 우리의 삶에 영양분이 되는 것입니다. 우리 심은 것이 자라날 수 있도록 뿌리를 튼튼하게 하고 영양을 공급하게 되는 것입니다. 그리고 우리는 가꾸는 생활 중에서 병충해를 막아야 합니다. 마귀와 귀신의 훼방을 쫓아내야 하는 것입니다. 우리의 삶 속에 끊임없이 마귀와 귀신들이 다가와서 우리에게 원망하고, 불평하게 하고, 분쟁하게 하고, 낙심하게 하고, 뒤로 물러가게 하고, 여러가지 병충해 작용을 하는 것입니다. 그러므로 우리는 믿음을 굳게 하여 언제나 우리의 삶 속에서 마귀를 내어쫓아야 되는 것입니다.

야고보서 4장 7절에 "그런즉 너희는 하나님께 순복할지어다 마귀를 대적하라 그리하면 너희를 피하리라"

베드로전서 5장 8절로 9절에 "근신하라 깨어라 너희 대적 마귀가 우는 사자같이 두루 다니며 삼킬 자를 찾나니 너희는 믿음을 굳게 하여 저를 대적하라 이는 세상에 있는 너희 형제들도 동일한 고난을 당하는 줄을 앎이니라"고 말한 것입니다. 우리가 편안한 마음이 없고 늘 불안과 초조가 꽉 들어차면 이러한 사람은 기도도 나오지 않고 말씀도 읽을 수가 없고 전도도 할 수가 없습니다. 마음에 하나님의 평안이 넘쳐야 합니다. 또 마음에 슬픔과 우울증으로 꽉 들어차 있으면 기쁨이 없기 때문에 생활에 활력소가 사라지는 것입니다. 우리는 마음에 우울증을 내어쫓아야 하는 것입니다. 또 마음에 독한 시기와 분노와 질투가 있어서 사람들을 비평하고 비난하고 공격하는 일을 하면 그 마음속에 사랑이 사라지므로 믿음이 역사할 수 없고 하나님이 축복할 수 없습니다.

이러한 모든 악독을 가져오는 원수 마귀와 귀신을 예수의 이름으로 우리가 끊임없이 내쫓아야 되는 것입니다. 우리가 세상에 사는 동안에 먼지와 티끌이 몸에 있어 늘 샤워를 하고 목욕을 해야 하는 것처럼 우리의 삶 속에 이와 같은 귀신의 역사와 마귀의 공격이 늘 다가옵니다. 도적이 오는 것은 도적질하고 죽이고 멸망시키는 것뿐이라고 말했습니다.

그러므로 우리는 무관심하게 지나지만 매일 매일 마귀와 귀신들이 떼를 지어 우리들에게 다가와서 우리의 기쁨을 빼앗고 소망을 빼앗고 믿음을 빼앗고 평안을 빼앗고 사랑을 빼앗아 가려고 하는 것입니다. 이렇기 때문에 미움이 들어올 때에 예수의 이름으로 물리쳐야 하고 불안이 들어올 때 예수의 이름으로 물리쳐야 되는 것입니다. 좌절과 절망이 올 때도 예수 그리스도의 이름으로 물리쳐야 되는 것입니다. 분쟁이 들어올 때도 예수의 이름으로 물리쳐야 되고 부정적인 마음도 나사렛 예수 이름으로 물리쳐야 되는 것입니다. 그렇지 않으면 마귀에게 잡혀서 진딧물이 붙은 채소가 기운을 다 빼앗기고 죽어가는 것처럼 우리의 신앙과 생활의 기운을 빼앗겨 버리고 우리는 잘못하면 마귀의 도구가 되고 마는 것입니다. 이러므로 우리들은 신앙을 가꾸는 것 정말로 중요한 것입니다.

3. 하나님의 몫인 십일조를 구별하여 드린다.

이제 우리가 알곡을 추수하게 될 때에 반드시 하나님의 몫인 십일조를 구별하여 드려야 되는 것입니다.

말라기 3장 10절로 12절에 "만군의 여호와가 이르노라 너희의 온전한 십일조를 창고에 들여 나의 집에 양식이 있게 하고 그것으로 나를 시험하여 내가 하늘 문을 열고 너희에게 복을 쌓을 곳이 없도록 붓지 아니하나 보라 만군의 여호와가 이르노라 내가 너희를 위하여 황충을 금하여 너희 토지소산을 멸하지 않게 하며 너희 밭에 포도나무의 과실로 기한 전에 떨어지지 않게 하리니 너희 땅이 아름다와지므로 열방이 너희를 복되다 하리라 만군의 여호와의 말이니라" 우리가 하나님과 함께 일하면 왜 반드시 십일조를 드리느냐면 하나님과 동업하는 것을 선포하는 것입니다. 내가 십일조 드리는 것은 이것은 나 혼자 사는 것이 아니라 하나님과 함께 동업했다는 것을 증거하기 위해서 하나님의 것을 하나님께 드리는 것입니다. 그리고 하나님이 역사하여 주셨음을 선포하는 것입니다. 하나님께서 역사하셔서 은혜와 사랑과 축복으로 번창케 해 주셨다는 것을 선포하는 것입니다. 그리고 십일조를 드림으로 하나님을 공경하고 겸허한 마음을 선포하는 것입니다. 교만하고 오만해서 내 힘으로 내 지혜로 내 수단과 내 방법으로 살았다고 하는 이런 것이 아니라 겸허하게 하나님께서 복주신 것을 감사하는 태도인 것입니다. 그리고 십일조를 드림으로 하나님 것을 도적질하지 않은 것을 고백하게 되는 것입니다.

록펠러는 미국에서 거대한 부자였습니다. 그는 빈농의 아들로 태어나서 6살 때부터 어머니께 받은 20센트에서 십일조를 시작하여 그 나이 92세에 세상을 뜰 때까지 그는 십일조를 드렸습니다. 어머님께 받은 신앙의 유산이 위대하여 사업의 모든 비전을 기도 중에 받았고 십일조로 그 은혜에 보답하여 그래서 나는 이렇게 큰 거부가 되었다 감사를 모르는 사람은 부자가 될 수 없다고 그는 그렇게 말했었습니다.

미국에 하이디라는 유명한 부자는 한때 사업이 실패해서 전 재산을 다 날리고 빈손들게 되었습니다.

그런데 다시 사업을 이루기 위해서 10만 달러를 빚을 내서 빚 중에 십일조인 만 달러를 하나님께 드렸습니다. 회사 식원들이 위선적인 사람, 기업 윤리에 맞지 않은 엉터리 같은 사람이라고 욕을 했습니다. 그는 "사업이 잘 될 때 하나님 것을 무수히 도적질해서 이렇게 망했다. 이젠 회개하고 하나님 것은 부채를 얻어서라도 그 중에 십일조는 하나님께 상환해야 한다." 그런데 하나님께서 그를 축복해 주셔서 다시 사업에 대 성공해서 철저하게 헌금과 구제로 말년을 보람 있게 보낸 유명한 사람입니다.

우리 제2성전에 나오는 북한에서 주체사상을 강연하다가 절망하고 가족과 함께 중국으로 피난 나왔다가 한국으로 돌아온 성도가 있습니다. 남편은 한국에 들어왔다가 뇌 암으로 세상을 뜨고 그 부인이 자녀들과 함께 객지에서 갖은 고생을 했으나 교회에 나와서 예수를 믿게 되고 그리고 정착금을 주는 그것에서 십일조를 하나님께 드리고 난 다음 마음에 평안을 얻고 열심히 기도하고 열심히 일한 보람이 있어 이젠 생활에 안정을 얻고 마음에 큰 기쁨으로 생활할 수 있게 되었다는 간증을 하는 것을 내가 읽어보았습니다.

우리가 추수를 하면 반드시 추수한 것에 대한 십일조를 드림으로 하나님과 함께 하고 하나님의 복을 받고 하나님의 은혜를 계속 풍성히 얻을 수 있는 기반을 마련해야 되는 것입니다. 감사로 제사를 드려야 하나님이 기뻐하시는 것입니다.

시편 50편 23절에 "감사로 제사를 드리는 자가 나를 영화롭게 하나니 그 행위를 옳게 하는 자에게 내가 하나님의 구원을 보이리라"고 말했었습니다. 물론 우리가 감사를 말로써 표현해야지요. 시편 100편 4절에 "감사함으로 그 문에 들어가며 찬송함으로 그 궁정에 들어가서 그에게 감사하며 그 이름을 송축할지어다"라고 말하였으며 시편 23편 "여호와는 나의 목자시니 내가 부족함이 없다"고 말했는데 우리가 입술로 감사해야 될 것은 말로 다할 필요가 없습니다. 기도로 감사하고 찬양으로 감사하고 입술로 하나님께 감사를 넘치게 드려야 되는 것입니다. 감사는 하나님께 드리는 향기로운 제사요, 원망과 불평과 탄식은 하나님께 올리는 연기요 먼지와 티끌인 것입니다. 하나님께서는 원망과 불평과 탄식을 하는 사람을 떠나가는 것입니다. 그러나 감사로 향기로운 제사를 드리는 자는 그 감사 제사 드린 그 곳에 하나님이 보좌를 베풀고 함께 와서 계신 것입니다. 이렇기 때문에 우리는 입술로써 많이 하나님께 감사를 드려야 되는 것입니다. 그리고 난 다음에는 행위로써 또 하나님께 우리가 감사를 드려야 되는 것입니다.

잠언서 3장 9절로 10절에 "네 재물과 네 소산물의 처음 익은 열매로 여호와를 공경하라 그리하면 네 창고가 가득히 차고 네 즙틀에 새 포도즙이 넘치리라"고 말한 것입니다. 우리가 가장 좋은 것 가지고 먼저 하나님께 감사를 해야 되는 것입니다. 어떠한 사람들 기도할 때 보면 하나님이여 주님 주신 것 다 쓰고 남은 것을 주께 드리옵나이다. 무슨 하나님이 거지입니까? 남은 것을 하나님께 드리게… 내가 쓰기 전에 제일 좋은 것으로 하나님께 정성을 드려서 감사를 올려 드려야 합니다. 왜 주일날 예배를 드립니까? 주일날은 일주일의 첫날입니다. 가장 첫날인 주일을 우리 하나님께 시간으로 제사를 드리는 것입니다. 물질로 그렇게 제사를 드리는 것입니다. 아침도 제일 첫 시간 아침에 일어나서 우리가 하나님께 말씀 읽고 기도하고 감사드려야 합니다. 그렇게 행위로 우리가 감사를 드려야 되는 것입니다.

시편 96편 8절에 "여호와의 이름에 합당한 영광을 그에게 돌릴지어다! 예물을 가지고 그 궁정에 들어갈지어다" 성경에는 여호와께 나올 때 빈손 들고 나오지 말라고 했습니다. 하나님께는 반드시 감사의 제사 예물을 들고 그 궁정에 들어오라고 말씀하신 것입니다. 이렇게 해서 우리가 하나님을 섬기고 나오면 하나님께서 심은 대로 30배 60배 100배로 거두게 하는 것입니다.

반드시 물질만 심는 것이 아닙니다. 우리는 어떠한 사람은 과학자가 되고 어떠한 사람은 의사가 되고 어떠한 사람은 정치가가 되고 군인이 되고 우리의 삶에 꿈이 있습니다. 그 꿈이 다 작은 믿음의 씨앗으로 마음에 심어져서 하나님이 복을 주어서 그 꿈이 꽃 피게 되는 것입니다. 그렇기 때문에 우리는 꿈을 심기 전에 마음을 다스려야 되는 것입니다.

하나님 앞에서 인간 삶의 성공과 실패는 그 마음가짐에 달려 있는 것입니다. 성경에는 무릇 지킬 만한 것보다 더욱 네 마음을 지키라 생명의 근원이 이에서 남이라고 말했습니다. 우리의 마음의 밭에 우리의 인생을 심고 가꾸는 것입니다. 하나님은 우리 마음에서 온갖 구하는 것이나 생각하는 것에 넘치도록 능히 하겠다고 말한 것입니다. 그러므로 하나님 앞에서 우리의 인생의 어떠한 꿈의 씨앗을 심기 전에 먼저 마음을 옥토로 만들어야만 되는 것입니다.

마음이 길거리 밭이어서는 하나님께서 축복해 주지 않습니다. 자갈밭에서 하나님이 축복을 줄 수 없습니다. 가시밭 넝쿨이 우거진 곳에 하나님이 복을 줄 수 없습니다. 무관심의 그 길거리 밭을 파헤쳐 내고 얕은 자갈 같은 불신앙의 마음을 깊이 파헤쳐 내고 모든 욕심과 탐심을 밀어내고 우리 마음이 옥토가 되어야 하는 것입니다. 마음을 다하고 뜻을 다하고 정성을 다하여 주님을 섬기는 옥토가 된 그곳에 우리가 씨앗을 심고 가꿔야 되는 것입니다. 우리 인생의 씨앗을 가꾸는 데는 언제나 우리는 물을 줘야 되고 성령의 충만한 생수의 물을 줘야 되고 우리의 마음속에 햇빛을 비춰야 됩니다. 부정과 낙심과 좌절의 구름을 제끼고 긍정적이고 적극적이고 창조적인 아름다운 그런 마음을 가져야 되고 그리고 또 우리의 삶 속에 말씀을 늘 먹음으로 영양분을 공급해야 하고 또 병충해를 밀어내기 위해서 부정적인 원수 귀신을 언제나 예수의 이름으로 쫓아내야 하는 것입니다. 이렇게 해서 가꾸고 나면 우리가 거두게 되지요. 거둔 것에서 우리는 하나님께 영광과 찬양을 돌리고 십일조를 드리고 하나님의 빛을 나타내면 우리 하나님은 기뻐하사 더욱 우리에게 영혼이 잘 되고 범사가 잘 되며 강건하고 생명을 얻되 넘치게 얻게 만들어 주시는 것입니다.

이 지구가 사라지기 전에는 심고 거두는 것과 봄과 여름과 가을과 겨울이 계속할 것이라고 주님께서 말씀하셨습니다. 이러므로 우리는 매일 매일 심습니다. 그리고 우리는 매일 매일 과거의 심은 것을 거두는 것입니다. 성경은 말합니다. 하나님을 만홀히 여기지 마라 사람이 무엇으로 심든지 그대로 거두리라 생각으로 심고 말로 심고 행동으로 심습니다. 오늘 심은 것을 내일 거두고 어제 심은 것을 오늘 거둡니다. 이 세상에 위험이 되는 일은 아무 것도 없습니다. 내가 심은 것을 거두는 것입니다. 잘 심으면 좋은 것을 거두고 잘못 심으면 악한 것을 거둡니다.

아무도 원망할 수가 없는 것입니다. 그러므로 우리는 주님 앞에서 착한 마음의 좋은 씨앗을 심고 가꾸어서 참으로 생명을 얻되 넘치게 얻는 축복을 거둬야 될 것입니다. 인생을 살면서 가장 위대한 씨앗은 우리 주 예수 그리스도 생명의 씨앗입니다. 예수님은 우리에게 영생의 씨앗이 되는 것입니다. 우리의 마음속에 예수 그리스도를 심으면 그 속에서 영생의 열매를 거두게 되는 것입니다. 사람들은 이 세상에서 인간의 철학이나 윤리나 도덕이나 종교를 심어 봤자 그것은 잡초 밖에 되지 않습니다. 하늘에서 내려와서 우리를 위해서 십자가에 몸을 찢고 피를 흘려 죽었다가 부활하신 예수님을 심으면 그를 통해서 우리들은 죄악을 이기고 이 세상도 이기고 염려 근심과 불안, 초조, 절망과 질병을 이기고 그리고 저주를 이기고 사망을 이긴 아름다운 영생의 열매를 거두게 되는 것입니다. 어떤 무엇보다도 예수를 우리 마음속에 심어서 천국 영생을 거두는 우리들이 다 되어야 할 것입니다.

3장 형통한 사람이 되려면

(창39:3,23) "그 주인이 여호와께서 그와 함께 하심을 보며 또 여호와께서 그의 범사에 형통케 하심을 보았더라/ 전옥은 그의 손에 맡긴 것을 무엇이든지 돌아보지 아니하였으니 이는 여호와께서 요셉과 함께 하심이라 여호와께서 그의 범사에 형통케 하셨더라"

하나님은 성실한 사람을 형통하게 하십니다. 요셉은 야곱의 11번째 아들로 태어나 다른 형들에게 시기와 질투와 미움을 받았습니다. 형들이 붙잡아 구덩이에 빠트렸습니다. 형들이 어떻게 할까 의논하다가 애굽으로 가는 상인들에게 팔아서 애굽의 보디발 장군의 집에 종으로 들어가게 되었습니다. 그런데 하나님께서는 그를 형통케 하셨습니다. 요셉은 보디발을 충성스럽게 섬겼습니다. 보디발은 요셉에게서 하나님이 형통케 하심을 보았습니다. 보디발은 요셉을 총무로 삼아 자기 집과 모든 소유를 맡겼습니다. 요셉이 보디발 집의 일을 맡은 이후로 하나님께서 그 집과 밭과 모든 소유에 복을 내리셨습니다. 후에 보디발 아내의 무고를 당하여 고급 간부만 가두는 감옥에 갇히게 되었는데 하나님은 그곳에서도 형통케 했습니다(23절).

그 감옥에서 애굽 왕 바로의 술 맡은 관원을 만나게 되고 후에 그의 천거로 바로의 신임을 얻어 애굽의 총리가 됩니다. 그래서 흉년 때문에 존폐 위기에 있는 70인의 이스라엘 족속을 애굽 고센 땅으로 불러들여 살게 했습니다. 초강대국인 애굽의 보호 속에서 430년 동안 20~60세 남자만 60만 명이 되도록 강성케 했습니다. 출애굽하여 가나안에서 독자적으로 신정국가를 세워 나갈 만한 실력이 된 것입니다.

1. 하나님이 주신 꿈을 가져야 한다.

요셉은 어렸을 때 하나님이 주신 꿈을 꾸었습니다. 형제들의 열한 곡식단이 자신의 곡식단에 절하는 꿈을 꾸었습니다. 또 해와 달과 11별이 모두 자기에게 절하는 꿈이었습니다. 그 꿈은 야곱의 모든 족속이 요셉에게 절을 하게 된다는 내용이었습니다(창37:5-11). 그것은 이스라엘의 미래에 대한 하나님의 목적을 알려 주신 꿈이었습니다. 하나님께서 이스라엘의 구원 사역에 요셉을 쓰시겠다는 암시였습니다.

요셉은 그 암시를 항상 기억하고 자신이 그렇게 쓰임 받기를 원했습니다. 요셉이 자기를 통해 이스라엘 민족에 대한 구원을 성취할 것이라는 소망이 있었기에, 형들의 배반과 보디발 아내의 무고와 떡 맡은 관원의 배신과 감옥생활을 이겨낼 수 있었던 것입니다(창37:5-9, 41:41-45, 45:7-8). 요셉은 어렸을 때 아브라함 때부터 내려온 하나님의 언약적 축복에 대한 꿈을 가지고 있었습니다.

그는 이스라엘에 대한 언약적 축복이 자신을 통해 이루어지길 소망했습니다. 그리고 하나님이 자신을 통해 그 언약을 이루실 것이라는 확신을 가지게 되었습니다. 그는 하나님의 계획과 의지에 대한 확신을 가지고 있었습니다.

어려운 환경 속에서도 비전을 갖는다는 것은 중요합니다. 역대상4:9-10에 보면 야베스라는 사람이 나옵니다. 야베스는 내가 수고로이 낳았다는 뜻입니다(9절). 보다 문자적인 의미로 그가 고통을 불러오다 혹은 그가 고통을 불러올 것이다는 의미를 갖고 있습니다.

그 이름은 그의 어머니가 지어준 이름이었습니다. 고대 풍습에서 쉽게 확인할 수 있듯이(창25;25-26), 그의 어머니가 그렇게 이름을 지어준 것을 보면, 그의 어머니가 그를 낳을 때 큰 고통 가운데 있었다는 것을 알 수 있습니다. 그의 어머니는 그를 낳았을 때 그로 인하여 더욱 큰 고통을 당하였고, 그 아이에 대한 미래에 대한 좋지 않은 예감을 갖고 있었던 것은 분명합니다. 야베스는 태어날 때부터 좋지 않은 환경에서 살아왔고, 미래에 대한 좋지 않은 징조를 보고 자랐습니다. 슬픈 과거와 침울한 현재 속에서 꽉 막힌 미래만 보일 뿐이었습니다.

그러나 그는 하나님을 위해 더 나은 사람이 되기를 원했고 더 많은 일을 하기 원했습니다. 그래서 원컨데 주께서 내게 복에 복을 더하사 나의 지경을 넓히시고 주의 손으로 나를 도우사 나로 환난을 벗어나 근심이 없게 하옵소서 기도했습니다. 그랬더니 하나님께서 그 구하는 것을 다 허락해 주셨고(10절) 그로 인하여 어떤 형제보다도 존귀한 사람이 되었습니다(9절). 유다 지파의 한 가문에서 눈에 띨 만한 존재가 된 입니다.

현재의 상황만 보고 낙심하거나 포기해서는 안 됩니다. 아무리 조건이 열악해도 하나님이 내셨으니 목적도 계획하셨으리라 믿고 쓰임 받기를 추구해야 합니다. 인생은 과정이 좋아도 결과가 안 좋은 사람이 있고 과정이 힘들어도 결국에 성공하는 사람이 있습니다. 지금까지 안 되었어도 하나님이 되게 하시면 됩니다.

우리가 100번 실패 했어도 하나님이 이루시면 되는 것입니다. 개인적으로 가정적으로 꿈을 가져야 합니다. 비젼을 가져야 합니다.

꿈이 없는 자는 망합니다(잠29:18). 프랑스에는 유명한 삶은 개구리 요리가 있습니다. 이 요리는 손님이 앉아 있는 식탁 위에 버너와 냄비를 가져다 놓고 직접 보는 앞에서 개구리를 산 채로 냄비에 넣고 조리하는 것입니다. 이 때 물이 너무 뜨거우면 개구리가 펄쩍 튀어나오기 때문에 맨 처음 냄비 속에는 개구리가 가장 좋아하는 온도의 물을 부어 둡니다. 그러면 개구리는 따뜻한 물이 아주 기분 좋은 듯이 가만히 엎드려 있습니다. 그러면 이 때부터 매우 약한 불로 물을 데우기 시작합니다. 아주

느린 속도로 서서히 가열하기 때문에 개구리는 자기가 삶아지고 있다는 것도 모른 채 기분 좋게 잠을 자면서 죽어 가게 됩니다.

2. 하나님의 섭리를 믿어야 한다.

요셉은 어려서부터 하나님의 계획을 알고 있었습니다. 자신에 대한 하나님의 목적을 알고 있었습니다. 그는 극한 상황이 발생해도 하나님께서 그 목적을 반드시 이루시리라 믿었습니다. 그 불행한 사건이 하나님의 목적을 이루는데 있어서 필요한 사건이라고 믿었습니다. 그는 불행한 사건 속에서도 하나님께서 자신에 대한 목적을 이루기 위해 선한 도구로 활용하시되 도리어 목적을 이루는데 유익이 되게 하실 것이라는 믿음을 가졌습니다.

그래서 그가 형제들이 찾아와 용서를 구할 때 그런즉 나를 이리로 보낸 자는 당신들이 아니요 하나님이시라 하나님이 나로 바로의 아비를 삼으시며 그 온 집의 주를 삼으시며 애굽 온 땅의 치리자를 삼으셨나이다 라고 말할 수 있었던 것입니다(창 45:8). 그는 실로 모든 일에 하나님의 주권적인 섭리를 믿는 자였습니다. 자신이 당한 환난이 하나님의 계획과 관련이 있다고 믿었습니다. 하나님께서 은밀한 계획을 이루기 위해 간섭하는 것이라고 생각했습니다. 환난 가운데서도 하나님의 섭리를 느꼈습니다.

　어느 전도사님이 용인의 어느 시골 교회에서 부흥회 초청을 받았습니다. 두렵고 떨리는 마음으로 기도와 말씀을 준비하였고, 드디어 부흥회를 인도하는 날이 되었습니다. 그런데 첫날부터 비가 와서 예배실 이곳 저곳에 빗물이 뚝뚝 떨어지고 있었습니다. 성도들에게 여러분, 비가 곧 그치도록 기도합시다. 여호수아가 하늘을 향해 태양아 머무르라 했을 때 태양이 머물렀던 것처럼 우리도 열심히 기도하면 이 비가 그칠 것입니다.

　다같이 통성으로 비가 멈출 수 있도록 기도 합시다. 라고 믿음으로 인도했습니다. 그런데 비는 그칠 기미도 보이지 않고 기도하면 할수록 더욱 거세게 내리는 것이었습니다. 당황스럽기도 하고 이러다 비가 더 오면 체면이 말이 아니기 때문에 중간에 기도를 슬쩍 바꿨습니다. 여러분, 비가 계속 오더라도 부흥회에 지장이 없도록 해 달라고 기도하십시오. 하나님 앞에 살짝 도(度)를 낮춰 기도 드린 것입니다. 기도가 끝난 후, 설교를 막 시작하려는 데 이상하고 놀라운 일이 벌어졌습니다.

　비가 그치기는커녕 더욱 세차게 몰아치고 있는데 갑자기 많은 사람들이 성전으로 들어오는 것이었습니다. 그 교회 전도사님과 성도님들도 이 광경에 놀랐습니다. 알고 보니 그 때가 농번기라 동네 사람들이 열심히 일하고 있다가 갑자기 비가 쏟아지니까 비를 피해 성전으로 들어온 것입니다. 그래서 그날 밤 그 마을에 사는 많은 사람들이 예수를 믿고 주님 앞으로 돌아오는 놀라운 일이 일어났습니다.

욥이 자녀의 죽음과 재산의 잃음과 육체의 질병과 아내의 욕설과 친구들의 정죄를 이길 수 있었던 것은 자신이 당한 환난이 목적있는 고난이라고 생각했기 때문입니다. 그 고난 속에서도 하나님께서 섭리하신다고 믿었기 때문입니다. 욥기23:10에 나의 가는 길을 오직 그가 아시나니 그가 나를 단련하신 후에는 내가 정금같이 나오리라 고 했습니다(욥23:10). 바울은 로마서 8:28에서 우리가 알거니와 하나님을 사랑하는 자 곧 그 뜻대로 부르심을 입은 자들에게는 모든 것이 합력하여 선을 이루느니라 고 했습니다.

3. 하나님을 찾아야한다.

이스라엘은 하나님을 떠나 우상을 섬기는 죄로 말미암아 바벨론 포로가 되었음에도, 나라를 왜 잃어버렸는가의 원인도 깨닫지 못할 뿐만 아니라 나라를 회복해야겠다는 의식도 잃어버린 채로, 어제하던 습관을 따라서 오늘을 살다보니 이제는 타성에 젖어 하나님을 잃어버리고, 내일에 대한 소망도 없이 살아가고 있었습니다. 그런 이스라엘에게 이사야선지는, '하나님을 찾으라' '그를 부르라' '여호와께 돌아오라' '하나님께 나아오라'고 권면한다. 이 말을 요약하면 하나님께 기도하고, 그 분을 전적으로 의지하라는 말입니다. 하나님께 범죄 했기 때문에 바벨론 포로가 된 이스라엘은 나라를 회복하는 복을 받으려면, 그 죄를 용서 받지 아니하면 안 되는데, 그러기 위해서는 하나님을 찾고, 모든 불의한 길이나 생각을 버리고, 하나님을 전적으로 의지해야합니다. 창35:2-4절에 보면, 야곱이 벧엘로 올라가기 위해서는 모든 우상과 신표를 먼저 버려야했습니다. 우리도 하나님께 나아가고, 복을 받기위해서는 먼저 모든 죄의 문제를 해결해야할 것임을 잊지 않기를 바랍니다.

4. 하나님의 생각을 따라야한다.

데카르트는 '나는 생각한다. 고로 나는 존재 한다' 파스칼은 '인간은 생각하는 갈대라' 했습니다. 인간은 다른 동물과 다른 점은 생각 할 수 있다는 점입니다. 미국의 수필가 에머슨은 "사람은 종일 생각하는 바로 그 것이다"고 인간을 정의했습니다. 이 말에 의하면 인간은 생각에 따라서 가치가 부여된다고 할 수 있는데, 불의한 생각이 불의한 인간을 만들고, 선한 생각이 선한 인간을 만듭니다(참조: 잠23:7). 부정한 생각이 불신을 조장하여 가정이나 사회, 곧 이웃관계를 파괴한다면, 긍정적인 생각이 신뢰감을 조성하여 가정과 사회, 곧 이웃관계를 행복하게 만드는 것입니다. 생각은 그 사람을 조종하는 핸들과 같은 것이며, 생각이 행동을 만들고, 그 행동이 인간의 육신을 지배하는 것이다. 그러나 인간의 생각은 완전할 수 없습니다. 마귀가 가룟 유다의 마음에 예수를 팔려는 생각을 넣은(요13:2) 결과로 유다가 예수님을 팔았다는 관점에서 보면, 인간이 자기 자신의 마음이나 생각을 믿고, 고집부릴 것이 아니라, 하나님의 생각을 따라야 형통의 복을 받을 수 있다는 것을 알 수 있습니다. 내 생각을 앞세우지 말고, 하나님의 생각을 따라 순종하는 삶을 살아갑시다. 그 때 우리의 모든 삶이 형통하게 될 것입니다.

5. 하나님의 길을 따라 가야한다.

'내 길은 너희 길과 달라서' '내 길은 너희 길보다 높으며'에서, 길은 '계획' '목적' '하고자하는 일'을 말한다. 고로 내 길은 하나님의 뜻이며 하시고자 하는 일을 의미하는 섯으로, 8-9절은 우리의 계획과 하고자하는 일의 목적이, 하나님의 계획이나, 하시고자 하는 일의 목적과는 다를 수 있다는 것을 말씀하는 것으로 보아야합니다. 우리가 계획하고 추진하려는 모든 일들이 하나님과는 전혀 상관이 없는 나의 목적을 성취하려는 극히 개인적인 것임을 우리가 인정해야 합니다. 내가 계획하고 추진하는 과정에서 내 생각대로 되지 않는다 해서 하나님을 원망하는 것은 어리석음이 아닐 수 없습니다. 내가 계획을 잘 세웠기 때문에 좋은 결과를 가져온 것이 아니라, 내가 세운 계획이 하나님의 뜻과 일치 되었을 때 좋은 결과를 가져오는 것이며,

모든 범사가 하나님의 주권에 달려있고, 그의 손에서 성취되기 때문입니다.

배 한 척이 파선하였는데 선원 중 한 명이 아무도 살지 않는 무인도에 극적으로 도달하게 되었습니다. 그는 무인도에서 살아나기 위해 땀 흘려 나무를 모아 거의 한 달 만에 살 수 있는 조그마한 오두막집을 만들었습니다. 이 오두막집이야 말로 무인도에서 이 사람이 살아가기 위한 유일한 피난처이자 안식처였습니다.

어느 날 이 사람이 먹을 것을 구하기 위해 깊은 숲에 들어갔다가 해질 무렵 다시 자기 오두막집으로 돌아오고 있었습니다. 그런데 어찌 된 일인지 자신이 애써 지은 오두막집이 불길 속에 휩싸여 있는 것입니다. 아무도 없는 이 고독한 섬에서 자신이 의지할 수 있는 유일한 피난처이자 안식처인 집이 불타는 광경을 보면서도 그는 어떠한 대책도 세울 수가 없었습니다. 그의 마음은 큰 좌절과 쓰라림으로 무너져 내려 그 자리에 그냥 멍하니 주저앉았습니다.

땅거미가 진 후 그는 나무 잎사귀들을 모아 해변가에 가서 임시 잠자리를 만들어 잠을 청했습니다. 오랜 날들을 땀 흘리고 애써서 만든 하나 밖에 없는 안식처를 한 순간에 잃어버린 절망적인 가슴을 안고 깊은 고통 속에서 잠을 청했습니다. 그런데 새벽녘쯤 갑자기 인기척 소리가 들려서 잠을 깼는데, 눈을 떠보니까 놀랍게도 배 한 척이 도착해 사람들이 막 내려오고 있었습니다. 영원히 무인도에서 홀로 살아갈 줄 알았던 그는 배와 사람들이 오는 것을 보고 기쁨의 소리를 지르며 어떻게 된 것이냐고 물었습니다. 이유를 들어보니 그들은 이 섬 앞을 지나 가다가 불타는 집을 보고 누군가 구조 요청을 하고 있구나 하고 이 섬에 오게 되었다는 것입니다.

6. 맡은 일에 최선을 다해야 한다.

요셉은 하나님의 목적과 섭리를 믿었습니다. 자신이 처한 환경이 그 목적과 관계가 있다고 생각했습니다. 자신에게 맡겨진 일도 반드시 관계가 있으리라 생각했습니다. 그렇기 때문에 그 일을 소홀히 할 수 없었습니다. 보디발 집에서도 충성을 다해 주인을 섬겼고, 시위대 감옥 안에서도 자신의 일을 성실하게 행했고, 총리가 되어서도 임무를 진실하게 수행했습니다. 결국 그런 모습이 보디발에게 신임을 얻게 되었고 간수에게 신임을 얻게 되었고 바로 왕에게 신임을 받아 이스라엘 족속을 환난에서 건지게 된 것입니다.

하나님의 주권을 믿는 사람은 오늘에 충실하게 됩니다. 우리가 생각한 열매가 나타나지 않아도 묵묵히 해야 할 일을 합니다. 목적한 일이라고 생각한 일에만 최선을 다하는 것이 아니라 그 목적하는 일을 이루는 데에는 조금도 도움이 되지 않을 것 같은 작은 일에도 최선을 다하는 것입니다.

왜냐하면 우리가 볼 땐 작은 일이지만 하나님은 그 일을 통해 목적을 이루는 길로 가는 방편으로 여기시고 그 일들 속에서 만나는 사람과 상황을 이용하시기 때문입니다. 목적이 이루어지지 않는다고 손을 놓고 아무 것도 하지 않는 사람은 어떤 큰 일도 이룰 수 없습니다. 그런 의미에서 아무 것도 하지 않는 것은 죄입니다(마25:14-30, 눅19:12-27).

하나님은 우리가 느끼든지 느끼지 못하든지 항상 우리와 함께 하십니다(마28:20, 요14:16). 베드로전서5:6-7에 그러므로 하나님의 능하신 손아래서 겸손하라. 때가 되면 너희를 높이시리라 너희 염려를 다 주께 맡겨 버리라 이는 저가 너희를 권고하심이니라 고 했고, 갈라디아서6:9에 우리가 선을 행하되 낙심하지 말지니 피곤하지 아니하면 때가 이르매 거두리라 고 했습니다.

하나님께서 우리에 대해 선한 목적을 가지시고 어떤 상황이 전개될지라도 그 목적에 유익케 하시는 분이라는 사실을 인정하는 자 되길 바랍니다. 그리고 그 믿음으로 오늘 나에게 맡겨진 일에 충성되기를 바랍니다. 결국 모든 일이 형통케 될 것입니다.

7. 순종을 잘 해야 한다.

하나님은 순종을 잘하는 사람을 들어서 사용하십니다. 순종이 제사보다 낫다고 했습니다. 하나님의 형통의 복을 받는 것은 하나님이 함께하시는 것입니다. 하나님이 함께 하시게 하려면 하나님의 뜻에 순종을 잘해야 합니다. 순종은 습관이 중요합니다. 그래서 하나님은 어린 시절 부모님에게 순종을 잘하는 사람과 함께하시면서 형통으로 역사하십니다. 형통의 복을 받고 싶으십니까? 작은 것이라도 하나님의 뜻이라면 무시하지 말고 순종하십시오. 작은 일에 순종을 잘해야 큰 일도 순종할 수가 있다는 것을 하나님은 잘 알고 계십니다.

그런데 사람들은 작은 일에 등한히 하는 경우가 많습니다. 자기는 큰 일을 할 사람이기 때문에 소소한 일은 관심을 두지 않는 다고 합니다. 그러나 잘못된 생각입니다. 하나님은 작은 일에 순종하는 것을 보시고 함께하시면서 형통으로 역사하십니다. 순종이라는 것은 하루 아침에 되는 것이 아닙니다. 어려서부터 습관이 되어야 가능한 것입니다.

하나님께 형통의 복을 받으시기를 원하십니까? 습관적으로 순종하세요. 그러면 하나님이 형통으로 역사하시면서 함께하실 것입니다. 형통의 축복과 고통 모두가 자기에게서 나오는 열매입니다. 의지적으로 순종하는 습관들이시기를 바랍니다. 그러면 하나님이 함께하시면서 형통으로 축복하실 것입니다.

4장 형통의 복을 받는 비결

(시 118:25-26) "여호와여 구하옵나니 이제 구원하소서 여호와여 우리가 구하옵나니 이제 형통하게 하소서 여호와의 이름으로 오는 자가 복이 있음이여 우리가 여호와의 집에서 너희를 축복하였도다"

하나님은 우리가 형통의 복을 받으면서 살아가기를 원하십니다. 하나님은 하나님의 뜻에 순종하는 성도에게 형통을 체험하게 하십니다. 여기에서 형통이란 모든 일들이 아주 평화스럽고 아무 문제없이 이루어지는 축복이라고 생각하면 안 됩니다. 베드로가 형통한 사람이었어요. 바울이 형통한 사람이었어요. 그러나 그들의 삶이 오늘날의 기준으로 보면 축복된 삶인가요? 아니죠! 절대로 아닙니다. 그런데도 그들이 형통한 길로 간다는 것은 주님이 이끄시고 함께 하시는 삶을 살았기에 형통한 것입니다. 그것은 축복받는 차원하고 틀립니다. 우리는 물질의 풍족함, 권력, 승진, 시험합격, 일확천금 얻는 것 등을 형통한 것이라고 알고 있는 분들이 있습니다. 우리의 기도 제목들이 하나님에게 응답이 잘 되는 것을 형통이라고 알고 있기도 합니다.

우리는 형통을 우리 삶을 풍요롭게 하는데 집중하고 있습니다. 삶이 풍요로운 것만이 형통하고 축복된 삶이라고 평가 합니다. 그러나 진정한 형통의 길은 주님의 뜻을 따라 가는 것입니다. 주님이 제시한 길을 가는 것이 형통입니다. 주님이 제시한 길을 따라가니 형통해지는 것입니다. 모두 하나님이 인도하는 형통한 길로 가시기를 기도합니다. 그래서 만사가 형통하시기를 바랍니다.

형통이란 하나님의 기회와 인간의 준비가 만나는 곳에 일어나는 축복의 사건입니다. 꿈을 성취하기 위해 대가를 지불하는 것이 우리의 일이라면, 꿈꾸는 사람에게 기회를 주시는 것은 하나님의 일입니다. 그래서 꿈꾸는 사람은 노력할 뿐만 아니라, 영으로 기도해야 합니다. 기도할 때 하나님이 성령을 통하여 바른 길을 알려 주시기 때문입니다.

한국 갤럽에서는 "한국인의 종교와 종교의식"이라는 주제를 가지고, 사람이 살아가는데 가장 중요한 것이 무엇이라 생각하는지에 대하여, 설문조사를 했습니다. 그 결과 29%의 사람들이, "건강"이 제일 중요하다고 했으며, "돈과 경제력"이라고 답한 사람은 18%였습니다. 반면에 "믿음"은 11%, 그리고 "사랑"은 7%, "신앙"은 4.5%에 머물러 개인적, 세속적인 가치에 비해, 순위가 뒤처졌습니다.

개신교인들은, 현재 종교를 믿고 있는 이유를 묻는 질문에서, 마음의 평안을 얻기 위해 55.5%, 죽은 다음의 영원한 삶을 위해 25.0%, 삶의 의미를 찾기 위해 6.7%, 복 받기 위해 5.5% 순으로 응답했습니다.

인생에서 무엇이 가장 중요하다고 생각하십니까? 최근 몇 년 동안 우리나라에서는 기독교, 천주교, 불교를 포함한 종교 인구가 점점 늘어나고 있다고 합니다. 인간은 자신의 능력에 한계를 느낄 때면, 의지할 무언가를 찾게 됩니다. 바로 그 때 하나님 앞에 나아가야 합니다. 하나님이 주시는 힘으로 이 세상을 살면서 다가오는 어려움을 굴복하거나 낙심하지 말고, 믿음으로 나가서 도전하는 자세를 가져야 합니다. 그리고 더 나아가서 하나님 앞에 간구하고, 그 말씀으로 지혜와 명철을 얻으면, 그 시대에 가장 승리하고 성공하는 사람이 된다는 것을 믿으시기 바랍니다.

다른 모든 사람들이 불행하다 할지라도, 하나님을 믿는 사람들은 행복한 삶을 살 수 있습니다. 다른 모든 사람들이 힘들고 어렵다고 할지라도, 하나님을 믿는 사람들은 만족하며 감사하며 살아갈 수 있습니다. 똑같은 상황이라 할지라도, 믿지 않는 사람들은 원망하고 불평의 삶을 살지만, 하나님을 믿는 사람들은 감사하며, 찬양하며 살아갈 수 있습니다. 여러분! 참 잘 나오셨습니다. 주일날 교회 나오는 것이 힘들고 어렵지만, 그러나 헛된 시간 투자가 아닙니다. 이 시간을 주님 앞에 드리면, 주님께서는 갑절로 우리에게 형통의 복을 주실 줄 믿습니다.

"적극적인 사고방식"이라는 책으로 유명한 미국의 노먼 빈센트 필 목사님은 "인간이 실패하는 요인은 여러 가지가 있지만, 그 중 가장 큰 요인은 기도하지 않기 때문이다"라고 말했습니다. 인간은 왜 실패합니까? 기도하지 않기 때문입니다. 왜 자녀 교육과 사업, 그리고 건강과 인생에서 실패해야 합니까? 여러 가지 원인이 있겠지만, 가장 핵심적인 요인은 바로 하나님께 기도하지 않기 때문입니다. 인간은 스스로 존립해서 살아갈 수 없습니다. 하늘과 땅을 창조하시고 인간을 만드신 조물주는 바로 하나님이십니다. 그런데, 하나님께 기도하지 않으므로 인간의 삶이 황폐해지며, 낙심과 절망 가운데 불행과 실패가 계속되는 것입니다. 어떤 어려운 역경에 처할지라도, 기도를 통해서 승리하시는 우리가 되기를 주님의 이름으로 축원합니다.

오늘 본문 말씀은 다윗이 오랫동안 원수들의 핍박 가운데 있다가, 모든 대적을 물리치고 유다의 왕위에 오르면서 하나님을 찬양한 시입니다. 다윗이 하나님께 드렸던 기도의 내용입니다. 다윗은 무슨 기도를 하나님께 드렸을까요?

1. 형통을 구하는 기도를 했다.

시편118편 25절 말씀입니다. 함께 읽겠습니다. "여호와여 구하옵나니 이제 구원하소서 여호와여 우리가 구하옵나니 이제 형통하게 하소서" 아멘.

"형통"이라는 단어에 대하여, 영어성경에는 "성공"이라고 기록되어 있습니다. 즉, 형통은 성공과 번영, 그리고 부요라는 뜻입니다. 다윗은 15세에 기름부음을 받았지만, 왕이 되기까지 죽음의 위협을 받고 굶주림과 추위에 떨었습니다. 살아남기 위해 미친 사람 흉내까지 내며 도망을 다녀야 했습니다. 이렇게 수많은 어려움과 고난을 겪은 그는, 나이 30세가 되어 유다의 왕이 되었습니다.

왕이 된 다윗은 과거를 회상하며 지금까지는 고통과 고난의 길이었지만, 앞으로는 하나님께서 형통의 길을 허락해 주셔서, 모든 일이 잘 되고 번영할 수 있도록 "이제 형통하게 하소서"라고 하나님께 간구했습니다. 그러자 하나님께서 다윗과 함께 하셔서 다윗 왕가는 점점 강해져 가고, 사울왕가는 점점 약해져갔습니다. 그는 하나님께 간구한 대로 형통케 되었습니다. 그래서 그가 다스리는 동안에는 이스라엘 역사상 가장 넓은 영토를 차지했고, 태평성대를 이루며 이스라엘 최고의 전성기를 이루었습니다.

여러분! 어려움 가운데 있어도, 다윗처럼 하나님께 형통의 복을 구하면, 하나님께서 앞으로 우리의 삶에 막힘이 없도록 인도하실 것입니다. 그러므로 형통의 복을 구하는 모두가 되시기 바랍니다.

느헤미야는 우상을 숭배한 이스라엘이 멸망한 후, 페르시아 제국에 포로로 잡혀와 왕궁의 고위 관료로 있었습니다. 그는 항상 하나님을 경외하였고, 형통하게 해달라고 기도했습니다. 느헤미야 1:11절을 보면, "주여 구하오니 귀를 기울이사 종의 기도와 주의 이름을 경외하기를 기뻐하는 종들의 기도를 들으시고 오늘 종이 형통하여 이 사람 앞에서 은혜를 입게 하옵소서 하였나니 그 때에 내가 왕의 술 관원이 되었느니라"고 고백하고 있습니다. 그가 하나님 앞에 형통하기 위해서 기도했더니, 하나님께서 페르시아 제국의 관원이 되게 하셨습니다.

여러분! 기도가 얼마나 중요한지 모릅니다. 기도하지 않고, 절망 가운데 사는 사람과 믿음을 갖고 기도하는 사람의 삶은 천지차이입니다. 하나님께서 기도하는 사람을 도와주시기 때문입니다. 마찬가지로 하나님을 믿고 섬기는 가정과 하나님을 믿지 않고, 섬기지 않는 가정의 경제력과 생활수준, 마음의 태도의 차이는 천지차이입니다. 사랑하는 여러분! 하나님을 믿고 기도하는 자에게 형통함과 하늘의 축복이 있음을 믿으시기 바랍니다.

미국의 심리학자인 칼 로저스는 비지시적 카운슬링의 창시자로서, 교사는 가르치기만 하지 말고 스스로 깨닫도록 하라고 주장하여 상담의 혁신을 일으킨 사람입니다. 그는 "하나님께서는 우리가 간구하는 것 이상으로 넉넉히 주신다"라고 말했습니다.

에베소서 3:20절을 보면, "우리 가운데서 역사하시는 능력대로 우리가 구하거나 생각하는 모든 것에 더 넘치도록 능히 하실 이에게"라고 했습니다.

여러분! 하나님께서는 우리가 하나님 앞에 기도하는 것 이상으로 넉넉하고도 풍족하게 주십니다. 우리의 기도에 응답하시며 축복과 사랑을 베푸시는 하나님을 믿으시기 바랍니다.

어느 집사님이 기도를 해도 응답이 없어 답답해하던 가운데, 어느 날 친구를 따라 점집에 갔다고 합니다. 친구의 점을 치고 난 점쟁이가 집사님을 보더니 "당신은 점괘가 안 나옵니다. 예수 믿는 사람이죠?"라고 물었다고 합니다.

예수님을 믿고 구원을 얻어 하나님의 자녀가 된 우리의 앞날은 그 누구도 점을 칠 수가 없습니다. 하나님이 우리의 모든 인생을 주관하시며, 그의 계획하심에 따라 인도하시기 때문입니다. 아무도 하나님의 놀라운 지혜와 계획을 알 수 없습니다. 우리의 운명은 점으로 결정되는 운명이 아닙니다. 하나님 앞에 축복 받는 운명입니다. 그러므로 하나님의 말씀으로 승리하시기 바랍니다. 악한 마귀와 점치는 귀신과 죄악을 좇아가지 말아야 합니다. 만약에 이런 곳에 한 번이라도 갔다면 그 때 들어온 귀신들을 예수 이름으로 몰아내시기를 바랍니다. 하나님의 말씀과 성령의 능력에 힘입어 이 세상에서 승리하는 모두가 되시기를 주님의 이름으로 축원합니다.

하나님께서는 기도에 반드시 응답하시고, 하나님께 간구하는 자를 형통케 하십니다. 그러므로 하나님 앞에 기도하는 사람은 결코 손해를 보지 않습니다.

가족을 위해서 기도하고, 부모와 자녀들을 위하여 기도하고, 직장과 사업장을 위하여 기도하고, 교회를 위하여 기도하고, 나라와 민족과 이웃을 위해서 기도할 때, 하나님께서 응답과 축복을 더하여 주실 줄 믿습니다.

2. 여호와의 이름으로 오는 자가 복이 있다고 기도했다.

시편118편 26절 말씀입니다. 함께 읽겠습니다. "여호와의 이름으로 오는 자가 복이 있음이여 우리가 여호와의 집에서 너희를 축복하였도다" 아멘.

다윗은 블레셋의 장군 골리앗이 쳐늘어 왔을 때, 이스라엘의 군사력이나 힘으로 물리친 것이 아니라, 물맷돌 다섯 개만을 들고, 만군의 여호와의 이름을 믿고 나가서 물리쳤습니다. 장대한 거구를 가진 골리앗 장군은 갑옷과 방패로 몸을 보호하고, 창과 칼을 가지고 공격하러 나왔지만, 다윗은 사울 왕이 건네준 갑옷도 입지 않고, 물맷돌만 챙겨서 골리앗과 싸우러 나갔습니다. 그리고 다윗은 사무엘상 17:45절 말씀처럼 "너는 칼과 창과 단창으로 내게 나아오거니와 나는 만군의 여호와의 이름 곧 네가 모욕하는 이스라엘 군대의 하나님의 이름으로 네게 나아가노라" 고 외치며, 담대히 하나님의 이름으로 나가 승리하였습니다.

하나님의 이름으로 나가 승리한 다윗처럼, 우리도 이 세상 모든 만물의 주관자가 되시며 진정한 복의 근원이신 하나님만 의지하셔서, 승리하시기 바랍니다.

하나님께서는 민수기 6:27절에 제사장들을 향하여 "그들은 이같이 내 이름으로 이스라엘 자손에게 축복할지니 내가 그들에게 복을 주리라"고 말씀하셨습니다. 제사장이 하나님의 이름으로 축복하면, 하나님께서 복을 주신다고 하신 것입니다.

> (민 6:24-26) "여호와는 네게 복을 주시고 너를 지키시기를 원하며 여호와는 그의 얼굴을 네게 비추사 은혜 베푸시기를 원하며 여호와는 그 얼굴을 네게로 향하여 드사 평강 주시기를 원하노라"

제사장들은 날마다 이스라엘 백성들을 하나님의 이름으로 축복하였습니다. 우리도 날마다 가족들을 축복하시기 바랍니다. 축복한 대로 축복의 열매가 맺어질 줄 믿습니다.

또한 주의 종을 통하여 선포되는 하나님의 말씀에 귀를 기울이시고 순종하여서, 하늘의 복을 받는 우리가 되시기를 주님의 이름으로 축원합니다.

"신념을 가지고 도전하면 못할 일이 없다"의 저자인 폴 한나는 호주의 베스트셀러 작가입니다. 폴 한나는 성공한 사람들의 특징에 대하여 "성공한 사람은 최상의 일만 생기기를 기대합니다. 그들은 무슨 일이 일어나더라도 극복해 낼 수 있다는 신념을 마음 속 깊이 지니고 있습니다. 또한 그들은 어떤 경우에도 자신의 꿈과 목표를 잃지 않고 항상 최상의 것을 기대하고 있는 경우가 많습니다."라고 말했습니다.

우리도 성공한 사람들처럼, 목표와 꿈을 크게 가지고 기도함으로 도전하시기 바랍니다. 그러면 "네 입을 크게 열라 내가 채우리라"고 말씀하신 하나님께서, 그 믿음을 통해 역사하시고, 그 앞길을 형통하게 하실 것입니다. 내 힘으로 못할 때, 내 능력의 한계에 도달했을 때, 하나님 앞에 기도하시기 바랍니다. 하나님의 도움을 받고, 하나님 앞에 축복을 받는 모두가 되시기를 주님의 이름으로 축원합니다.

고 성도님은 어릴 때 교회의 교회학교에 열심히 다녔습니다. 그리고 그는 어릴 때부터 "하나님, 내가 커서 어른이 되면 돈을 많이 벌어서 하나님께 충성하겠습니다."라고 기도했습니다. 그는 어른이 되어 대학교를 졸업한 후 "삼영공업사"를 세우고 차임벨과 인터폰을 만들었습니다. 그런데 마침 강남지역이 개발되면서 아파트 건설이 엄청나게 늘어나자 아파트 출입문에 부착하는 초인종이 대량으로 팔리게 되어 많은 돈을 벌고 부자가 되었습니다. 그는 그 분야에서 일등이 되었고, 그의 회사는 구로공단에 큰 공장을 지으면서 그 규모가 매우 커지고 바빠지게 되었습니다. 그러다보니 그는 교회에도 안 나가게 되었고 기도도 하지 않았습니다.

어릴 때 서원한 것도 잊어버리고 온통 돈 생각뿐이었습니다. 공장 기공식 때에는 주변 사람들의 권고에 따라 사람들을 초청하여 돼지머리를 올려놓고 고사를 지냈습니다. 그러나 뜻하지 않은 고난의 때가 찾아와 회사가 어려워지게 되었습니다. 처음에는 돈을 잘 벌었기에 큰일들을 많이 벌려놓았는데, 은행 대출이 거절되고, 공장에서는 가스중독사고가 터졌습니다. 결국 백만 불이 넘는 부도를 맞게 되었고, 채권단에게 쫓기는 신세가 되었습니다. 게다가 몸도 약해져서 늘 피곤하고 힘이 들기에 병원에 가서 진찰을 받아보니 전립선암이라는 진단을 받았습니다. 수술을 하기엔 너무 늦었으며 오래 살지 못한다는 사형선고까지 받게 되었습니다.

돈도 떨어지고 건강도 잃게 되고, 회사마저 망하게 된 그에게는 더 이상 남은 것은 아무 것도 없었습니다. 막다른 골목에 다다르자 그는 하나님을 기억했습니다. 어린 시절 자신이 했던 기도를 응답해주신 하나님, 그리고 지금까지 자기를 지켜주신 하나님을 생각했습니다. 비로소 그는 하나님 앞에 통곡하고 회개하며 "제가 교만하여 잘못했습니다. 하나님과의 약속을 저버리고 하나님을 떠나 마귀의 종노릇을 했습니다. 하나님, 저를 용서하시고 한번만 살려주시면, 이제 여생을 하나님을 위하여 충성되게 살겠습니다."라고 눈물로 기도했습니다.

신앙을 회복한 그가 기도하며 지내는 가운데, 하나님께서는 그의 몸을 서서히 고쳐주셔서, 전립선암에서 벗어나게 하셨고, 그의 사업을 다시 일으켜 주셨습니다. 감시카메라 보안시스템까지 생산하게 된 그의 회사는 88올림픽 때 엄청난 매출을 올렸고, 지금은 수도관 내부를 소형카메라로 검사하는 방법을 개발하였습니다. 다시 일어선 그는 하나님 앞에 충성하며 감사와 영광을 돌렸습니다.

그리고 그는 "기도를 쉬면 하나님의 축복이 떠나고 마귀의 종이 됩니다. 그러나 기도를 하면 하나님의 축복이 임하게 됩니다."라고 간증하며 시간이 날 때마다 하나님 앞에 기도하는 것을 잊지 않았습니다.

여호와 하나님의 축복을 받으시기를 주님의 이름으로 축원합니다. 하나님께 간구함으로 형통의 축복을 받으시고, 그 모든 영광을 다 하나님께 돌리기를 주님의 이름으로 축원합니다.

복음성가 중에 "나의 하나님 나의 하나님"이라는 곡이 있습니다. 2절 가사입니다.

"나의 하나님 나의 하나님 나와 함께 하신 하나님 주님 뜻대로 살기 원하여 이처럼 간구합니다. 아버지 아버지 나를 구하신 아버지 감사합니다. 감사합니다. 이 몸 바쳐 살렵니다. 아버지 아버지 축복해 주신 아버지 감사합니다. 감사합니다. 사명 감당케 합소서"

이 복음성가 가사처럼, 하나님께 먼저 축복을 듬뿍 받으시기를 바랍니다.

왜 축복을 받아야 합니까? 나만을 위한 축복이라면 안 됩니다. 그 축복은 흘러가야 합니다. 자신의 자녀들에게 축복이 흘러가야 합니다. 또 다른 사람들에게 축복이 전해져야 합니다. 하나님께서 나에게 축복을 주신 것은 그 축복을 통하여 다른 사람을 섬기라고 주신 것입니다. 사명 감당하라고 축복을 주시는 것입니다.

축복받음으로 하나님이 주신 사명을 잘 감당하면, 하나님께서 더 큰 사명을 주시고, 더 풍성한 축복을 쏟아 부어주실 줄 믿으시기를 바랍니다.

3. 다른 사람들을 축복할 수 있기를 기도했다.

시편118편 26절 말씀입니다. 함께 읽겠습니다. "여호와의 이름으로 오는 자가 복이 있음이여 우리가 여호와의 집에서 너희를 축복하였도다" 아멘.

여호와의 집은 성전을 말합니다. 우리는 하나님의 성전인 교회에서 축복을 받을 수 있습니다. 하나님께서는 우리가 성전에 나올 때 마다, 말씀을 통하여 위로하시며 희망과 용기를 주십니다. 또한 영적인 축복과 물질의 축복 뿐 아니라, 건강과 장수의 축복까지 허락해 주시는 것입니다.

시편 65:4절을 보면, 다윗은 "주께서 택하시고 가까이 오게 하사 주의 뜰에 살게 하신 사람은 복이 있나이다 우리가 주의 집 곧 주의 성전의 아름다움으로 만족하리이다"라고 고백하였습니다.

하나님께 택함을 받고, 하나님께 가까이 나아가며, 주의 뜰에 거하는 사람은 복이 있다고 하였습니다. 하나님의 성전에 거하는 사람은 복을 받게 되는 것입니다.

시편 73:28절을 보면, "하나님께 가까이 함이 내게 복이라"고 했습니다.

베드로전서 3:9절에 "악을 악으로, 욕을 욕으로 갚지 말고 도리어 복을 빌라 이를 위하여 너희가 부르심을 받았으니 이는 복을 이어받게 하려 하심이라"고 하였습니다.

하나님의 축복을 자손들이 유업으로 받게 하기 위해서는, 우리가 말씀으로 살아야 합니다. 그러므로 세상 지식으로 살지 말고, 하나님의 말씀으로 살아가시기 바랍니다. 성경 말씀을 모르면, 기도도 하지 못하게 되고, 믿음도 자라지 않게 됩니다. 그러므로 성경 말씀을 읽으시기 바랍니다.

이스라엘 민족이 어려서부터 하나님의 말씀을 배워왔기에, 현재 전 세계에서 노벨상도 많이 받고, 우수한 인물들이 많이 배출되는 것입니다. 어려서부터 성경을 가까이하여 도덕적인 생각과 지혜와 총명을 얻은 사람에게 하나님의 능력이 함께 한다면, 그 사람은 반드시 성공하고 형통하게 된다는 것을 믿으시기 바랍니다.

미국의 성공학자 나폴레온 힐은 "남들과 함께 나누는 것은 갑절로 커질 것이고, 혼자서 감추는 것은 점차 줄어들 것이다"라고 말했습니다.

여러분! 하나님께서는 하나님을 사랑하고 이웃을 사랑하라고 하셨습니다. 하나님께 받은 축복과 사랑을 이웃에게 나눠주어야 합니다. 현대인의 질병 중 하나는 "욕구불만"이라고 합니다. 매사에 욕구불만이 생기는 것은, 감사하는 마음이 없기 때문입니다. 욕구가 채워지지 않으니, 스트레스를 받고 힘들어 하는데, 그 스트레스는 모든 병의 근원이 되는 것입니다. 이러한 욕구불만을 고치는 치료법은 베푸는 것입니다.

미국 미시간 대학의 사회연구소의 심리학자인 스테파니 브라운 박사는 "심리과학"이라는 심리학 전문지를 통하여, 자기만 아끼고 남을 돕지 않는 사람이, 남에게 도움을 주는 사람보다, 일찍 죽을 가능성이 2배나 높은 것으로 밝혀졌다고 보고했습니다. 바로 베푸는 것을 통하여 욕구불만을 해소하고, 넉넉하고 여유로운 마음으로 건강을 누릴 수 있기 때문입니다. 우리 모두는 건강하시며 장수하시기 바랍니다. 사랑하며 섬기는 행복한 삶을 사시기를 바랍니다.

대부분, 나이 들면, 사람들은 3가지에 대하여 후회한다고 합니다. 첫째는 욕심만 부린 것을 후회하며, 둘째는 좀 더 인내하지 못한 것을 후회하고, 셋째는 더 행복한 삶을 살지 못한 것에 대해 후회를 한다고 합니다. 사랑하는 여러분! 앞으로 후회할 일 만들지 마시고, 지금부터 더 많이 베풀고, 인내하셔서, 하나님의 축복으로 행복한 삶을 사시기 바랍니다. 여러분! 우리가 가족을 비롯하여, 이웃을 배려하고 행복하게 할 때, 우리 자신도 행복해진다는 것을 믿으시기 바랍니다. 남을 불행하게 만들면, 내가 행복해지는 것이 아니라는 것입니다. 남의 마음을 아프게 하면, 내가 기분 좋아지는 것이 결코 아니라는 것입니다. 남을 불행하게 만들면 나도 불행해지고, 남의 마음을 아프게 하면, 내 마음도 그만큼 아프게 된다는 것입니다. 반대로 남을 행복하게 하면, 내가 손해 보는 것이 아니라 나도 행복하게 되는 것이요, 남에게 베푸는 삶을 사는 것은 내 것이 없어지는 것이 아니라, 내 것이 더욱더 풍성해지는 비결이 되는 것입니다.

믿고 의지함으로 하나님 앞에 나아갈 때, 하나님께서는 하늘의 문을 열어주시고, 사랑과 은혜와 축복을 주시는 것을 믿으시기 바랍니다.

지금까지는 스스로가 잘 살고자 고생하며 어려움과 고통을 당해 왔다면, 이제부터는 하나님으로부터 공급되는 믿음과 신앙을 가지고, 모든 일이 형통하게 되시기를 바랍니다. 하나님 앞에 그렇게 헌신하시고 다짐 하십시오. 그렇게 될 때 우리의 삶은 형통하게 될 것입니다.

다윗은 유다의 왕이 될 때까지는 고난과 고통이 연속되는 삶을 살았습니다. 그러나 하나님께 형통의 복을 구하자, 하나님께서 어디를 가든지 이기게 해 주심으로 그가 다스리는 동안 이스라엘은 통일왕국을 이루었고, 이스라엘 역사상 가장 넓은 영토를 차지하며 최고의 전성기를 누렸습니다. 지금부터 우리의 앞날에 하나님이 함께하셔서 형통하시기를 주의 이름으로 축원합니다.

어려움에 처할 때 교회에 나와서 기도하여, 하늘의 복을 받고 이웃에게 그 축복을 베푸는 성도들이 되시기를 주님의 이름으로 축원합니다.

5장 범사에 형통한 사람의 특징

(창 39:1-6)"요셉이 이끌려 애굽에 내려가매 바로의 신하 친위대장 애굽 사람 보디발이 그를 그리로 데려간 이스마엘 사람의 손에서 요셉을 사니라. 여호와께서 요셉과 함께 하시므로 그가 형통한 자가 되어 그의 주인 애굽 사람의 집에 있으니 그의 주인이 여호와께서 그와 함께 하심을 보며 또 여호와께서 그의 범사에 형통하게 하심을 보았더라. 요셉이 그의 주인에게 은혜를 입어 섬기매 그가 요셉을 가정 총무로 삼고 자기의 소유를 다 그의 손에 위탁하니 그가 요셉에게 자기의 집과 그의 모든 소유물을 주관하게 한 때부터 여호와께서 요셉을 위하여 그 애굽 사람의 집에 복을 내리시므로 여호와의 복이 그의 집과 밭에 있는 모든 소유에 미친지라. 주인이 그의 소유를 다 요셉의 손에 위탁하고 자기가 먹는 음식 외에는 간섭하지 아니하였더라 요셉은 용모가 빼어나고 아름다웠더라"

우애가 좋은 어느 형제가 있었는데 이 형제가 교회를 나가게 되었습니다. 그런데 동생이 성경을 읽다가 형에게 물었습니다. 형님 성경을 읽다보니까 만사형통이라고 하는 말이 나오는데 형님은 이 뜻을 알 수 있습니까? 그 때 형은 아~~기회가 이때다 싶어서, 그럼 알지 그 뜻은 이거야 '만사를 형'을 통해서 다

하는 거야, '형통, 형'을 통해서 하나님이 복을 주시는 거야 그러니까 이제부터는 이 형의 말을 잘 들어야 된다고 해석을 해주었다고 합니다. 만사형통이 자기중심으로 해석하고 내 뜻대로 하는 것, 내가 요구하는 것이 다 이루어지는 만사형통일까요? 모든 고통과, 고난과 실패를 우회하고 피해 나간다고 만사형통일까요? 대개의 사람들은 어려움에 처하면 자신의 비참한 위치와, 상황과, 처지에다가 초점을 맞춥니다. 그래서 하나님 앞에 기도하고 간구 하는 내용도 내가 험악한 곳에 있으니, 내가 곤란한 상황에 있으니, 이 위치에서 나를 건져달라는 기도가 대부분입니다. 위치 변화에 대한 기도를 한다는 것입니다.

그러나 오늘 성경에 나오는 요셉이란 청년은 자신이 어려움을 당했을 때에 자신의 어려운 위치보다 관계를 점검했고 관계에다가 초점을 맞췄습니다. 내가 처해있는 상황, 곤란, 어려움이 문제가 아니고 하나님과 나와의 관계가 문제라는 것입니다. 그래서 하나님과 관계에 초점을 맞췄다는 것입니다. 본문2절입니다. "여호와께서 요셉과 함께 하심으로 형통한 자가 되었다" 요셉의 위치는 애굽의 노예였지만 관계는 하나님이 함께 하는 모습이었습니다. 감옥에서도 위치는 감옥이었지만 관계는 하나님이 함께 하시는 관계였습니다. 그러므로 형통한 자는 어떻게 처해 있느냐는 상황과 위치와 별도로 하나님과의 관계에 초점을 맞출 때에 형통함이 이루어지는 줄로 믿으시길 바랍니다.

사람은 누구나 어려움에 놓일 수 있습니다. 어려운 상황이 닥칠 수가 있습니다.

그러나 그때에 지혜로운 사람은 위치로 판단할 것이 아니라, 하나님과 관계로 판단하는 지혜를 가져야 한다는 것입니다. 아 이것은 하나님과 나와의 관계를 회복하라고 깨달음을 주시는 것이구나, 하나님과 관계가 회복되어 서로 통할 때 범사에 형통한 자가 되는 줄로 믿으시길 주님의 이름으로 소원합니다. 그럼 범사에 형통한 자가 되려면 어떻게 해야 할까요?

1. 변함이 없는 믿음을 가질 때 가능

어느 청년이 교회를 찾아와 눈물을 흘리고 있었습니다. 교회 목사님이 다가와 "형제여! 왜 눈물을 흘리는가"하고 물었습니다." 청년은 대답하기를 "저는 원래 만화를 그리는 사람인데 만화 원고를 들고 출판사에 취직을 구했으나 가는 곳마다 거절을 해서 저는 이제 갈 곳이 없습니다. 그러니 더 이상 저의 삶은 가망이 없습니다. 저는 이제 마지막인 것 같습니다." 라고 슬퍼하고 눈물을 흘리고 있었습니다. 그때 목사님은 그럼 일자리를 찾을 때까지 교회창고에서 지내라고 하셨습니다. 그러자 청년은 "목사님, 정말 고맙고 감사합니다."

그때 목사님은 감사하는 청년에게 "청년이여 사람은 자네를 거절하고, 사람은 자네를 다 버린다 할지라도 우리 하나님은 자네를 거절하지 않으시고, 자네를 버리지 않고, 하나님은 당신을 사랑하신다는 말씀을 잊지 말고 청년이 가지고 있는 믿음을 변함이 없이 지키게!" 하고 격려를 해주셨습니다. 그때부터 그 교회에 허름한 창고는 청년에게 꿈을 그리는 안식처가 되었습니다.

청년은 목사님의 말씀대로 믿음을 가지고 그림의 꿈을 키워 나갔습니다. 그러던 어느 날 그림을 그리는데 창고에 쥐가 나타났습니다. 왔다갔다하는 쥐를 한동안 바라보던 청년은 아 저 쥐를 그려봐야겠다고 생각하고, 그 쥐를 아름다운 쥐로 묘사해서 그렸습니다. 그때에 그려진 쥐의 그림이 세계적으로 사랑 받는 '미키마우스'(Mickey Mouse)라고 하는 쥐의 모습이 된 것입니다.

그 청년이 누구일까요? 그 청년은 바로 '디즈니랜드'를 창업한 '월트 디즈니'(Walt Disney)입니다. 디즈니가 좌절을 극복할 수 있었던 까닭은 무엇이었을까요? 그것은 하나님을 향한 변함없는 믿음이었던 것입니다. 사람은 누구나 경제적인 위기가 닥쳐옵니다. 건강의 위기도 옵니다. 사업의 위기도 옵니다. 가정의 위기도 닥쳐옵니다. 이렇게 여러 가지 위기를 만날 수 있습니다.

그러나 그 속에서 하나님을 향한 변치 않는 믿음으로 나가면 하나님과의 관계가 회복되어지므로 반드시 형통한 길로 인도하시고 축복해 주심을 믿으시길 주님의 이름으로 소원합니다. 성경에는 하나님의 능력을 힘입어 하나님의 축복을 받은 많은 사람들의 이야기가 많이 나옵니다.

그들의 공통점은 무엇입니까? 모두가 어렵고 힘든 가운데서도 변함없이 믿음을 지켰다는 것입니다. 만물을 창조하신 하나님께서 생사화복을 주관하신다는 사실을 믿었습니다. 어떤 경우에 있다 할지라도 변함없는 믿음을 통해서 하나님과의 관계를 중요시하는 사람들이었던 것을 믿으시길 바랍니다.

창세기45장 4절에 보면 "나는 당신들의 아우 요셉이니 당신들이 애굽에 판자라 당신들이 나를 이곳에 팔았으므로 근심하지 마소서 한탄하지 마소서 하나님이 생명을 구원하시려고 나를 당신들 앞서 보내셨나이다." 이 말은 애굽에 노예로 팔려간 요셉이 훗날 그 애굽을 다스리는 총리가 되었을 때 자신을 노예로 팔아넘긴 형들이 흉년을 맞아 양식을 구하고자 요셉 앞에서 머리를 숙이고 있을 때 한 말입니다. 하나님을 의지한 요셉은 매사에 하나님의 섭리가 있음을 굳게 믿었습니다. 형들의 배신으로 노예로 팔려 가는 신세를 겪게 된 천신만고의 삶, 소용돌이치는 기막힌 삶 속에서도 그는 자신을 향한 하나님의 계획이 있음을 알고 믿었습니다. 하나님은 변함이 없는 믿음을 가진 요셉과 함께 하신 줄로 믿으시길 바랍니다.

롬8:28절입니다. "우리가 알거니와 하나님을 사랑하는 자

곧 그 뜻대로 부르심을 입은 자들에게는 모든 것이 합력 하여 선을 이루느니라." 변함없이 하나님을 믿는 사람은 현재의 상황이 어떤 경우든지 결국은 좋게 만드신다는 것을 믿으시길 주님의 이름으로 소원합니다. 세상을 살아가다 보면 뜻하지 않은 어려움이 많이 있습니다. 그래도 하나님을 변함없이 믿으며 의지하시기 바랍니다. 지쳐 쓰러질 때에도 하나님만을 바라보시기 바랍니다. 하나님은 예나 지금이나 변치 않는 믿음의 사람과 함께 하십니다. 믿음을 지키기 위해 힘쓰십시오. 믿음이 변하지 않도록 노력하십시오. 왜냐하면 그 믿음이 하나님의 능력이 임하는 통로이기 때문입니다. 그 믿음이야말로 하나님의 축복이 임하는 통로인 줄로 믿습니다. 형통하기를 원하는 사람은 육신의 건강을 지키는 일 못지않게 영혼의 건강을 위해 믿음을 지키는 일에 결코 소홀히 하지 않는 사람들입니다. 그러므로 어떠한 상황에서도 그 믿음을 지켜 범사에 형통의 삶을 살아가는 모두가 되시기를 바랍니다.

2. 요동치 않는 소망.

1858년 미국 뉴욕 어느 가정에서 아기가 태어났습니다. 그런데 이 아기는 나면서부터 소아 마비 아이로 태어나서 다리를 절게 되었습니다. 게다가 설상가상 격으로 시력도 너무 너무 나빴습니다. 또 천식으로 인해서 호흡곤란 때문에 앞에 있는 촛불

조차 끌 수 없었고 가까스로 생명을 연장해가고 있었습니다. 그렇게 해서 자라기를 열한 살이 되던 어느 날 이었습니다.

그의 아버지는 아들에게 이렇게 말했습니다.

"아들아 네가 가진 장애는 장애가 아니란다. 네가 만약 전능하신 하나님을 참으로 신뢰하고 믿을 수 있다면, 그 하나님의 도우심이 함께 하신다면, 오히려 너의 장애 때문에 모든 사람이 너를 주목할 것이고 너는 진실로 역사에 신화 같은 기적을 남기는 놀라운 삶을 살수 있단다." 이런 말로 아버지는 아들에게 소망을 심어주었습니다. 아이는 그때부터 하나님을 의지하며 하나님께서 우리 아버지를 통해서 주시는 소망을 간직하며 꿈을 잊지 아니 했습니다.

그 아이는 자라서 23살이 되던 해에 '뉴욕주를 대표하는 주의회 의원'이 되었습니다. 그 후에 뉴욕 주지사가 되었습니다. 그리고 부통령이 되었습니다. 드디어 소아마비를 앓던 소년은 미국의 대통령이 되었습니다. 그것도 연거푸 3번을 했습니다. 대통령을 12년을 했습니다. 다른 사람은 4년씩 두 번하면 끝인데 이분은 대통령을 너무 잘해서 세 번을 했습니다. 그리고 1906년에 노벨 평화상을 수상했습니다. 그는 바로 '프랭크린 루즈벨트'(Franklin D. Roosevelt) 대통령입니다. 장애자 아들로 하여금 위대한 삶을 살아가도록 만든 것은 그의 믿음의 아버지가 심어준 꿈 과 소망인 줄로 믿으시길 바랍니다. 하나님을 향한 우리 마음의 믿음이 흔들리지 않는다면, 하나님과의 관계가 회복 될 수 있다면 하나님은 우리들의 삶을 형통하게 하실 줄로 믿으시기를 바랍니다.

창세기37장 7절입니다. "우리가 밭에서 곡식 단을 묶더니 내 단은 일어서고 당신들의 단은 내 단을 둘러서서 절하더이다." 이는 하나님이 요셉에게 주신 꿈, 요셉에게 주신 소망이었습니다. 또 열 한 별과 해와 달이 요셉에게 절을 하는 꿈을 주셨습니다. 훗날 영광된 날이 있으리라는 소망이었습니다. 그 소망을 품은 요셉은 자신의 상황과 처지가 힘들고 어려운 처지에 놓여 있어도 하나님을 향한 소망으로 하나님을 향한 관계는 어긋남이 없었습니다. 어떤 상황에도 낙심하지 않았습니다. 왜냐고요. 낙심은 하나님이 뜻이 아니기 때문이었습니다. 요셉의 삶은 어두움의 연속이었습니다. 형들의 배신, 가족과의 생이별, 그로 인해 겪는 괴로움과 외로움, 노예의 서러움, 죄인이 아닌 억울함으로 감옥에 갇혀서 희망이 전혀 없는 상황의 연속이었습니다.

그러나 요셉은 흔들림이 없는 소망이 있었기 때문에 극복할 수 있었습니다. 이글을 읽는 분 중에 혹시 어려운 상황에 있는 분이 있습니까? 곤란한 처지에 있습니까? 그럴 때일수록 위치만 가지고 말씀하지 마시고 우리를 형통케 하시는 하나님을 향한 소망으로 회복하시기를 바랍니다. 어렵고 힘든 위치에 있어도 하나님과 관계만 회복되어 진다면 그때부터 형통한 자로 삼아 주시고 형통케 하는 우리의 삶으로 축복해 주실 줄로 믿으시길 주님의 이름으로 소원합니다.

3. 거짓이 없는 최선으로 사는 삶.

미국의 강철 왕으로 불리는 '앤드류 카네기'(Andrew Carnegie)라고 하는 재벌이 있습니다. 카네기가 공장을 세우고 공장에 청소부를 고용했습니다. 그리고 그 청소부를 세심히 살펴보았는데 이 청소부는 보통 성실한 사람이 아니었습니다. 직원들이 다 퇴근한 후에도 혼자 남아서 뒷처리를 다하고 퇴근하는 모습을 카네기 회장이 보게 되었습니다. 그런 모습을 본 카네기 회장은 마음에 감동을 받았습니다. 그리고 그 다음날 아침 일찍이 공장에 출근해서 나와 보니 그 청소부가 제일먼저 출근해서 공장을 깨끗이 청소하고 있었습니다.

그 모습을 본 카네기는 또 마음에 감동을 받았습니다. 아~ 이 시대에 보기 드문 젊은이로구나 생각했습니다. 누구 하나 봐주는 사람도 없는 회사에 나와 이렇게 하는 구나 생각도 했습니다. 얼마 후에 공장의 경비가 사표를 내었기에 이 청소부를 경비로 채용했습니다. 얼마나 성실하게 경비를 서던지 '카네기 회장' 이 마음을 놓고 공장을 맡겨도 전혀 걱정이 없을 만큼 성실하게 일을 하는 것입니다. 그리고 얼마 후에 카네기의 비서가 그만두어 그 경비를 다시 비서로 삼았습니다.

본래 그는 초등학교도 못나온 사람이었습니다. 비서가 될 자격이 없는 사람이었습니다.

그러나 비서로 채용이 되었기 때문에 그는 밤을 새우며 공부를 하고 비서에게 필요한 모든 지식을 갖추었습니다. 카네기는 그를 신뢰하고 함께 회사를 이끌어 나갔습니다. 그리고 카네기가 마지막 숨을 거둘 때에 유언을 남겼습니다. "나의 회사는 내가 아끼는 비서 차베스(Chavez)에게 넘기노라" 그렇게 큰 강철 회사를 비서 차베스에게 넘겨주었다는 것입니다. 카네기의 비서는 그 회사 회장에게 감동을 주기에 충분한 사람이었습니다. 그러기에 그는 그렇게 큰 강철 회사에 재벌 회장이 되었습니다.

사람에게도 인정을 받고 사람의 마음에 합해도 이렇게 놀라운 길이 열려 집니다. 하물며 살아 계신 하나님에게 인정을 받는다면 당신은 놀라운 형통의 축복을 받을 것입니다. 거짓과 가식이 없는 최선을 가지고, 하나님 앞에 신앙을 가지고, 하나님만 바라보고 가시기를 바랍니다. 그러면서 하나님 앞에 최선을 다 한다면 하나님께서 당신의 길을 열어 주시고 범사에 형통케 하실 줄을 믿으시기를 바랍니다.

본문4절입니다. "요셉이 그 주인에게 은혜를 입어 섬기매 그가 요셉을 가정 총무를 삼고 자기 소유를 다 그 손에 위임하니" 그리고 6절에 보시면 "주인이 그 소유를 다 요셉의 손에 위임하고 자기 식료 외에는 간섭하지 아니하였더라." 이는 요셉 역시 보디발 주인에게 전폭적 신임을 받고 인정을 받았음을 보여주는 구절들입니다. 거짓이 없는 신실한 삶을 살았던 요셉은 하나님의 영광을 드러내며 신임을 받았습니다. 거짓이 없는 최선을 다하는 사람에게는 형통의 복이 임한 줄로 믿습니다. 그러므로 범사에 잘되는 우리 성도들이 되시기를 주님의 이름으로 소원합니다.

'궁인지사 번역파비'(窮人之事翻亦破鼻)라고 하는 속담을 아십니까? 이 말 뜻은 안 되는 사람은 뒤로 넘어져도 코가 깨진다는 속담입니다. 뒤로 넘어지면 뒷 머리가 깨져야 하는데 코가 깨졌으니 엄청나게 안 되는 사람이죠, 그런데 잘되는 사람은 넘어져도 산삼뿌리 앞에 넘어진답니다.

그런데 안 되는 사람은 뒤로 넘어졌는데 코가 왜 깨집니까? 앞 사람이 넘어져서 자신을 덮치니 코가 깨지는 것입니다. 우리는 하나님이 함께 하는 형통의 성도들이 되시기를 바랍니다. 하나님이 우리를 잘 되게 하셔야 합니다. 하나님께서 범사에 형통하게 만들어 주셔야 합니다. 하나님과 관계를 회복 하셔야 합니다. 하나님은 어렵고, 힘들고, 고통 가운데서도 변함이 없는 믿음과 흔들림이 없는 소망을 가진 사람과 함께 하신다고 약속해 주셨습니다.

그리고 주위의 사람들에게 인정받는 사람과 함께 하신다고 하셨습니다. 그러므로 환경을 탓하지 아니하고 주어진 상황 속에서 하나님과 관계에 초점을 맞추세요. 하나님과 관계의 회복에 최선을 다할 때에 형통한 자가 되게 하실 줄로 믿습니다. 그러므로 하나님이 함께 하시므로 범사에 형통한 삶을 살아가는 복된 반석의 성도들이 다 되시기를 바랍니다.

4. 정직한 사람이다.

하나님의 마음에 합하여 형통의 복을 받아 성공한 리더는 정직함을 갖고 있습니다. 한국전쟁이 한창이던 1951년 1월, 모든 사람들이 또다시 피난길에 오르고 있었습니다. 서울 시내는 피난을 떠나는 사람들로 아수라장이 되었고, 사람들은 한시라도 빨리 안전한 지역으로 가기 위해 발길을 재촉하고 있었습니다. 그런데 그 어지러운 상황 속에서도 한 사나이가 가방을 든 채 은행으로 바삐 들어가고 있었습니다. "여기 빌린 돈을 갚으러 왔습니다." 사나이가 서류가방을 열면서 말했습니다. "빌린 돈을 갚겠다고요? 이 난리 통에? 대출 장부가 어디에 있는지도 모릅니다. 당신의 대출 장부도 분실되었을 것이 틀림없어요."

사나이는 잠시 어떻게 할까 망설였습니다. '지금 내가 빚을 갚아도 그 돈이 이 사람들의 주머니에 들어가지 않는다는 보장이 없지 않은가?' 그러나 그는 여러 가지 생각을 거듭한 끝에 기어이 빚을 갚기로 결심했습니다. 사나이는 은행원들에게 빚을 갚겠다고 말하고는 그 대신 그 영수증에 그 은행원들의 도장을 찍을 것을 청했습니다. 얼마 후 또다시 급하게 융자가 필요해진 그는 부산으로 잠시 자리를 옮긴 은행본점을 찾았습니다. 그러나 전쟁이라는 특수한 상황 때문에 대출신청은 거절을 당하고 말았습니다.

그는 대출 받기를 포기한 채 은행 문을 나서다가 문득, 자신이 서울에서 갚은 빚이 잘 정리되었는지 알아봐야겠다는 생각이 들었습니다. 그래서 예전에 받은 영수증을 꺼내서 대출담당 과장에게 보여주었습니다. 그런데 이 한 장의 영수증이 모든 상황을 바꾸어 놓았습니다. 그는 이 영수증으로 자신의 신용을 증명할 수 있었고, 그렇게 해서 융자를 대출 받을 수 있었던 것입니다. 그는 대출 받은 자금과 신용을 바탕으로 몇 가지 사업을 성공적으로 이뤄냈고, 그것을 통해 자본을 축적할 수 있었습니다. 그리고 그것을 바탕으로 한국유리 주식회사를 설립했습니다. '정직함'으로 크나큰 일을 해낸 그는 바로 한국유리 주식회사의 설립자 "최태섭"회장입니다. 그를 사업가로 다시 일어서게 만든 자본은 바로 이렇게 축적된 것입니다. 최태섭장로는 기독실업인 대표회장으로 하나님에게 쓰임을 받다가 지난 1998년 천국에 가셨습니다. 하나님은 정직한 사람을 형통하게 하십니다.

그래서 성도님들에게 이 시대의 성도들이 꼭 품어야할 정직한 비전과 사명에 대해서 강조하는 것이 있습니다. 그것은 비록 우리가 사는 지금은 불의한 자와, 불법이, 사술을 쓰는 자가 성공하고, 요직에 오르고 있지만, 성도님들의 자녀들이 장성해서, 손자들이 살아갈 그 시대는 노력한 자가 성공하고, 정직한 자가 인정받고, 원칙과 정도를 걸으면 결코 손해 보지 않는 시대를 함께 만들어 보자라고 제언하고, 이것이 오늘 우리의 사명임을 심어 드리고 있습니다.

얼마 전에 김탁구가 엄청난 시청율을 달리고 있었습니다. 제빵왕 김탁구의 시나리오를 쓴 작가의 마음도 저와 동일한 마음을 가진 모양입니다. 김탁구의 작가는 다음과 같이 김탁구의 의도를 밝히고 있습니다. "이 세상에는 가진 사람과 그렇지 못한 사람이 있다. 사랑할 줄 아는 사람과 그렇지 못한 사람이 있다. 행복한 사람과 그렇지 못한 사람이 있다. 감사하는 사람과 그렇지 못한 사람이 있다. 이러한 현실 속에서 물질보다는 인의지정을 지키며, 사필귀정을 믿고 자신의 꿈을 소중히 하며, 내 안에서 행복을 찾는 사람들이 결국 내일의 행복도 얻을 수 있다는 그런 진정성 있는 결말을 꿈꾸어 본다." 김탁구의 작가도 드라마에서 실력 있는 사람이 성공하는 세상, 어떤 경우라도 사술을 쓰지 않고 정도를 걷는 사람이 성공하는 세상, 물질보다는 사람의 정을 중시하는 사람이 인정받는 세상, 선한 사람은 틀림없이 악한 사람을 이기고 성공하는 세상을 꿈꾸며 대본을 써 내려가고 있습니다. 물론 드라마의 여러 가지 소재들 중에 부정적인 부분들도 있고, 보지 말아야 할 장면들도 있지만, 작가의 기획 의도만은 꼭 기억해야 할 부분 인것 같습니다.

창14장 1절로 16절의 말씀은 한편의 전쟁에 대한 이야기에 대한 기록입니다. 요단 동편에 시날 왕, 아므라벨과 엘라살 왕, 아리옥과 엘람 왕, 그돌라오멜과 고임왕, 디달과 소돔 왕, 베라와 고모라 왕, 비르사와 아드마 왕, 시납과 스보임 왕, 세메벨의 전쟁에 대한 기사를 다루고 있습니다. 소돔을 비롯한 네 명의 왕들이 엘람 왕, 그돌라오멜을 12년 동안 섬기고 있었는데, 제 13년째 배반을 하게 됩니다. 그래서 엘람 왕, 그돌라오멜을 비롯한 다섯 왕은 그들을 응징하기 위해서 전쟁을 일으키게 됩니다. 전쟁의 결과는 그돌라오멜을 비롯한 다섯왕의 동맹국이 소돔왕을 비롯한 4왕의 동맹국을 이기게 됩니다.

그런데 문제는 그때 아브람의 조카 롯은 소돔시역에 머물고 있었습니다. 그런데 소돔왕을 비롯한 4왕이 패배하게 되면서 소돔 땅에 있던 롯도 적국으로 끌려가게 되었습니다. 소돔땅에 있는 조카 롯에 대한 소식을 아브람이 접하게 됩니다. 그런데 아브람은 언제 양성했는지 전혀 알 수 없는 318명의 군사를 거느리고, 4개국의 동맹군도 하지 못한 일을 한 부족의 족장인 아브람이 소알 땅의 다섯왕의 군대를 무찌르는 쾌거를 이루게 됩니다. 결코 이해할 수도, 상상할 수도 없는 엄청난 전쟁의 승리를 거두게 됩니다.

결론의 해당하는 부분은 16절을 살펴봅시다. "모든 **빼앗겼던** 재물과 자기의 조카 롯과 그의 재물과 또 부녀와 친척을 다 찾아왔더라" 아브람이 자신의 조카 롯과 그의 모든 가족들을 구하고, 소돔 왕을 비롯한 4명의 왕까지 다 구했다는 내용으로 본문의 기사를 마무리 짓고 있습니다.

그런데 오늘 소개하는 내용은 13장과 연계해서 보아야 합니다. 13장의 내용은 좁은 땅으로 인해서 벌어진 아브람의 목자와 롯의 목자들 간의 다툼으로 인해서 아브람과 롯이 부득불 서로 갈라서게 되었습니다. 유목 생활을 하는 유목민들에게 있어서 좋은 땅은 생명과도 같은 것입니다. 좋은 목초지와 물이 있어야 가축은 물론, 자신의 가족의 생명을 보장받을 수 있기 때문입니다. 그런데 아브람은 좋은 땅, 생명의 땅을 선택할 수 있는 자신의 권한과 권리를 포기하고 롯에게 양보합니다. 그런데 롯은 기다렸다는 듯이, 좋은 땅인 요단 동편의 땅을 선택하고 곧바로 아브람을 떠나게 됩니다. 이러한 롯의 선택은 결코 아름답지도, 타당하지도, 상식적이지도 않은 결정이었습니다. 삼촌의 권리를 빼앗는, 그동안 자신을 키워주고 먹여주고, 지켜준 삼촌을 기만하는 모습으로 보여 지고, 이기적인 모습으로 보여 집니다. 롯의 모습 안에 결코 하나님을 믿는 사람의 모습이 없는 것입니다. 사실 이러한 일들은 우리 주변이나 역사에서 비일비재하게 일어났던 일들입니다. 제자가 스승을 배신하고, 신하가 왕을 배신하고, 자식이 부모를 배신하고, 친구가 친구를 배신하는 일들 말입니다.

  그런데 우리가 기대하는 바와 같이 창세기 14장에서는 롯과 아브람의 선택의 결과를 곧바로 보여주고 있습니다. 의롭지 못한 선택을 했던 롯은 실패하고, 온갖 고초를 당했다는 것입니다. 하지만, 사랑하는 조카를 위해서, 좋은 땅을 과감히 포기했던, 의로운 길을 선택했던 아브람은 어느새 롯을 구할 수 있을 만큼 힘과 능력을 키운 성공하는 사람이었다는 겁니다. 하나님은 오늘 말씀을 통해서 우리에게 분명히 전하고자 하시는 메시지가 있습니다. 의롭지 못한 사람의 결국은 실패하고 망하게 될 것이라는 겁니다. 반면 하나님의 끈을 잡고, 의로운 길을 선택하는 사람을 성공으로 이끄신다는 겁니다. 그러므로 하나님은 오늘 말씀을 통해서 하나님을 믿는 사람들은 언제나, 어디서나, 안목의 정욕을 따르는 사람이 아니라, 의로운 길을 걸어야 한다는 것을 말씀하고 계십니다. 거기에 승리가 있고, 성공이 있고, 형통함이 있는 겁니다.

  그리스도인들은 결코 사술이나, 불의나, 부정, 불법을 친구로 삼는 사람들이 아닙니다. 언제나 어디서나 의로움을 선택해야 하는 사람들임을 성경을 통해서 말씀하고 계시는 겁니다. 영국의 양심'으로 불리는 윌리엄 윌버포스라는 사람이 있습니다. 그는 친구의 권유를 통해 온전한 그리스도인이 되었습니다. 그는 믿음으로 하나님만을 인생의 주인으로 인정했습니다. 그는 앞으로 하나님의 뜻을 따라 살아가기로 결심했습니다. 그리고 그 날 이후 자신의 개인적 야망을 모두 떨쳐버렸습니다. 그는 당시 영국 의회의 의원이었습니다. 그는 의회에서 하나님의 뜻을 펼치기 위해서 기도하던 중 자신을 향한 하나님의 뜻을 발견하게 됩니다. 그 뜻은, 노예를 물건처럼 사고팔았던 '노예 무역제도의 폐지' 였습니다. 그것은 불가능해보였습니다. 당시 영국의 국가 수입 중 3분의 1이 노예무역이었습니다. 어느 누구도 그것을 잘못 되었다고 말하지 않았습니다.

세상의 가치관으로 볼 때, 노예무역은 국가와 개인을 부강하게 만드는 애국자였습니다. 오히려, 사람들은 하나님의 가치관으로 노예무역을 잘못되었다고 말하는 윌버포스를 국가의 배신자로 취급했습니다. 그는 노예무역제도의 폐지가 하나님의 뜻이라고 굳게 믿었습니다. 그는 어느 누구의 지지도 받을 수 없었습니다. 격려나 칭찬은 생각할 수도 없었습니다. 그에게 돌아오는 것은, 암살의 위협과 갖은 비난, 그리고 중상모략이었습니다. 그런 와중에도 그는 하나님의 뜻을 변함없이 행했습니다. 후일 역사가들은 이렇게 말합니다.

"윌버포스가 '노예 무역제도의 폐지'라는 인기 없는 투쟁을 계속 하지 않았다면, 그는 분명 수상의 자리에도 오를 수 있었을 것이다." 그는 젊고 유능한 국회의원이었지만, 자신의 젊음과 보장된 출세의 자리조차도 포기했습니다. 오직 하나님의 뜻에 순종하고자 하는 마음으로 56년간 한 결같이 외롭고 기나긴 싸움을 계속했습니다. 결국 영국 의회는 1807년 노예무역제도를 폐지했습니다. 윌버포스는 죽음을 맞이하며 이런 마지막 말을 남겼습니다. "나로 하여금 영국이 노예제도를 통해 얻는 이익의 돈을 포기하는 날을 보고 죽게 하시니 하나님께 감사할 뿐이다."

한 사람의 순종이 세상으로 하여금 자신들의 가치관을 포기하게 만들었습니다.

우리는 어떠한 상황 속에서라도, 결코 불의와, 부정과, 불법과 타협하는 사람들이 아닙니다. 언제 어디서나 의로움을 택하는 사람입니다. 하나님은 그러한 사람들을 붙들어 주십니다. 우리는 정직한 자의 형통을 믿고 사는 사람들입니다. 비록 사람들은 정직이 밥 먹여주지 않는다 할지라도, 성공을 보장해 주지 않는다 할지라도, 그 길을 걸어가야 할 사람들이 바로 우리들입니다.

오늘 하루 믿음의 길을 걸어가실 때, 부디, 의로운 그 길을 걸어가십시오. 불의와 부정과 사술과 타협하는 성도가 아니라, 하나님의 마음을 시원케 하는 그길, 의와 진리의 길을 걸어가시는 우리가 되기를 바랍니다, 그리하여 하나님에게 범사에 형통한 축복을 받으시기를 바랍니다.

6장 꿈을 가진 자가 형통한다.

(창 39:1-6)"요셉이 이끌려 애굽에 내려가매 바로의 신하 친위대장 애굽 사람 보디발이 그를 그리로 데려간 이스마엘 사람의 손에서 요셉을 사니라. 여호와께서 요셉과 함께 하시므로 그가 형통한 자가 되어 그의 주인 애굽 사람의 집에 있으니 그의 주인이 여호와께서 그와 함께 하심을 보며 또 여호와께서 그의 범사에 형통하게 하심을 보았더라. 요셉이 그의 주인에게 은혜를 입어 섬기매 그가 요셉을 가정 총무로 삼고 자기의 소유를 다 그의 손에 위탁하니, 그가 요셉에게 자기의 집과 그의 모든 소유물을 주관하게 한 때부터 여호와께서 요셉을 위하여 그 애굽 사람의 집에 복을 내리시므로 여호와의 복이 그의 집과 밭에 있는 모든 소유에 미친지라. 주인이 그의 소유를 다 요셉의 손에 위탁하고 자기가 먹는 음식 외에는 간섭하지 아니하였더라 요셉은 용모가 빼어나고 아름다웠더라"

형통이란 말의 히브리어는 '찰레아흐'입니다. 이 말은 '번성한'(prosperous)이란 뜻입니다. 영어성경에는 '번성한'또는 '성공적'(successful)이란 말로 번역돼 있습니다. 성경은 요셉의 삶을 형통한 삶이라고 말씀합니다. 요셉이 형통한 사람이 아니고, 하나님이 그와 함께 하심으로써 형통했습니다. 요셉은 자신의 일에 성실하여 자신의 형통함을 모든 사람이 인정하고 보게 하였습니다. 요셉은 자신의 삶을 인도하시는 분이 하나님인 것을 인정하였습니다. 또 자신의 모든 것이 하나님의 뜻임을 인정하면서 살았습니다.

로리 베스 존스는 '주식회사 예수'라는 책에서 "예수님의 성공에 대한 정의는 바로 '하나님의 뜻대로 하시는 것'이었다"고 말합니다. 그렇습니다. 성공은 하나님의 뜻대로 하는 것입니다. 형통의 뜻이 성공이라고 했습니다. 그렇다면 형통은 하나님의 뜻대로 하는 것입니다.

20세기를 주도하는 최고의 지성인 21명중 15명이 유대인이라는 통계가 있습니다. 그런데 유대인이라고 해서 타고난 지적인 능력은 타 민족과 비교했을 때 거의 같은 수치가 나온다고 합니다.

그럼에도 불구하고 도대체 어떻게 해서 유대인들 숫자는 1500만 명 정도입니다. 우리나라에 비교하면 1/3 정도밖에 되지 않는 민족입니다. 그럼에도 불구하고 세계 각 분야에서 우수한 두각을 드러내고 있느냐 하는 것입니다. 그 이유는 그들은 고난과 역경을 만날 때마다 포기하지 않고 도전하면서 그것을 삶의 자산으로 삼기 때문인 것입니다. 고난과 역경을 극복하는 실체를 심력이라고 정의 하고 있습니다.

심력은 일찍이 유대인들이 자녀교육에 있어서 핵심입니다. 유대인들은 자녀들에게 맞는 시련과 실패의 기회를 준다고 합니다. 그것을 통해서 반드시 이겨내는 실력을 교육적으로 키워낸다고 합니다. 유대인들은 어떠한 역경이 오더라도 포기하지 않고 하나님에게 끊임없이 기도하여 하나님의 지혜를 받는다는 것입니다. 우리가 세상을 살면서 최악의 상황을 맞이할 때에 사람들로부터 볼 수 있는 반응이 대체로 2가지가 됩니다.

하나는 절망감에 빠져서 인생을 포기하거나 될 대로 되라는 식으로 초라한 삶을 사는 경우입니다. 그러다 어느 시점이 되면 자살로 생을 마감하는 경우입니다. 두 번째는 그 역경을 오히려 기회로 삼아서 새로운 도전의 장으로 삼아서 기어이 성공하는 케이스입니다. 대부분 사람들은 힘들고 어려운 상황을 맞이할 때 성공하기 보다는 실패로 삶을 사는 경우가 훨씬 더 많습니다. 역경과 고난 때문에 실패 때문에 자신은 말할 것도 없고, 가정과 주변 사람들이 많은 피해를 입게 되는 것이 절대 다수라는 것입니다.

세상은 호시절보다 고난의 때 어려운 때가 많은 것 입니다. 물론 호시절이 없는 것은 아니지만, 먹구름이 끼는 힘든 시절이 가정사를 비롯해서 생업의 현장에 훨씬 더 많은 것이 사실입니다. 이러한 현실이 우리의 삶의 현주소라고 한다면 그때그때 생의 먹구름이 낄 때마다 과연 우리가 어떻게 대처하느냐가 성공적인 삶을 사는 중요한 관건이 되는 것입니다. 그런 면에서 요셉을 주목할 필요가 있는 것입니다.

최악의 상황을 성경은 요셉이 형통한자가 되었더라고 소개하고 있을까요? 형통이란 말은 하는 일 마다, 온갖 일 마다 뜻대로 잘되는 것, 실패하지 않고 승승장구하는 것이 형통이란 단어입니다. 그런데 성경에서 말하는 형통은 조금 다릅니다.

하나님이 함께 하시기 때문에 형통한 것입니다. 다시 말해서 하나님이 자신의 일을 자신의 뜻에 순종하는 사람을 통해서 하나님이 일을 하시기 때문에 막힘없이 풀린다는 것입니다.

1. 요셉의 형통

요셉은 형들의 시기로 구덩이에 빠져서 숙기식선에서 겨우 살았습니다. 형 유다의 제안으로 구덩이에서 끄집어내어 이스마엘 상인들에게 은 삼십에 노예로 팔립니다. 이스마엘 상인들은 요셉을 애굽으로 데리고 갔습니다. 이들은 요셉을 노예 시장에서 보디발에게 팝니다. 그리하여 요셉은 보디발 장군의 노예로 집안일을 돌보는 노예로 생활하고 있지만, 하나님께서 함께 하신다는 형통이란 단어를 사용하고 있습니다. 요셉은 가나안 땅의 부유하고 힘 있는 족장 야곱의 가장 사랑 하는 아들로 아버지의 사랑을 독차지하던 요셉입니다.

그러나 요셉이 졸지에 노예시장에서 인간이 아닌 노예로 대접받고 있는 최악의 나락에 떨어져 버렸다는 것입니다. 요셉의 형통은 정상에서가 아니라, 생의 가장 밑바닥에서 형통했다는 사실이 의미심장합니다. 성경적인 형통이란 하나님의 뜻이 펼쳐지며 이루어져 가는 가운데 삶의 굴곡을 포함한 모든 과정이 다 형통의 과정이라는 것입니다. 그 결과는 형통으로 결말짓습니다.

하나님의 관점에서 보는 형통이요, 성경적인 형통의 의미입니다. 형통한 삶을 살았든 사람을 예를 들면 족장 아브라함과 이삭과 야곱을 들 수 있습니다. 언제나 형통한 삶을 산 것이 아닙니다. 때론 풍전등화 같은 위기의 때를 겪을 때도 있었습니다. 밤잠을 자지도 못 할 만큼 불확실한 미래 때문에 고민하는 시간들도 있었습니다. 그럼에도 불구하고 이들이 형통할 수 있었든 것은 고비 고비 때마다 하나님을 경외했습니다. 하나님의 뜻을 따르는 삶을 고수하는 과정 속에서 하나님이 이들과 함께 동행 하셨기 때문에 형통한 삶을 살 수 있었던 것입니다.

다윗의 삶을 살펴보면 다윗이 골리앗장군을 물맷돌로 쓰러뜨리고 온 이스라엘 민족에게 사랑을 독차지 합니다. 사울 왕이 이를 시기하여 다윗을 죽이기 위해 10년을 쫓아 다니지만 10년간 도피 행각 중에서도 하나님을 경외하는 삶을 고수했습니다. 하나님을 뜻을 따르는 삶을 통해서 죄를 짓지 아니하고, 그 삶을 통해서 성경은 다윗의 삶을 형통한 삶이라고 합니다. 하나님의 뜻을 따라 살았기 때문에 다윗이 형통했던 것입니다. 사울 왕에게 쫓기는 삶을 살면서도 절대로 다윗은 하나님의 뜻을 어기는 행동을 하지 않았습니다.

또한 동방의 의인 욥을 주목할 필요가 있습니다. 욥은 온전한 사람이며 정직하며 하나님을 경외하고 악에서 떠난 사람입니다. 이웃을 돌볼 줄 알며 거부 이었습니다. 그러나 하루아침에 모든 재산과 자녀 열 명을 몰살당하지만 주신자도 여호와시오, 거두시는 자도 여호와시니 하나님을 찬송하며 죄를 범하지 않았습니다. 사단의 역사로 정수리부터 발바닥까지 악창이 나게 합니다. 이 처참한 광경을 보았던 아내가 질책을 하면서 하나님을 원망하고 죽어버리라고 합니다. 그러나 욥은 하나님께 복을 받았은즉 화도 받지 아니하겠느냐며, 입술로 죄를 범하지 아니하였으니 형통의 원리를 발견할 수 있습니다.

욥은 정상의 자리에서 풍성함을 누리며 실패와 생의 밑바닥 가운데서도 하나님을 향한 신실한 믿음의 자리에서 떠나지 아니하며 하나님을 경외하는 그 자리를 고수하게 됩니다. 이것이 바로 형통의 자리입니다. 어렵고 힘든 자리에 있을지라도 죄를 범하지 말아야 합니다. 입술로 하나님을 원망하지 말아야 합니다. 자신을 바라보면서 어렵고 힘든 상황 속에서도 하나님을 경외하고 예배에 참여하고, 기도하는 신앙의 삶을 고수해야합니다. 그 자리가 바로 형통의 자리요. 그 자리가 바로 은혜의 자리입니다. 큰 틀 속에 요셉은 하나님께서 준비시키시는 과정이며 위대한 하나님의 뜻을 이루려는 훈련의 과정입니다. 우리를 진정으로 사랑하셨기 때문에 자기의 가장 사랑하는 독생자 예수 그리스도를 우리 때문에 죄에게 내어 주신분입니다.

그분이 바로 하나님이십니다. 그 하나님에 대한 사랑을 우리가 결코 의심해서는 안 된다는 것입니다. 지금 눈앞이 캄캄하고 앞이 보이지 않을지라도 그분의 사랑과 그분의 은혜를 절대로 망각해서는 안 된다는 것입니다. 항상 하나님 중심의 삶을 살아야 한다는 것입니다. 그래서 하나님은 우리의 믿음을 시험하기 위해서 동방의 의인 욥과 같은 시련도 통과하게 하는 것입니다.

시련과 고통이 찾아올수록 하나님 앞에 매달려야 합니다. 어둠속에 있을 때 십자가로 가까이 나아가야 합니다. 그리고 기다리노라면 새벽이 밝아오는 그 아름다운 여명을 우리가 발견하게 되고 체험하게 됩니다. 우리는 거창하고 거대한 꿈이 아닌 소박한 꿈을 꾸어야합니다. 소박한 꿈을 통해서 풍성함을 누릴 뿐 아니라, 주변의 이웃들에게 도전을 주고, 유익을 주고, 교회에 큰 덕을 끼치는 의미 있는 소박한 꿈을 꾸어야 합니다. 그 소박한 꿈을 이루는 길에는 눈물이 있고 고난이 있고 실패의 자리가 있습니다. 그때마다 우리는 요셉을 기억하고 욥을 기억하고 족장들을 기억하고 믿음의 위인들의 삶을 기억해야 합니다.

그 꿈이 하나님이 보시기에 목적과 동기가 선하시면 이미 우리는 형통의 자리에 은혜의 자리에 있는 것입니다. 하나님은 이 때 우리의 믿음을 보시고 형통의 복으로 축복하시는 것입니다. 힘들고 어렵더라도 목적과 동기가 분명하고 바르다면 그것이 바로 형통의 자리인 것입니다. 아직까지 어렵다면 그것은 과정입니다. 아직까지 앞이 보이지 않는다면 그것은 훈련의 과정입니다. 인내하고 하나님을 사랑하고 그 사랑에서 떠나지 아니하고, 그 사랑을 부여잡고 참고 기다린다면 하나님은 우리를 형통과 은혜의 자리에 앉게 해주시는 것입니다. 이런 삶을 누리고 이런 삶을 살아드려야 할 것입니다.

2. 다니엘의 형통함.

형통이란 '처음보다 끝이 좋아지는 것'을 의미합니다. 다니엘은 처음 포로생활 동안 많은 고생을 했습니다. 다니엘의 꿈은 하나님이 전부 이었습니다. 철저한 하나님 제일주의 신앙 때문에 억울한 누명을 쓰고 사자굴에 들어가는 위협도 받았습니다. 그러나 결과적으로 다니엘은 남들보다 형통한 축복을 받게 되었습니다. 그것은 바로 전지전능하신 하나님께서 그와 함께 하셨기 때문입니다.

하나님이 함께 하시는 사람은 비록 처음에는 어려움이 따르더라도 끝은 형통할 수밖에 없습니다. 오늘 우리도 다니엘처럼 하나님을 사랑하고 하나님 제일주의로 살아갈 때 하나님의 함께 하시는 은혜로 인해 범사가 형통한 축복을 받게 될 줄로 확신합니다.

단6장 28절에서"이 다니엘이 다리오 왕의 시대와 바사 사람 고레스 왕의 시대에 형통하였더라"고 했습니다. 다니엘은 그를 시기하는 사람들에 의해서 참소를 당했습니다. 그리고 사자굴 속에 던져졌습니다. 그러나 다니엘은 하나님이 지켜주셔서 살아났습니다. 그뿐 아니라 그의 사는 날 동안에 형통하였습니다.

우리도 다니엘처럼 하나님만 있으면 된다는 꿈을 가지시기 바랍니다. 그래서 세상의 삶을 살아갈 때는 물론이고, 사후에도 하나님의 은혜 속에 늘 형통하게 되시기를 바랍니다. 오늘 다니엘 6장 말씀을 자세히 보십시오. 그냥 "다니엘이"라고 되어 있지 않고 그 앞에 아주 중요한 단어가 하나 붙어 있습니다. "이"라는 단어입니다. 이 다니엘은 어떠한 다니엘입니까? 다니엘서 1장에 보면 다니엘은 본래 유다의 귀족 출신이었습니다. 바벨론에 포로로 끌려 왔습니다. 그 어린 나이에 하나님을 바라보면서 자신의 꿈을 꾸었습니다.

왕이 주는 진미와 왕이 주는 포도주로 자기의 몸을 더럽히지 않겠다고 결심한 다니엘이었습니다. 오로지 하나님에게만 꿈을 가졌습니다. 하나님만 바라보는 믿음을 가졌습니다. 다니엘서 전체를 다 찾아볼 수는 없지만, 이 다니엘이 어떠한 다니엘인지 6장에서 찾아보겠습니다. 4절을 한번 보시기 바랍니다. "이에 총리들과 방백들이 국사에 대하여 다니엘을 고소할 틈을 얻고자 하였으나 능히 아무 틈 아무 허물을 얻지 못하였으니 이는 그가 충성되어 아무 그릇함도 없고 아무 허물도 없음이었더라." 다니엘은 충성스러웠습니다. 다니엘은 정직했습니다. 맡은 일에 성실한 자세로 임했습니다.

누가 보든지 안보든지 맡은바 소임을 열성적으로 수행했습니다. 우리도 그와 같이 되어야 합니다. 그러면 하나님이 다니엘 같은 형통의 축복을 주십니다. 5절 말씀을 보시기 바랍니다. "그 사람들이 가로되 이 다니엘은 그 하나님의 율법에 대하여 그 틈을 얻지 못하면." 이 다니엘은 하나님의 율법에 충성한 사람이었습니다. 하나님의 말씀 위에 굳게 선 사람이었습니다.

넘어가서 10절 말씀을 보십시다. "다니엘이 이 조서에 어인이 찍힌 것을 알고도 자기 집에 돌아가서는 그 방의 예루살렘으로 향하여 열린 창에서 전에 행하던 대로 하루 세 번씩 무릎을 꿇고 기도하며 그 하나님께 감사하였더라." 다니엘은 기도의 사람이었습니다. 기도하되 그 극심한 환난 속에서, 죽음을 눈앞에 둔 상황 속에서 하나님께 감사하였습니다. 범사에 감사했던 사람이었습니다.

  16절을 보시겠습니다. "이에 왕이 명하매 다니엘을 끌어다가 사자굴에 던져 넣는지라 왕이 다니엘에게 일러 가로되 너의 항상 섬기는 네 하나님이 너를 구원하시리라." 다니엘은 기쁠 때나 슬플 때나 즐거울 때나 괴로울 때나 변함없이 하나님에게만 꿈을 가진 사람이었습니다. 조금도 변함이 없는 하나님 중심의 사람 이었습니다. 하나님은 이런 사람을 사용하십니다.

  20절 말씀입니다. "다니엘의 든 굴에 가까이 이르러는 슬피 소리 질러 다니엘에게 물어 가로되 사시는 하나님의 종 다니엘아." 다른 사람들도 다니엘을 사시는 하나님의 종 다니엘이라고 인정해 주었습니다. 다니엘은 하나님을 항상 섬기는 하나님의 충실한 종이었다는 것을 이방 사람들이 인정해 줄 정도의 하나님의 종, 하나님의 사람, 하나님의 백성이었습니다.

  23절을 보십시다. "왕이 심히 기뻐서 명하여 다니엘을 굴에서 올리라 하매 그들이 다니엘을 굴에서 올린즉 그 몸이 조금도 상하지 아니하였으니 이는 그가 자기 하나님을 의뢰함이었더라." 이 다니엘은 전적으로 하나님을 의지하는 사람이었습니다. 그래서 25절 이하를 보면 하나님이 다니엘의 삶을 통해서 크신 영광을 나타내셨습니다. 우리는 다니엘의 모습에서 무엇을 발견할 수 있습니까? 다니엘의 모습 속에서 우리에게 부족한 점이 무엇인지 깨닫게 되시기 바랍니다. 그리하여 다니엘처럼 하나님에게 형통의 복을 받으시기를 바랍니다.

다니엘처럼 충성하시기 바랍니다. 다니엘처럼 정직하시기 바랍니다. 또 모든 일에 성실하게 임하시기를 바랍니다. 다니엘처럼 하나님의 말씀에 굳게 서시는 성도가 되시기를 바랍니다. 다니엘처럼 기도의 사람이 되시기를 바랍니다. 모든 일에 다니엘처럼 감사하시는 성도가 되시기 바랍니다. 또 다니엘처럼 하나님을 섬기는 데 변함없는 성도가 되시기를 바랍니다. 다니엘처럼 하나님의 충성스럽고 신실한 종이 되시기를 바랍니다. 다니엘처럼 더욱 힘 있게 하나님을 의뢰하는 성도가 되시기를 바랍니다. 아울러 다니엘처럼 삶을 통해서 하나님께서 크신 영광을 나타내시는 성도가 될 수 있기를 바랍니다.

이 여러 가지 가운데 특별히 부족한 점들이 있을 줄 압니다. 그리한 점을 깨닫게 되시기를 바랍니다. 너욱너 힘써 다니엘저럼 신실한 모습이 되셔서 다니엘이 그 사는 날 동안 형통했던 것처럼, 우리에게도 하나님의 크신 복이 임하셔서 우리의 남은 생애와 사후가 형통하게 되시기를 예수 그리스도의 이름으로 소원합니다.

3. 형통하는 사람의 습관

'생각은 말을 낳고 말은 행동을, 행동은 습관을, 습관은 인생을 결정한다.'는 말이 있습니다. 형통하는 생각은 좋은 말을 낳고, 좋은 말은 바른 행동을, 바른 행동은 건강한 습관을, 그리고 건강한 습관은 성공적인 인생을 낳는 것입니다. 무엇이든 어떻게 습관을 들이느냐가 중요합니다. "습관이란 처음에는 약해서 거미줄처럼 끊어지기 쉽다. 그러나 시간이 지나 몸에 배면 밧줄처럼 될 수 있다."형통하는 사람에게는 반드시 형통케 하는 습관이 있습니다. 형통하는 사람들에게는 대체로 3가지 공통적인 습관이 있습니다.

먼저 '자기 성찰'의 습관입니다. 나 자신을 알고, 나 자신을 개혁하고 성숙에 이르는 것입니다. 어떠한 고난이나 어려운 문제가 닥치더라도 성공하는 사람들은 원망이나 시비하지 않고 자신에게서 먼저 문제를 발견합니다. 기도하여 자신에게 무슨 문제가 있는지 먼저 찾는 습관입니다.

또 '상황 분석'의 습관입니다. 바른 상황 판단을 위해서는 지식과 지혜가 있어야 합니다. 지식이 아는 것, 곧 정보라면 지혜는 지식을 상황에 적용하는 것입니다. 성경은 참된 지식과 지혜의 근본이 하나님에 대한 신앙에 있음을 깨닫게 합니다(잠 1:7, 9:10). 참된 지식과 지혜는 영으로 깊은 기도할 때 하나님으로부터 오는 것입니다. 깊은 기도를 하시기를 바랍니다.

마지막으로 '자기 헌신'의 습관입니다. 성공한 사람들은 자기 자신을 불사르는 사람들입니다. 자신이 하고 있는 일, 맡은 직업이 하나님께서 자신에게 특별히 주신 은혜인 줄 믿고 거기에 모든 정열과 사랑을 쏟는 것입니다. 자기에게 주어진 일에 주인

정신을 가지고 열성적으로 하는 습관입니다.'하프 타임'이라는 책의 저자 밥 버포드는 이렇게 말합니다. "나에게는 삶이 잠깐 타고 마는 촛불이 아니다. 삶은 지금 내가 들고 있는 활활 타는 횃불과 같다. 나는 다음 세대에게 넘겨주기 전까지 가능한 밝게 활활 타오르기를 원한다."

그런데 이 세 가지 습관을 동시에 가능케 하는 좋은 습관이 있습니다. 바로 시편 1편에 기록된 '묵상'입니다. (시1:2)"오직 여호와의 율법을 즐거워하여 그의 율법을 주야로 묵상하는 도다." 묵상은 말씀을 깊이 생각하고 마음에 심는 것입니다. 나아가 말씀으로 하나님과의 교제, 개인적이고 은밀한 사랑의 순간을 즐기는 것입니다. 묵상하면 자기 자신을 성찰하게 됩니다. 또한 말씀에 비추어서 상황을 분석하고 바르게 대처할 수 있는 지혜를 구하는 것입니다. 묵상하면 하나님께서 어떻게 해야 할 것인지 생각나게 하십니다. 묵상의 성공은 침묵에 있습니다. 저는 침묵과 묵상을 참 많이 강조합니다. 저 역시 침묵과 묵상의 시간을 많이 갖고 있습니다.

침묵과 묵상에서 하나님의 무한한 지혜가 올라오기 때문입니다. 그러나 거기서 끝나면 안 됩니다. 이제 '주께서 말씀하신 대로 나의 인생을 불사르겠습니다.'는 결단과 함께 온전히 헌신하는 것입니다. 이렇게 하나님을 바라보면 상황은 변하지 않아도 내 가슴이 하나님으로 충만해져 모든 것을 이겨낼 수 있는 것입니다. 하나님의 말씀의 묵상은 우리를 형통케 하는 최상의 습관입니다. 날마다 하나님의 말씀의 묵상을 통해 형통의 복을 누리는 복된 인생, 복된 가정되기를 소원합니다.

우리의 행사가 형통하려면 첫째, 우리가 행하는 모든 일이 잘 되기 위해서는 우리의 생각을 하나님의 생각에 맞추어야 합니다. 우리의 생각과 하나님의 생각이 다를 때에는 우리의 행사가 형통할 수 없습니다. 우리의 생각을 하나님의 생각에 맞추기 위해서는 주야로 하나님의 말씀을 묵상하고, 그 가운데 기록된 대로 지키려고 힘쓸 때 우리의 생각은 하나님의 생각과 일치될 수 있습니다. 둘째, 우리의 모든 행사를 하나님께 전적으로 맡겨야 합니다. 이는 우리의 일을 우리의 일로 만들지 말고 하나님의 일로 만들라는 것입니다.

우리의 일을 하나님께 완전히 맡길 때부터 하나님께서는 우리의 삶을 형통으로 인도하십니다. 셋째, 성령의 인도를 받으라는 것입니다. 우리는 예수를 주인으로 영접하고 성령으로 거듭난 하나님의 자녀들입니다. 이제 성령의 인도를 받아야 합니다. 성령의 인도를 받으려면 내 생각과 의지를 버려야 합니다. 내 생각과 내 의지가 남아서는 성령의 인도를 따를 수가 없습니다. 성경은 이렇게 말합니다.

(롬8:14)"무릇 하나님의 영으로 인도함을 받는 사람은 곧 하나님의 아들이라."

하나님의 영으로 인도함을 받는 사람이 하나님의 아들이라고 합니다.

이제 당신의 주인이 바뀌었습니다. 옛날 아담 안에 있을 때에는 육체로서 마귀가 주인 이었습니다. 그러나 이제 성령이 주인입니다. 주인의 말에 순종하고 따라가시기를 바랍니다. 형통의 복을 받으려면 성령의 인도를 따라야 받을 수가 있습니다. 넷째, 꿈이 있어야 합니다. 하나님이 나를 통하여 하나님의 나라를 만든다는 꿈이 있어야 합니다. 성경에는 꿈이 없는 백성은 망한다고 했습니다. 꿈을 품으시기를 바랍니다. 꿈을 품되 하나님이 나를 통하여 이 땅에 하나님의 나라를 이룬다는 꿈입니다.

(빌2:13)"너희 안에서 행하시는 이는 하나님이시니 자기의 기쁘신 뜻을 위하여 너희에게 소원을 두고 행하게 하시나니."

여기 분명하게 하나님은 자기의 기쁘신 뜻을 위하여 너희에게 소원을 두고 행하게 하신다고 말씀하십니다. 항상 복창하시기를 바랍니다. 나는 잘된다. 하나님은 나를 통하여 이 땅에 하나님의 나라를 이루신다. 그러면서 전폭적으로 하나님만을 의지하시기를 바랍니다. 그래서 하나님에게 형통의 복을 받기를 바랍니다.

7장 기도하는 성도가 형통한다.

(느헤미야 1:11) "주여 구하오니 귀를 기울이사 종의 기도와 주의 이름을 경외하기를 기뻐하는 종들의 기도를 들으시고 오늘 종이 형통하여 이 사람들 앞에서 은혜를 입게 하옵소서 하였나니 그 때에 내가 왕의 술 관원이 되었느니라"

하나님은 기도하는 성도와 함께하시면서 하나님의 뜻을 이루십니다. 하나님은 기도하는 성도에게 형통의 복을 주십니다. 우리 무시로 기도 합시다. 심령에 성령의 역사가 항상 일어나게 합시다. 유태영 박사는 가난한 농부의 아들로 태어났습니다. 그의 부모들은 형편 때문에 교육시킬 엄두도 내지 못했지만 유 박사는 어릴 때 동네 사람들로부터 똑똑하다는 인정을 받아 겨우 초등학교를 졸업할 수 있었습니다. 5학년 때부터 교회에 다니기 시작했는데 하나님께 기도하면 무엇이든지 들어주신다는 교회학교 선생님의 말씀대로 그는 중학교를 다니게 해달라고 기도를 했습니다. 초등학교를 마치고 통신 중학교를 다녔습니다. 그 후에 서울로 올라와서 낮에는 구두닦기를 하면서 저녁에는 야간 고등학교를 다녀 졸업했습니다. 그는 여러 번 굶어 보았으며 남의 쓰레기통을 뒤져서 먹을 것을 구하기도 했습니다. 한강이 얼어붙은 추운 겨울에는 냉방에서 내의도 없이 있어야 했는데 너무 추워 잠을 못 자고 방안을 돌아다니다가 새벽에는 교회에 가서 기도하고 햇볕이 나면 교회 담 밑에서 몸을 녹이기도 했습니다.

그런 상황에서도 그는 언제나 하나님을 믿고 감사를 드렸습니다. 이처럼 그가 하나님의 말씀을 지키고 의지하자 비록 과정은 힘들었지만, 하나님께 복을 받아서 미국, 이스라엘, 덴마크로 유학을 가서 박사학위를 받을 수 있었습니다. 유 박사는 간증하기를 하나님을 경외하고 꿈을 가지고 기도에 힘쓴 것이 형통의 비결이었다고 말합니다. 하나님은 꿈을 가지고 기도하는 자에게 형통의 복을 주십니다.

'형통한다.'는 국어사진직 의미는 '온갖 일이 뜻과 같이 살되고 번영함'을 가리킵니다. '목적한 바를 이룬다.' 는 '성공'의 의미가 강합니다. 예를 들어 '뼈대 있는 가문' '인품이 있고 덕망 있는 자' '적당히 베풀 줄도 알고 돈과 명예를 소유한 자'를 세상 사람들은 형통했다고 봅니다. 그러나 성경적 형통의 개념은 본질적으로 차이가 있습니다. 성경은 '하나님이 함께 하심' 그 자체가 형통이라고 말합니다. 우리가 형통하려면 어떻게 해야 합니까?

여호와께서 주시는 축복의 땅으로 믿음의 전진을 할 때 형통합니다. 하나님께서 이스라엘을 애굽의 노예생활에서 구원해

내시고 광야의 유랑생활을 그치게 하셨습니다. 그 이유가 무엇입니까? 첫째, 하나님께서 허락하신 땅 즉, 형통의 복을 허락하기 위해서입니다. 그러기 위해 여호와께서 주신 땅으로 가야 형통합니다. '마이 웨이'가 아닙니다. 하나님께서 정한 길, 하나님을 위한 길을 믿음으로 전진할 때 형통하게 됩니다. 둘째, 머무르거나 후퇴하지 말고 오직 믿음으로 전진할 때 형통합니다. "일어나 이 요단을 건너라" "내가 주는 땅으로 가라" "발바닥으로 밟는 곳을 내가 다 주리라"고 명령하신 하나님의 말씀은 행동강령을 수반합니다.

'건너라, 가라, 밟으라'는 신앙생활의 3대 명령은 광야에 머물러 있지도 말고, 애굽으로 되돌아갈 생각도 말고, 오직 하나님이 예비하고 준비하신 땅으로 전진할 때 형통하다는 뜻입니다. 어디로 가든지 형통한다는 뜻은 무슨 의미일까요? 목적 없이 되는 대로 가도 형통한다는 의미가 아닙니다.

좌로나 우로나 치우치지 말고 오직 하나님께서 주신 땅으로만 걸어가야 함을 말합니다. 길 되신 예수 그리스도(요 14:6)만 따라가야 하며, 믿음의 주요 온전케 하시는 예수 그리스도를 목표로 하고 전진해야만 형통할 수 있습니다. 오른편의 물질을 볼 것 없고 왼편의 명예도 볼 것 없습니다. 오직 치우치지 말고 하나님께서 주시는 땅을 향해 믿음으로 전진하면 누구든지 형통할 수 있습니다.

1.사람들과 잘 사는 축복

우리는 기도할 때에 하나님이 우리에게 형통케 하시기를 원하는 마음이 있습니다. 기도할 때 우리의 기도를 응답해 주시고 우리에게 복을 베풀어 주시기를 원합니다. 그런데 구체적으로 하나님이 주시는 복이 무엇입니까? 우리가 기도하고 집에 갔더니 우리의 금고 속에 없던 금이 생깁니까? 아니면 오늘 예배하고 돌아가서 자신의 은행 계좌를 확인해보니 잔고가 갑자기 늘어납니까? 우리들이 하나님께 복을 받는 다는 것은 구체적으로 여러 가지의 표현을 하지만 그중에 한 가지는 성령의 역사로 사람들로부터 은혜를 입는 것입니다.

하나님이 인간에게 베푸신 축복은 사람과 잘 사는 것입니다. 세상에서 가장 어려운 것이 사람과 사는 것입니다. 하나님이 인간을 창조하시고 제일 먼저 인간에게 해 주신 것이 사람을 만들어 주신 것입니다. 하나님이 에덴동산을 만드시고 천지를 창조하실 때 하나님이 보시기에 좋으셨습니다. 여기까지는 하나님의 창조는 완전해 보입니다. 해와 달과 별도 하나님의 법칙으로 운행하고 빛이 창조되면서 카오스의 무질서 속에 하나님의 질서가 만들어집니다. 식물과 짐승이 생기고 모든 동식물을 관리할 사람을 하나님이 만들어 내십니다.

창조자체가 완전합니다. 그런데 하나님이 세상을 불완전하게 창조했다는 말에는 매우 조심스럽지만, 알기 쉽게 표현하면 하나님은 자연을 만드시고 자연을 관리하는 사람을 만드시고 이제 다 되었다고 했는데 하나님이 미처 고려하지 못한 것이 있습니다. 바로 인간의 독처하는 모습입니다. 혼자 사는 것은 정말 힘든 것입니다. 그래서 아담에게 이브를 만들어 줍니다.

(창 2:18-22)"여호와 하나님이 이르시되 사람이 혼자 사는 것이 좋지 아니하니 내가 그를 위하여 돕는 배필을 지으리라 하시니라. 여호와 하나님이 흙으로 각종 들짐승과 공중의 각종 새를 지으시고 아담이 무엇이라고 부르나 보시려고 그것들을 그에게로 이끌어 가시니 아담이 각 생물을 부르는 것이 곧 그 이름이 되었더라. 아담이 모든 가축과 공중의 새와 들의 모든 짐승에게 이름을 주니라 아담이 돕는 배필이 없으므로 여호와 하나님이 아담을 깊이 잠들게 하시니 잠들매 그가 그 갈빗대 하나를 취하고 살로 대신 채우시고, 여호와 하나님이 아담에게서 취하신 그 갈빗대로 여자를 만드시고 그를 아담에게로 이끌어 오시니"

하나님은 아담에게 여자(하와)를 만들어 주시면서 남녀가 화합하여 에덴에서 살도록 하신 것입니다.

2. 삶의 자리

사람이 가진 가장 큰 축복은 돈이 아닙니다. 자연도 우리를 행복하게 못합니다. 사람이 행복한 것은 사람과 함께 살 때입니다. 변화산의 사건은 또 하나의 의미가 있습니다. 변화된 예수의 모습을 보고 제자들이 너무나 감동해서 이 신비스런 예수의 변화된 모습을 보고 "베드로가 예수께 여쭈어 이르되 주여 우리가 여기 있는 것이 좋사오니 만일 주께서 원하시면 내가 여기서 초막 셋을 짓되 하나는 주님을 위하여, 하나는 모세를 위하여, 하나는 엘리야를 위하여 하리이다"(마태복음 17:4)라고 말하지만, 예수님의 거처는 변화산이 아니었습니다. 변화산이 일시적인 하나님의 현현을 경험하는 종교적 황홀경의 자리이긴 해도 사람이 사는 곳은 사람늘의 틈 속이었습니다.

우리는 사람들이 사는 세상에서 사람들에게 부대끼면서 하나님만을 바라보고 살아야 합니다. 우리가 생명이 있는 한 세상을 떠나서 살 수가 없습니다. 세상에서 살면서 주님을 기쁘시게 하고 내가 살고 있는 자리를 천국으로 만들어야 합니다.

수가성 여인의 가장 큰 문제는 물을 길러 아침과 저녁에 오지 못하고 낮에 혼자 온 것입니다. 그의 삶의 짊어지고 있는 짐 덩어리와 같은 물동이를 던질 수 없었습니다. 그가 예수 그리스도를 만나고 메시야를 만났다고 고백합니다. 그리고 이 고백을 하고서 물동이를 던져버리고 사람들 속으로 들어갑니다. 동네 속으로 갑니다. 결국 우리가 하나님을 만나고 예수님을 만날 때에 우리가 하나님과 예수님의 경험도 중요합니다.

그러나 결국 우리가 살아야 할 자리는 사람들과의 틈 속에 우리의 자리가 있습니다. 그리고 그 사람과의 사이에서 우리가 잘 살 수 있는 것이 인간이 받을 수 있는 큰 축복입니다. 그러기에 우리가 읽은 기도자의 형통에 나오는 느헤미야의 기도가 의미가 있습니다.

느헤미야는 주전 400년대에 있었던 페르시아 제국의 유대인 포로입니다. 그는 자신의 조국 예루살렘이 무너졌다는 이야기를 듣고 괴로워합니다. 그러다가 하나님께 기도합니다.

(느헤미야1:6-7)"이제 종이 주의 종들인 이스라엘 자손을 위하여 주야로 기도하오며 우리 이스라엘 자손이 주께 범죄한 죄들을 자복하오니 주는 귀를 기울이시며 눈을 여시사 종의 기도를 들으시옵소서 나와 내 아버지의 집이 범죄하여 주를 향하여 크게 악을 행하여 주께서 주의 종 모세에게 명령하신 계명과 율례와 규례를 지키지 아니하였나이다."

그는 자기 조상의 죄까지도 자신이 짊어집니다. 그리고 하나님께 구합니다. "종이 형통하여 이 사람들 앞에서 은혜를 입게 하옵소서" 라고 기도합니다. 우리는 영이신 하나님에게 영으로 기도를 해야 합니다. 기도할 때 하나님의 계시를 받아서 형통하게 되는 것입니다. 무엇보다 깊은 영의기도를 해야 합니다. 형통은 하나님에게서 나옵니다. 하나님이 가지고 있는 형통의 복을 받으려면 영으로 기도해야 합니다.

하나님은 영이십니다. 영이신 하나님과 우리가 교통하려면 기도해야 합니다. 기도할 때 영이신 하나님으로부터 지혜의 말씀과 지식의 말씀이 들려옵니다. 이것을 "레마"라고 합니다. 레마를 받아서 행동에 옮길 때 형통하게 되는 것입니다. 그러므로 무시로 기도해야 합니다.

3.사람들에게 은혜를 받음

은혜란 말은 보통 하나님의 은혜, 예수님의 은혜 혹은 예배시간 또는 찬양대의 찬양을 듣고 은혜를 받았다고 합니다. 그러나 오늘 본문에 나오는 은혜는 종교적 은혜가 아니리 대인관계에서 오는 일종의 혜택을 말합니다. 느헤미야는 이렇게 이야기합니다."종들의 기도를 들으시고 오늘 종이 형통하여 이 사람들 앞에서 은혜를 입게 하옵소서" 기도의 응답은 형통이고 이 형통의 구체적인 표현은 아닥사스다 왕에게서 은혜를 받는 것입니다. 느헤미야의 기도의 구체적 내용은 포로생활을 하던 자신의 삶을 청산하고 돌아가는 것입니다.

그에게는 자신의 조국 예루살렘의 운명을 안타까워하는 마음이 있었습니다. 우리는 오늘 먼저 한 가지 결론을 내립니다. 기도자가 하나님의 응답을 받아서 형통케 되는 구체적인 일은 바로 사람들에게서 은혜를 받은 것입니다.

기독교가 사이비가 되면 하나님을 사랑하고 하나님과 함께 한다고 하는 미명하에 염세주의[厭世主義]가 되어 세상을 등지고 산속에 들어가는 다미선교회의 이단처럼 이상한 행동을 합니다. 그러나 기도자의 형통은 일상생활 속에서 사람들과 함께 잘 사는 것입니다. 사람들 속에서 하나님과 교통하며 살아가는 것입니다. 저는 명절이 되어 우리가 만나는 가족 간에도 은혜 받기를 원합니다. 사람들과의 관계 속에서 하나님이 주시는 기도자의 형통을 누리시길 축복합니다.

형통의 사람은 사람들과의 관계도 형통해야 합니다. 예수님은 이렇게 말씀하십니다.

> (마16:19)"내가 천국 열쇠를 네게 주리니 네가 땅에서 무엇이든지 매면 하늘에서도 매일 것이요 네가 땅에서 무엇이든지 풀면 하늘에서도 풀리리라 하시고"

형통의 사람은 땅에서도 사람과 화평하게 지내는 사람입니다. 우리 모든 사람과 거룩함과 화평함을 쫓는 우리가 되시기를 바랍니다.

4. 하나님의 우주적 사랑

　한걸음 더 나아갑니다. 아닥사스다 왕은 하나님께 기도하고 있는 느헤미야의 상관입니다. 느헤미야는 하나님의 백성입니다. 하나님의 백성에게 역사하시는 하나님의 은혜의 수단은 페르시아 제국의 왕입니다.

　그리고 페르시아의 종교는 조로아스터교입니다. 이 조로아스터교의 신자인 아닥사스다 왕이 하나님의 손에 이끌려서 하나님의 일을 하고 있습니다. 하나님이 예수 믿는 사람을 구원하신다는 사실은 분명하지만, 하나님이 이 예수 믿는 사람들만을 제한적으로 사랑하는 특정한 사랑이 아닌 것을 깨달아야 합니다. 하나님은 세상을 이처럼 사랑하셔서 독생자를 주실 때에 불교신자를 사랑하시고 이교신자들도 사랑하셨습니다.

　하나님의 사랑은 하나님의 백성과 자녀라고 하는 울타리를 뛰어넘는 우주적 사랑이시고, 하나님은 모든 인간에게 대한 기본적인 사랑을 베푸십니다. 그래서 하나님이 위대하신 것입니다. 우리의 왜곡된 신앙이 하나님을 협소하게 한 것입니다. 우리가 기도할 때에 구체적으로 기도해야 합니다. 느헤미야의 기도가 위대했던 것은 구체적으로 기도했기 때문입니다. "하나님! 제게 은혜를 베풀어 주셔서 아닥사스다 왕과 페르시아 통치자들에게 역사해주셔서 제게 은혜를 베풀어 주십시오"라고 기도

합니다.

　당신은 당신의 교회에 있는 목회자들을 위해서 기도하십니까? 직장에 있는 상관들을 위해서 기도하십니까? 구체적으로 당신을 담당한 의사의 이름을 부르면서 기도하십니까? 간호사와 간병인을 통해서 은혜 받기를 원하십니까? 우리는 하나님께 우리의 병을 고쳐주시고 건강하게 해달라고 기도하면서 구체적으로 기도하지 않습니다. 기도자의 형통은 바로 나와 가까이 있는 사람을 통해서 주시는 은혜의 역사입니다. 하나님은 사람을 통하여 일을 하십니다.

　그러므로 당신이 하는 기도를 통하여 역사하시는 것입니다. 기도할 때 하늘의 천사들이 동원됩니다. 당신이 병들어 기도할 때 당신의 질병을 치유할 수 있는 사람을 천사를 통하여 만나게 하십니다. 기도는 영의 활동입니다. 기도할 때 성령으로 충만할 수 있습니다. 성령으로 충만해야 하나님의 손을 움직일 수가 있는 것입니다. 하나님의 손을 잘 움직이도록 기도하는 성도가 형통의 복을 받은 성도입니다.

5. 나도 OK-다른 사람도 OK

　토마스 해리스(Thomas A. Harris)가 지은 『I'm OK-You're OK』라는 책에서 인간이 인간을 만날 때 가장 위대한 큰 축복은 I'm OK-You're OK라는 것입니다. I'm OK인데

You're not OK가 되면 그 사람은 교만해서 다른 사람의 시기와 질투를 받게 됩니다. 다른 사람은 OK인데 자신은 OK가 안되면 열등감에 젖어서 다른 사람들에게 폭력적인 행동을 합니다. 자기도 다른 사람도 모두 OK가 안되면 그 사람들은 비관적인 생각에 젖어서 불평과 염세적인 이야기만 하다가 인생을 패배합니다. 그러나 나도 OK 이고 다른 사람도 OK이면 서로의 약점에도 불구하고 서로의 장점을 맞추어 합력하여 선을 이룹니다.

가까이 있는 사람들을 You're not OK라고 정죄하지 않았습니까? 당신은 기독교 신자가 아니야! 능력이 없어! 성격이 나빠! 라고하면서 불평하며 주변의 사람들과 관계를 끊어 버리지 않았습니까? 느헤미야에게 하나님이 기도자의 형통을 주셨는데 그 기도자의 형통은 구체적으로 느헤미야가 골방에서 기도할 때 하늘에서 뚝 떨어진 것이 아닌 자신과 가까이 있는 아닥사스다 왕을 통해서 역사해 주신 것입니다.

하나님은 우리가 기도할 때 가까운 사람을 통하여 역사하시는 것입니다. 저는 전화를 통해서도 치유기도를 합니다. 전화를 통해서도 귀신을 축사합니다. 그런데 다 되는 것이 아닙니다. 기도를 많이 하는 성도에게서 역사가 나타납니다. 그리고 우리 교회에 한번이라도 다녀간 성도에게서 역사가 나타납니다. 이는 무엇을 의미하느냐. 본인이 기도할 때 하나님이 사람을 통하여 역사하신다는 것입니다.

제가 하는 사역이 특별하여 영육으로 고통당하는 사람들에게 전화가 많이 오는 편입니다. 전화를 통화하다 보면 성령께서 기도하여 주라고 감동을 주시는 사람이 있습니다. 저는 그 사람만 전화로 기도를 해줍니다. 우리 기도합시다. 기도는 하나님의 손을 움직이는 적극적인 수단입니다.

6. 지근거리 [至近距離]에 있는 사람이 은혜의 통로

또 하나 아닥사스다 왕을 만날 때에 그 옆에 왕후가 옆에 있었습니다. 페르시아제국의 왕후들은 공식적인 자리에 잘 나타나지 않는다고 합니다. 그런데 이 왕후가 느헤미야와 자신의 왕이 수산 궁에서 연회를 베풀 때 나타났다고 하는 것은 둘 중의 하나로 보입니다. 하나는 이 자리가 공식적인 자리가 아닌 사적인 자리이거나 아니면 왕후가 관례를 깨고 느헤미야를 도우려고 왕을 설득하고자 나왔다는 것입니다. 왕후가 느헤미야와 왕의 사이에서 가교역할을 했습니다.

그러면 이 느헤미야는 아닥사스다 왕 뿐 아니라, 그의 왕후의 도움까지도 받았다는 이야기입니다. 자기 주변에 있는 사람을 하나님이 내게 은혜를 베푸는 통로로 삼는 자가 복이 있습니다. 하나님은 내 옆의 가까이 있는 사람을 통해서 은혜를 베풀어 주시고 기도자의 형통을 베풀어 주십니다. 우리는 가까이 있는 사람들과 관계를 잘 맺어야 합니다. 하나님은 가까이 있는 사람을 통하여 당신의 문제를 해결하여 주십니다. 당신의 가까운 곳에 하나님의 형통의 복을 가진 사람이 있습니다. 우리는 빈부귀천, 남녀노유를 따지지 말고 귀한 하나님의 은혜의 통로라고 생각하며 관계를 맺어야 합니다. 제가 지금까지 하나님에게 기도하여 문제를 해결한 것은 가까이 있는 사람을 통하여 문제를 해결했습니다. 절대로 하나님은 생판 모르는 사람을 통하여 당신의 문제를 해결하는 경우는 극히 드물다는 것을 이해하시기 바랍니다.

7. 구체적인 기도가 필요.

느헤미야는 왕 앞에 나살 때 수심이 가득했습니다. 왕징시대에 왕 앞에 나갈 때 수심이 가득한 사람은 모략을 꾸며 심지어 자객이 될 수도 있는 상황이 될 수 있다는 이유로 왕 앞에서 수심이 있는 얼굴은 금했습니다. 그러나 일상적인 관례를 벗어난 느헤미야의 수심을 보고도 아닥사스다 왕은 걱정합니다.

이때 느헤미야는 "왕이시여 내가 소식을 들었는데 내 조국 이스라엘이 다 망하고 예루살렘의 성문이 무너지고 불탔다고 합니다. 이 궁에서 왕에게 은총을 입었지만 나 혼자 호위호식을 할 수 있겠습니까?" 느헤미야의 이야기를 듣고 아닥사스다 왕은 이렇게 이야기 합니다.

"네게 어떻게 해주면 되겠느냐?" 그때부터 느헤미야는 2장에 나오는 일련의 프로젝트를 브리핑하기 시작합니다. "저를 예루살렘으로 떠나게 하시고 조서를 주셔서 제가 페르시아의 영토를 지날 때 마다 그 지역의 총독들로부터 보호받게 해주십시오. 또 성벽과 성읍을 건축할 때 필요한 자재들을 얻도록 도움을 베풀어 주시길 원합니다." 느헤미야서를 읽어보시면 느헤미야는 철저하게 예루살렘 성벽을 재건할 계획을 가지고 왕이 물어 볼 때에 주저하지 않고 대답하게 됩니다. 왕은 느헤미야의 요구를 다 들어줍니다.

왜 이 기도자가 이렇게 기도했을까요? 우리들은 하나님 앞에 기도할 때보면 탄원의 기도를 많이 합니다. 기도를 통해서 하나님 앞에 자신의 문제를 탄원하고 슬픈 모습을 모두 토로하고, 하나님 앞에 떼를 쓰면서 하나님께 내 삶을 바꿔 달라고 말합니다. 그러나 하나님께서 "내가 네게 어떻게 해주면 좋겠느냐?"라고, 우리 주변의 그 누군가를 통해서 응답해주시면 하나님 앞에 대답할 말이 준비가 되어 있지 않습니다.

그 이유는 믿음이 없기 때문입니다. 기도하면서 내 기도를 하나님이 들어주리라곤 믿질 않습니다. 하나님이 내 주변의 사람들을 통해서 기도자의 형통을 허락해주실 때 "내가 네게 무엇해주길 원하느냐"라고 물으실 때 우리는 대답을 준비해야 합니다.

우리도 느헤미야처럼 구체적으로 기도하여 하나님의 응답을 받으시기를 바랍니다. 하나님은 하나님의 마음에 합한 기도를 들어 주시고 응답하여 주십니다. 역대하에 보면 솔로몬의 기도가 나옵니다. 여기에 보면 솔로몬이 하나님의 마음에 합한 기도를 드려서 하나님의 칭찬과 복을 받는 모습이 기록되어 있습니다.

(대하 1:11-12)"하나님이 솔로몬에게 이르시되 이런 마음이 네게 있어서 부나 재물이나 영광이나 원수의 생명 멸하기를 구하지 아니하며 장수도 구하지 아니하고 오직 내가 네게 다스리게 한 내 백성을 재판하기 위하여 지혜와 지식을 구하였으니, 그러므로 내가 네게 지혜와 지식을 주고 부와 재물과 영광도 주리니 네 전의 왕들노 이런 일이 없었거니와 네 후에도 이런 일이 없으리라 하시니라"

이 말씀은 우리의 기도가 부도 구할 수 있고 재물도 구할 수 있고 존영이나 원수 멸하는 것을 구할 수도 있으나 너의 기도가 달랐다는 것입니다. 그래서 구하지 않은 부와 재물과 존영도 주겠다는 것입니다. 거기다가 너의 전의 왕들이 이 같음이 없었거니와 너의 후에도 이 같음이 없으리라하십니다. 하나님은 영으로 하나님의 마음에 합한 기도를 응답하여 주십니다.

8.고난을 이겨내는 기도자의 형통

끝으로 오늘 말씀을 통해서 기도자의 형통을 누릴 수 있는 사람들은 하나님에 대한 철저한 믿음을 가지고 비난하고 반대하는 사람조차도 이길 수 있어야 합니다. 오늘 이 느헤미야의 기도를 듣고 하나님이 아닥스사다 왕의 마음을 움직이셔서 그를 예루살렘의 총독으로 파견하는데 예루살렘 주변의 사마리아 총독이 느헤미야를 공격합니다. 전통적으로 경쟁관계에 있던 예루살렘이 정복국가의 왕의 총애를 받은 느헤미야가 와서 성벽을 재건하면 상대적으로 자기 나라와 자기 세력이 왜소해질 거라고 두려워했습니다. 그래서 산발랏과 도비야는 느헤미야를 비난합니다.

그런데 아이러니컬하게도 도비야는 암몬족속의 에돔 계통의 족속이며 사마리아는 전통적으로 예루살렘과 가까이 있습니다. 전혀 역사적인 근거가 없는 페르시아 제국의 아닥사스다 왕의 부부는 느헤미야를 돕는데 따지고 보면 친족인 도비야와 산발랏은 자신을 비난합니다. 세상의 이치가 이렇습니다. 도울 것 같은 사람, 당연히 도우며 협력해야 할 사람은 비난하고 생각지도 않은 사람이 도와줍니다. 그래서 하나님의 역사는 알 수 없습니다. 그런데 이 느헤미야는 산발랏과 도비야의 조롱에 조금도 굴하지 않습니다. 산발랏과 도비야의 중상모략에 경도되지 않습니다.

순간적으로 낙심하지만 하나님이 그의 마음을 움직여서 예루살렘 성벽을 재건하게 됩니다. 에스라 그리고 말라기와 함께 동시대에 하나님의 사역을 했던 느헤미야는 기도자의 형통을 받은 사람이었고 가까이 있던 사람들로부터 은혜를 입은 사람이었고, 기도할 때에 탄원하거나 투정하거나 떼만 쓴 것이 아니라, 구체적으로 자신이 어떻게 행동해야 하는지 자신의 삶의 프로젝트를 가지고 기도자의 형통의 축복을 하나님께서 주실 때에 분명히 제시를 했습니다. 그리고 산발랏과 도비야처럼 비난과 중상모략으로 자신을 길을 막고 있을 때도 낙심하지 아니하고 하나님이 주신 축복의 길을 끝가지 갑니다.

오늘 저는 주의 종으로 책을 읽는 당신을 축복합니다. 이 한 주간 세상으로 나가셔서 여러 사람을 만날 텐데 가까이 있는 가족으로부터 직장의 동료까지 기도자의 형통을 주셔서 당신의 주위에 있는 사람들로부터 은혜를 입으시길 바랍니다. 그리고 하나님이 응답해주실 때 분명히 제시할 수 있는 기도의 제목들을 믿음 가운데 분명히 설정하시기 바랍니다. 그리고 산발랏과 도비야처럼 비난과 중상모략가운데 당당하게 당신 갈 길을 가시기 바랍니다. 하나님이 당신의 앞길에 기도자의 형통을 베풀어 주실 것입니다.

8장 형통의 복을 받는 영적원리

(시 1:1-3)"복 있는 사람은 악인들의 꾀를 따르지 아니하며 죄인들의 길에 서지 아니하며 오만한 자들의 자리에 앉지 아니하고 오직 여호와의 율법을 즐거워하여 그의 율법을 주야로 묵상하는 도다 그는 시냇가에 심은 나무가 철을 따라 열매를 맺으며 그 잎사귀가 마르지 아니함 같으니 그가 하는 모든 일이 다 형통하리로다"

오늘 이 책을 읽는 분들에게 평생 동안 형통의 복이 임하기를 소원합니다. 우리는 항상 긍정적이 되어야 합니다. 밤이 지나면 아침이 찾아온다는 긍정입니다.

어둡고 캄캄한 경제적인 위기의 터널을 지나고 있는 우리들에게는 "그 행사가 다 형통하리로다."라는 하나님의 말씀은 가물어 메마른 땅에 단비와 같습니다. 오늘 이 시점보다 더 형통의 복이 필요한 때는 없습니다. 그러면 어떻게 해야, 어떤 사람이 이와 같이 형통할 수 있겠습니까?

하나님께서는 복은 사람을 따라오지 환경을 따라오는 것이 아니라고 말씀하고 있습니다. 우리들은 항상 복된 환경을 동경합니다. 그러나 성경은 복 있는 사람에게 복이 따른다고 가르치고 있습니다. 어떻게 하면 복 있는 사람이 될 수 있을까요? 이 일에 관하여 우리는 심신을 기울여 하나님의 가르치심을 받아야만 하겠습니다.

　지금처럼 우리들의 삶의 환경이 광야가 되어 가는 때, 우리가 복 있는 사람이 되어 복을 가져오는 사람이 되어야만 될 것입니다. 그런데 성경은 형통의 복이 있는 사람이 되는 조건을 시편 1편에 분명하게 우리에게 보여주고 있습니다.

1. 악인의 꾀를 좇지 않는다.

　형통의 복 있는 사람은 악인의 꾀를 좇지 아니한다. 그렇게 말씀하고 있는 것입니다. 악인이란 어떠한 사람을 말하는 것입니까? 이기주의적 탐욕에 잡혀 이웃을 괴롭히고, 도적질하고 죽이고 멸망시키는 일을 하는 사람이 바로 악인입니다. 오늘날 우리의 사회 주변에는 이 악인들이 많이 있습니다. 제2차 세계대전 당시에 독일의 히틀러는 유대인 600만 명을 학살했습니다. 그는 자기의 목적을 달성하기 위해서 정치적인 이념을 달성하기 위해서 자기의 탐욕을 이루기 위해서 이웃의 생명을 초개와 같이 여겼습니다. 그 수많은 유대인들을 가스챔버에 데려가서 죽였습니다. 이것은 악의 극치입니다. 바로 히틀러 같은 사람이 악인 것입니다.

　또 냉전시대의 스탈린 같은 사람도 자기 동족 3천만 명 이상을 공산주의 사상과 이념을 세우기 위해서 죽였습니다. 이러한 사람도 인류의 악인의 한 대표적인 표본이 된 사람인 것입니다. 일본 제국주의도 그렇습니다. 온 아시아를 석권하기 위해서 한국을 침략하고 만주를 침략하고 동남아를 침략했습니다. 얼마나 많은 사람을 무자비하게 짓밟고 죽였습니까? 일본은 그 제국주의를 통해서 악의 표본으로 보이는 것입니다.

악이란 것은 자기의 이기주의적인 목적과 탐욕을 이루기 위해서는 다른 사람들의 생명을 귀하게 여기지 아니하고 수단과 방법을 가리지 아니하며 도적질하고 죽이고 멸망시키는 일을 자행하는 이런 것이 악인 것입니다. 자기들의 이기적인 동기와 목적을 위해서 다른 사람의 생명을 도적질하고 죽이고 멸망시키는 것을 조금도 서슴치 않는 이것이 바로 악이라는 것입니다.

이러므로 오늘날 악인의 꾀를 부려서 자기의 이기적인 목적과 탐욕을 달성하려고 하는 사람이 우리 주위에 얼마나 많은지 모릅니다. 인신매매, 밀수, 마약, 살인 등등 이런 것을 서슴치 않고 행하는 것입니다.

디모데전서 6장 9절로 10절에 "부하려 하는 자들은 시험과 올무와 여러가지 어리석고 해로운 욕심에 떨어지나니 곧 사람으로 파멸과 멸망에 빠지게 하는 것이라. 돈을 사랑함이 일만 악의 뿌리가 되나니 이것을 탐내는 자들은 미혹을 받아 믿음에서 떠나 많은 근심으로써 자기를 찔렀도다"

자기 분수를 뛰어 넘어 탐욕적인 욕망을 가지고 돈을 추구하다가 수많은 악을 저지른 사람들이 우리 주위에 얼마나 있는지 모릅니다. 이러므로 우리가 복을 받는 사람이 되기 위해서는 이 악인의 꾀에서 벗어나야 되는 것입니다. 이스라엘이 하나님 앞에서 짓는 죄악도 주님께서 이렇게 지적하셨습니다.

예레미야서 2장 13절에 "내 백성이 두 가지 악을 행하였나니 곧 생수의 근원 되는 나를 버린 것과 스스로 웅덩이를 판 것인데 그것은 물을 저축하지 못할 터진 웅덩이니라"고 말한 것입니다. 악인은 하나님을 인정하지 않습니다. 악인은 자기 이기주의밖에 모릅니다. 하나님은 자기 생애 속에서 멀리멀리 좇아내어 버렸습니다. 이스라엘이 하나님에게 두 가지 악을 행했다고 주님 말씀힌 것은 하나님을 자기들의 생애 속에 멀리 멀리 내이 좇았습니다. 생수의 근원이 되는 하나님 없이 스스로 인간의 수단과 방법으로 웅덩이를 팠습니다. 그런데 그 웅덩이는 물을 저축하지 못할 터진 웅덩이라고 말했었습니다. 악인이 행하는 모든 일은 하나님의 저주가 따르고 하나님의 축복이 없습니다. 악인들이 어떠한 인간의 수단과 방법을 다 동원해서 일을 한다고 하더라도 그들이 파는 우물은 터진 우물입니다. 거기에는 물을 저장 할 수 없습니다.

악인은 이기주의와 탐욕의 노예이며 이를 이루기 위해서는 모든 수단과 방법을 다 동원합니다. 그러나 이것은 아무 효과가 없습니다. 종국적으로 역사는 악인이 정치가로서 성공한 적도 없고 실업가로서 번창한 일도 없습니다.

악인이 자구하게 번영한 일도 없습니다. 언제나 악인은 멸망 당하고 말았던 것입니다. 우리가 악인의 꾀를 좇지 않아야 하나님께 복을 받을 수가 있는 것입니다. 악한 수단과 방법을 가지고서는 이 세상에서 절대로 축복을 받을 수가 없고 하나님의 복이 임할 수가 없는 것입니다. 우리가 악인의 꾀를 좇지 않기 위해서는 하나님 중심으로 하나님을 섬기며 살아야 되는 것입니다. 하나님 없이 우리가 하는 모든 일은 종국적으로 끝이 나고 맙니다. 하나님이 바로 생수의 근원입니다. 영적인 생수의 근원이고 심적인 지혜의 근원이 되시고 우리의 삶의 근원이 되십니다. 하나님을 우리의 삶의 자원으로 삼고 살아야 악인의 꾀를 따라가지 않게 되는 것입니다.

그리고 우리는 자기의 분수를 깨달아서 불의와 불법적인 욕심을 버려야 됩니다. 욕심이 잉태하면 죄를 낳고 죄가 장성하면 사망을 낳습니다. 욕심을 가지게 되면 언제나 비정상적인 수단과 방법을 동원하게 되고 무리수를 두게 되는 것입니다. 부정을 행하고 부패를 행하게 되는 것입니다.

이것이 다 결국에는 탐욕이 들어와서 그렇게 하는 것입니다. 그 탐욕이 들어와서 사람으로 하여금 악을 행하게 하고 그 악이 오래가지 않습니다. 사망의 구렁텅이로 떨어지게 되는 것입니다.

에베소서 4장 18절로 20절에 보면 악인의 삶을 이렇게 표현하고 있습니다. "저희 총명이 어두워지고 저희 가운데 있는 무지함과 저희 마음이 굳어짐으로 말미암아 하나님의 생명에서 떠나 있도다 저희가 감각 없는 자 되어 자신을 방탕에 방임하여 모든 더러운 것을 욕심으로 행하되 오직 너희는 그리스도를 이같이 배우지 아니하였느니라" 이러므로 우리는 예수 그리스도를 모시고 하나님을 중심으로 섬기며 우리의 마음속에 탐욕과 욕심을 저버리고 평상심으로 우리가 살아갈 때에 악인의 꾀에서 벗어 날 수가 있습니다.

우리 주위에 횡행하는 수많은 악인들, 그들은 들풀처럼 일어났다가 순식간에 베인바 되고 파멸되는 것을 우리는 바라보고 있는 것입니다. 복이 있기 위해서는 이 악인의 꾀에 떨어지지 말아야 되는 것입니다. 자기 이기주의와 탐욕의 노예가 되어 수단과 방법을 가리지 아니하고 목적 달성을 위해서 살인도 하고, 방화도 하고, 마약 밀매도 하고, 인신매매도 하고, 온갖 일을 다 하는 이러한 꾀를 벗어 버려야 되는 것입니다. 그러한 것으로 우리가 결코 행복해질 수 없고 성공할 수 없습니다. 그러한 것으로 우리가 복 받아 살 수 없는 것입니다. 그러한 사람에게 하나님의 복은 따라가지 않습니다. 이러므로 악인의 꾀를 우리가 떠나야 하나님의 복이 우리에게 다가오는 것입니다. 사랑하는 여러분 형통의 복을 받기 위하여 행사를 공명정대 광명정대하게 하시기를 바랍니다.

2.죄인의 길에 서지 않는다.

죄인의 길에 서지 아니한 사람이 하나님의 형통에 복을 받고 산다고 말한 것입니다. 죄인은 법을 알고 그 법을 어길 때에 죄인이 되는 것입니다. 아예 하나님의 법을 모르는 사람은 악인이지 죄인은 아닙니다. 하나님이 살아 계신 것을 알고 하나님의 법을 알고도 법을 어길 때에 죄인이 되는 것입니다. 법을 모르면 죄인도 되지 않는 것입니다.

로마서 7장 7절로 9절에 "그런즉 우리가 무슨 말하리요 율법이 죄냐 그럴 수 없느니라 율법으로 말미암지 않고는 내가 죄를 알지 못하였으니 곧 율법이 탐내지 말라 하지 아니하였다면 내가 탐심을 알지 못하였으리라 그러나 죄가 기회를 타서 계명으로 말미암아 내 속에서 각양 탐심을 이루었나니 이는 법이 없으면 죄가 죽은 것임이니라 전에 법을 깨닫지 못할 때에는 내가 살았더니 계명이 이르매 죄는 살아나고 나는 죽었도다" 이처럼 내가 법을 알고 계명을 알 때에 내가 죄 짓는 것을 알게 됩니다.

거울이 있어야 내 얼굴이 얼마나 더러운 것을 알지, 거울이 없으면 숯이 묻어도 묻은 것을 알지 못합니다. 그러므로 자신이 죄인이라는 것을 인정하는 사람은 하나님의 법을 아는 사람입니다. 하나님이 계심을 알고 하나님의 법을 알면서도 그 법을 어기는 사람이 죄인입니다. 하나님의 계심을 알고 하나님의 법을 어기는 우리 크리스천들을 지칭하는 것입니다. 우리는 하나님이 살아 계신 것을 압니다. 하나님의 법을 우리가 알고 있습니다. 그럼에도 불구하고 마음은 원이로되 육신이 약하다고 하고 법을 어길 때에 죄를 범하게 되는 것입니다.

그러므로 복이 있기 위해서는 이 죄인의 길에 서지 말아야 하는 것은 죄를 짓고 거기에 그냥 안주해서 그 길로 걸어가는 이런 생활을 하지 말아야 하는 것입니다. 죄를 짓지 않는 의인은 한 사람도 없습니다. 그러나 하나님께서는 죄를 지을 때에 우리에게 회개하기를 원하시는 것입니다.

만일 우리가 우리의 죄를 자백하면 저는 미쁘시고 의로우사 우리 죄를 사하시며 모든 불의에서 우리를 깨끗하게 하실 것이라고 말한 것입니다. 죄인의 길에 서서 그냥 그 길로 가면 안 됩니다. 우리는 늘 회개하고 통회하고 자복하며 죄에서 돌이켜야만 되는 것입니다. 그러므로 예수 믿는 사람들은 끊임없이 자기의 죄 때문에 고민하고 통회하고 자복하는 사람인 것입니다.

전혀 죄를 짓지 않고 온전히 의로운 사람은 이 땅에 한 사람도 없습니다. 그렇기 때문에 회개하는 것이 우리에게 가장 중요한 것입니다.

죄인의 길은 의인의 길을 벗어나서 빗나간 삶을 말합니다. 죄란 하말티아라고 말하는데, 과녁을 쏘았는데 화살이 빗나갔다는 말인 것입니다. 우리의 생활이 의의 길에서 빗나가기 시작하면 얼마 있지 아니하면 수많은 원망에 걸리게 되고 수많은 슬픔에 빠지게 되는 것입니다. 그러므로 우리가 죄의 길에 서지 않기 위해서는 우리의 마음속에 하나님의 법을 늘 기억하고 살아야 되는 것입니다. 하나님의 계명을 우리가 늘 마음속에 묵상하고 살아야 되는 것입니다.

하나님의 계명은 우리가 너무나 잘 알지 않습니까? 내 앞에 다른 신을 두지 말라. 우리의 삶 속에 내가 여호와 이외의 다른 신을 두지 않도록 늘 계명을 통해서 비추어 봐야 합니다. 우상에 절하지 말라. 나는 계명을 늘 내 마음속에 생각해보고 그래서 나무나 거울이나 금이나 은이나 철로써 만든 우상에 절하지 않을 뿐 아니라, 이 세상에 부귀영화 공명의 우상에도 절하지 말아야 되는 것입니다.

그 무엇보다도 하나님보다 먼저 더 사랑하고 섬기면 우상이 됩니다. 이렇기 때문에 우상에 절하지 말라는 계명을 가지고 언제나 하나님을 먼저 섬기고 먼저 받들고 따라야 하는 것입니다.

하나님의 이름을 망령되이 부르지 말라는 계명이 있기 때문에 내 입술을 조심해서 하나님에 대한 말을 할 때에 지극한 마음의 공경과 사랑과 경외함을 가지고서 하나님의 성호를 불러야 합니다.

안식일을 거룩히 지키라는 계명이 있기 때문에 내가 주님의 부활한 성일을 거룩히 지켜서 그날 어떠한 일이 있더라도 내가 주님께 먼저 와서 경배하고 주님을 섬기는 것입니다. 그 나라와 그 의를 먼저 구하라고 하셨으매 이 안식일은 먼저 주님께 나와서 인사하고 먼저 주님을 받들어야 합니다. 왜냐하면 이 부활의 날에는 예수님께서 교회에 와서 성도들을 만나시는 것입니다.

평소에도 주님은 우리와 같이 계시지만 특별히 주님께서는 이 부활의 날에 교회에 와서 성도들을 만나기 위해서 기다리시는 것입니다. 이 날에 우리의 예배와 찬양을 받으시고 이날에 우리에게 복을 주시는 것입니다.

다음 성경 말씀대로 우리 마음속에 네 부모를 공경하라는 이 계명을 마음속에 가지고 있으면 이 계명이 늘 내 마음속에 가는 길을 올바르게 잡아 줍니다. 요사이 바쁜 세월에 또 핵가족 제도로써 부모와 함께 살지 않는 사람이 대다수입니다. 또 이기주의적인 세계 속에 삶으로 부모에 대해서 관심을 기울이지 않을 때가 많습니다. 그러나 이 성경 말씀이 우리에게 늘 지적을 합니다.

너는 부모를 공경하고 사느냐! 너는 부모를 무시하고 살지 않느냐! 그래서 마음속에 부모에 대한 불평도 있고 반발이 있어도 이 계명이 그것을 못하게 막아 주는 것입니다. 이 계명을 우리 마음속에 지키고 있을 때에 우리는 회개하고 부모를 공경하게 되는 것입니다.

　살인하지 말라 오늘날 살인을 왜 그렇게 많이 합니까? 기분 나쁘다고 칼로 찔러 죽여 버리고, 째려본다고 해서 칼로 찔러 죽이고, 자동차 늦게 운전한다고 와서 칼로 찔러 죽여 버리고, 그렇게 살인을 합니다. 그러나 하나님의 법은 반드시 살인하는 자는 죽이라고 말했습니다. 요사이 우리 기독교 중에서 인권을 주장하면서 사형수 사형 집행을 하지 말라고 하는데, 성경에는 살인하는 자는 죽이라고 말했습니다.

　남의 생명을 무참하게 빼앗고 짓밟은 사람에게 무슨 인권을 주장할 수 있습니까? 나는 거기에 대해서 반대합니다. 남의 생명을 짓밟고 처참하게 죽인 사람은 용서받을 수 없습니다. 그 사람은 그 만큼의 대가를 받아야만 하는 것입니다. 그래야 사회 질서가 서고 규범이 설 수 있는 것입니다. 이러므로 살인하지 말라는 계명이 마음속에 있기 때문에 살인할 마음이 생겨도 그것을 못하게 하고 심지어 미워하는 것조차도 살인하는 죄가 됨으로 미워하는 것도 자제할 수 있는 것입니다.

　그리고 성경에는 간음하지 말라고 말했습니다. 요사이 얼마나 성도덕이 문란합니까? 음란하고 방탕함이 얼마나 심합니까? 음란이 개인과 가정을 처참하게 파괴해 버리고 마는 것입니다. 그러나 이 성경 말씀이 마음속에 있습니다.

'간음하지 말라' 이 말씀이 언제나 대낮 같이 환한 빛으로 마음을 비추기 때문에 이것이 마음에 죄악을 떨어뜨리고 의의 길로 걸어갈 수 있도록 이끌어 주는 것입니다. 도적질하지 말라. 오늘날 공무원들도 국가 재산을 도둑질한 사람이 얼마나 많습니까? 또 일반 사람들도 끊임없이 도적질하고 삽니다. 또 우린 하나님의 십일조도 도적질합니다. 그러나 성경에는 도적질하지 말라고 엄히 말씀하고 있음으로 이 계명을 마음에 가지고 있으면 하나님 것도 도적질하지 않게 되고, 이웃 것도 우리가 도적질하려고 하더라도 손이 오그라들고 마는 것입니다. 내 이웃을 거짓 증거 하지 말라. 우리는 너무나 이웃을 거짓 증거합니다. 사실이 아닌 것을 만들어서 이웃 사람을 모욕합니다. 이웃에 대한 부정적인 이미지를 전달하고 이웃 사람에 대해서 평론을 합니다. 이것은 모든 사람이 짓는 죄입니다.

입술이 짓는 죄 중에 가장 많은 죄가 이웃을 거짓 증거하는 것입니다. 그러나 이 성경 말씀이 뚜렷이 있는 이상은 우리가 이웃을 거짓 증거하면 회개하고 자복해야 되고, 그 입술을 예수님의 보혈로 씻어야 되는 것입니다. 그 마음을 정화 시켜야만 되는 것입니다. 이웃을 칭찬하고 이웃을 격려하고 이웃에 대한 좋은 말을 하면 얼마나 우리의 삶이 더 풍부해지고 좋아지겠습니까? 그 계명을 우리가 지킬 때에 이렇게 될 수 있는 것입니다.

그 다음 내 이웃을 탐하지 말라. 탐심은 우상 숭배입니다. 여러분 우리가 탐심을 가지게 되면 하나님도 다 제껴 버리고 하나님의 은혜도 다 저버리고 그 탐심의 포로가 되어 가기 때문에 탐심은 우상숭배인 것입니다. 이러므로 우리 마음속에 가장 경계해야 될 것이 탐심입니다.

탐심은 자기의 실력과 분수를 뛰어 넘어 욕심을 가지는 것입니다. 그 욕심이 잉태하면 반드시 부정을 하게 되고 부패하게 됩니다. 비뚤어진 길로 가게 되고 문제가 야기되는 것입니다. 죄를 짓는 다는 것입니다.

이러므로 우리가 죄인의 길에 서지 않으려면 하나님의 계명을 우리 마음속에 간직하고 이 계명을 매일같이 묵상해야 됩니다. 매일 아침 이 계명을 마음속에 묵상하고 계명을 따라 하나님 앞에 기도해야 되는 것입니다. 그래서 하나님의 법을 지키는 사람이 하나님의 복을 받게 되는 것입니다.

호세아서 4장 6절에 "내 백성이 지식이 없으므로 망하는도다 네가 지식을 버렸으니 나도 너를 버려 내 제사장이 되지 못하게 할 것이요 네가 네 하나님의 율법을 잊었으니 나도 네 자녀들을 잊어버리리라"고 말한 것입니다. 우리가 하나님의 율법과 계명을 잊어버리면 하나님도 우리를 잊어버리고 우리의 기도에 귀를 기울이지 않겠다고 말한 것입니다. 우리가 예수 믿고 구원받은 것은 그 보배로운 피를 의지해서 값없이 받았지만, 복을 받기 위해서는 하나님의 계명을 지키고 하나님과 올바른 관계 속에서, 하루하루를 살아야만 하는 것입니다.

3. 오만한 자의 자리에 앉지 않는다.

이 성경은 형통의 복이 있는 자가 되기 위해서는 오만한 자의 자리에 앉지 아니하다고 말한 것입니다. 오만한 자리는 누구입니까? 마음이 부요한 사람인 것입니다. 왜 마음이 부요해서 이만하면 내가 되었다. 그래서 자기 자랑, 자기 흠모에 빠지는 사람입니다. 나르시즘에 빠진 사람인 것입니다. 오만한 자는 애통하지 않습니다. 더 이상 자기의 부족하고 모자란 것을 바라보고 애통하고 회개하며 더 나아지려고 노력하지 않는 사람입니다. 벌써 자기 교만이 들어차서 이만하면 되었다고 자랑하는 사람을 말하는 것입니다.

성경은 잠언서 16장 18절에 "교만은 패망의 선봉이요 거만한 마음은 넘어짐의 앞잡이니라" 말한 것입니다. 바로 사탄이 그렇지 않습니까? 하나님께서 루시퍼를 가장 아름다운 천사장으로 만들어 주었습니다. 그는 그 아름다움에 도취되어서 그만 하나님을 잊어버렸습니다. 그리고 하나님과 경쟁해서 하나님의 자리를 차지하려 하고, 하나님을 쫓아내고 자기가 하나님이 되려고 하다가 쫓겨나서 그는 사탄이 되고 말았던 것입니다. 교만은 패망의 선봉이요. 거만한 마음은 넘어짐의 앞잡이입니다.

아담도 아담이 사람이면 사람이지 피조물이 왜 창조주가 되려고 합니까? 창조주와 피조물 사이에는 건널 수 없는 구렁텅이가 있습니다. 그럼에도 불구하고 아담이 사탄의 꾀임을 받아서 너도 하나님처럼 될 수 있다는 그 유혹에 빠졌습니다. 그래서 하나님처럼 되려고 하나님의 금기의 열매인 선악과를 따먹고 타락해 버린 것입니다. 인간 바벨탑은 인간에게 역사적으로 주는 영원한 교훈입니다. 사람들이 성을 쌓아 그 꼭대기를 하늘에 닿게 하고 우리 이름을 내고 흩어짐을 면하자. 하나님의 이름 대신 우리의 이름을 내고 우리가 하나님처럼 높아지자고 하는 인간의 역사는 언제나 심판을 받고 마는 것입니다.

그러므로 하나님 없이 우리가 정치적인 바벨탑을 쌓든지 경제적인 바벨탑을 쌓든지 문화적인 바벨탑을 쌓든지 이미 그 속에는 파멸의 씨앗이 숨겨져 있습니다. 그 바벨탑이 얼마 높아지지 아니하여 하나님의 심판은 정치적으로나 경제적으로나 문화적으로나 반드시 내리는 것입니다. 역사가 그것을 증명하고 있는 것입니다. 교만은 패망의 선봉이요 거만한 마음은 넘어짐의 앞잡이인 것입니다.

4.율법을 주야로 묵상하는 자

형통의 복이 있는 사람은 오직 여호와의 율법을 즐거워하여 그 율법을 주야로 묵상하는 자가 복을 받는다고 말한 것입니다. 예수님은 율법의 완성입니다. 로마서 10장 4절에 "그리스도는 모든 믿는 자에게 의를 이루기 위하여 율법의 마침이 되심이라" 그러므로 오늘날 우리의 율법은 바로 예수 그리스도인 것입니다. 우리는 예수 그리스도를 사랑하고 예수 그리스도를 경외하고 예수 그리스도를 주야로 묵상해야만 되는 것입니다. 예수 그리스도의 십자가의 고난과 부활을 주야로 묵상해야 하는 것입니다. 예수님이 십자가에서 우리를 위해서 속죄 제물이 되시고, 속건 제물이 되시고, 번제물이 되시고, 화목 제물이 되셔서, 우리의 죄악을 다 사하시고, 용서와 의를 주신 것을 묵상해야 되는 것입니다.

예수님의 보혈로 말미암아 하나님과 우리의 원수된 담이 무너지고, 하나님과 우리가 사랑의 교제를 하고, 하나님은 우리 아버지가 되고, 우리가 친자식이 된 것을 가슴을 열어 놓고 묵상을 하고 그것을 느껴봐야 되는 것입니다. 그리스도가 우리의 연약한 것을 친히 담당하시고 병을 짊어지시고, 십자가에 피를 흘린 것을 묵상하고, 그를 통해서 영도 마음도 몸도 치료에 맡겨야 되는 것입니다. 치료의 광선이 우리에게 비추어야 되는 것입니다. 이를 묵상해야 됩니다. 예수께서 십자가에서 저주를 받은바 되사 율법의 저주에서 우리를 속량한 것을 묵상해야 합니다. 그리스도께서 우리를 위하여 가난하게 되신 것을 묵상해야 되는 것입니다.

그래서 예수를 통해서 우리가 부요하게 되고, 저주에서 해방되어 아브라함의 복을 받는 것을 항상 묵상해야 되는 것입니다. 예수님이 십자가에서 우리 대신 죽음으로 죽음을 이기시고, 부활하사 천국과 영생을 얻은 이 축복을 묵상해야 됩니다.

저는 매일 같이 그리스도의 십자가 복음을 묵상합니다. 매일 이 은혜를 따라 기도하고 묵상하는 것입니다. 우리가 여호와의 율법인 예수 그리스도를 주야로 묵상하고 주를 감사하고, 그 은혜 속에 푹 잠겨서 살아야 되는 것입니다. 복을 받는 사람은 누구든지 그리스도 안에 있으면 새로운 피조물이라 이전 것은 지나갔으니 보라 새 것이 되었도다 하는 것처럼, 자기가 그리스도 안에서 새 사람 된 것을 끊임없이 깊이 묵상해야만 되는 것입니다.

그와 동시에 하나님의 말씀을 늘 즐거워하여 하나님 말씀을 읽고 듣고 묵상해야 됩니다. 시편 119편 97절에 "내가 주의 법을 어찌 그리 사랑하는지요 내가 그것을 종일 묵상하나이다" 시편 119편 165절에 "주의 법을 사랑하는 자에게는 큰 평안이 있으니 저희에게 장애물이 없으리이다" 고 말했습니다. 그러므로 우리가 예수 그리스도를 묵상하고 성경을 우리가 묵상하고 읽고 성경을 즐거워함으로 말미암아 그 결과로 도덕적인 사람이 됩니다.

시편 119편 101절로 102절에 "내가 주의 말씀을 지키려고 발을 금하여 모든 악한 길로 가지 아니하였사오며 주께서 나를 가르치셨으므로 내가 주의 규례에서 떠나지 아니하였나이다" 예수님을 묵상하고 말씀을 묵상하는 사람이 도덕적인 사람이 됩니다. 또 현명한 사람이 됩니다. 형통한 사람이 됩니다. 시편 19편 98절로 100절에 "주의 계명이 항상 나와 함께 하므로 그것이 나로 원수보다 지혜롭게 하나이다 내가 주의 증거를 묵상하므로 나의 명철함이 나의 모든 스승보다 승하며 주의 법도를 지키므로 나의 명철함이 노인보다 승하니이다" 하나님의 말씀을 듣고 우리가 읽고 묵상함으로 말미암아 우리가 지혜롭게 되고 명철하게 되는 것입니다.

또 잠언서 9장 10절에 보면 "여호와를 경외하는 것이 지혜의 근본이요" 라고 했는데 예수님을 묵상하고 그 말씀을 묵상함으로 우리가 지혜롭게 되는 것입니다. 고린도전서 1장 30절에 "너희는 하나님께로부터 나서 그리스도 예수 안에 있고 예수는 하나님께로서 나와서 우리에게 지혜와 의로움과 거룩함과 구속함이 되셨으니"라고 하셨습니다. 그리스도와 그 말씀을 통하여 우리가 지혜로운 사람이 되는 것입니다.

잠언서 4장 7절로 9절에 "지혜가 제일이니 지혜를 얻으라 무릇 너의 얻은 것을 가져 명철을 얻을찌니라 그를 높이라 그리하면 그가 너를 높이 들리라 만일 그를 품으면 그가 너를 영화롭게 하리라 그가 아름다운 관을 네 머리에 두겠고 영화로운 면류관을 네게 주리라 하였느니라"고 말씀한 것입니다. 이렇기 때문에 우리가 예수 그리스도를 묵상하고 그의 가르침을 깊이 마음 속에 생각하며 하나님의 말씀을 즐거워하면 그로써 우리가 도덕적인 사람이 되고 명철한 사람이 되고 지혜로운 사람이 되고 또 성공하는 사람이 될 수 있는 것입니다.

복이 있는 사람은 악인의 꾀를 좇지 아니하고 죄인의 길에 서지 아니하며 오만한 자리에 앉지 아니하고 여호와의 율법인 예수 그리스도를 즐거워하여 주야로 그를 묵상하고 감사하며 기도하는 사람인 것입니다. 이러한 사람은 시냇가에 심은 나무와 같아서 그 잎사귀가 마르지 않고 항상 열매를 풍성히 맺는 것처럼 그 행사가 다 형통하리라고 말씀한 것입니다. 이와 같은 조건이 구비되어서 주님과 함께 동행하며 기도하는 개인이나 가정이나 민족은 하나님이 같이 계셔서 높여 주심으로 모든 일에 형통하게 되고, 머리가 되고 꼬리 되지 않고 위에 있고 아래 내려가지 않고 남에게 꾸어줄지라도 꾸지 않는 삶을 살게 되는 것입니다.

오늘 우리는 이 말씀을 받아 드리고 깨달음으로 모두 다 형통의 복이 있는 사람이 될 수 있습니다. 형통의 복이 있는 사람이 들에 가면 들이 복을 받고 집에 들어오면 집이 복을 받고 떡반죽 그릇을 만지면 떡반죽 그릇이 복을 받겠다고 말한 것입니다. 그러므로 우리는 복인이 돼야 하는 것입니다. 그래야 우리 가정이 복을 받고, 우리나라가 복된 나라가 되는 것입니다. 우리의 삶이 복된 삶이 될 수 있을 것입니다. 독자들이여! 내내 하나님이 함께 하심으로 형통의 복을 누리면서 살아가시기를 바랍니다.

2부 형통의 복을 받는 법

9장 형통한 삶을 살려면

(수1:1-9) "여호와의 종 모세가 죽은 후에 여호와께서 모세의 수종자 눈의 아들 여호수아에게 말씀하여 이르시되 내 종 모세가 죽었으니 이제 너는 이 모든 백성과 더불어 일어나 이 요단을 건너 내가 그들 곧 이스라엘 자손에게 주는 그 땅으로 가라 내가 모세에게 말한 바와 같이 너희 발바닥으로 밟는 곳은 모두 내가 너희에게 주었노니 곧 광야와 이 레바논에서부터 큰 강 곧 유브라데 강까지 헷 족속의 온 땅과 또 해 지는 쪽 대해까지 너희의 영토가 되리라 네 평생에 너를 능히 대적할 자가 없으리니 내가 모세와 함께 있었던 것 같이 너와 함께 있을 것임이니라 내가 너를 떠나지 아니하며 버리지 아니하리니 강하고 담대하라 너는 내가 그들의 조상에게 맹세하여 그들에게 주리라 한 땅을 이 백성에게 차지하게 하리라 오직 강하고 극히 담대하여 나의 종 모세가 네게 명령한 그 율법을 다 지켜 행하고 우로나 좌로나 치우치지 말라 그리하면 어디로 가든지 형통하리니 이 율법책을 네 입에서 떠나지 말게 하며 주야로 그것을 묵상하여 그 안에 기록된 대로 다 지켜 행하라 그리하면 네 길이 평탄하게 될 것이며 네가 형통하리라. 내가 네게

명령한 것이 아니냐 강하고 담대하라 두려워하지 말며 놀라지 말라 네가 어디로 가든지 네 하나님 여호와가 너와 함께 하느니라 하시니라"

본문을 보면 이스라엘이 위대한 영도자이며 귀한 종 모세가 죽은 뒤에 그의 후계자로 여호수아가 하나님의 지명을 받았습니다. 아시다시피 여호수아는 모세를 따라 다니며 심부름이나 하던 몸종이었는데, 이런 엄청난 사명을 받게 되었을 때에 얼마나 두렵고 떨렸겠습니까?

이때에 하나님께서 여호수아에게 나타나 '내가 모세와 함께 있던 것 같이 너와 함께 있겠고, 내가 너를 떠나지 아니하며 버리지 아니하리니 마음을 강하게 하고 담대히 하여 이 백성을 약속의 땅으로 인도하라'고 말씀하셨습니다. 이 말씀을 자세히 상고해 보면 우리 그리스도인들이 천국에 들어갈 때까지 이 세상에서 심령의 갈함을 느끼지 않는 형통한 삶을 살아갈 수 있는 비결을 찾아볼 수가 있습니다.

하나님은 모세와 같은 위대한 인물에게만 아니라 예수 그리스도를 믿고 구원받는 하나님의 백성이라면 누구에게나 똑같이 관심을 가지고 사랑으로 돌봐주시는 분입니다. 하나님은 우주 만물을 창조하신 위대한 하나님이실 뿐 아니라 우리의 머리칼 하나까지도 세시며 참새 한 마리가 떨어지는 것까지 간섭하시는 섬세하신 하나님, 좋으신 하나님이십니다. 그럼 어떻게 해야 형통한 삶을 살 수 있을까요?

1. 큰 믿음과 꿈을 가져야 한다.

우리가 구원받고 천국에 들어가는 것은 율법의 행위로 되는 것이 아니라 우리 죄를 대속하시기 위해 십자가에서 피흘려 죽으시고 부활하신 예수 그리스도를 믿는 믿음뿐입니다. 갈 2:16에 "사람이 의롭게 되는 것은 율법의 행위에서 난 것이 아니요 오직 예수 그리스도를 믿음으로 말미암는 줄 아는고로 우리도 그리스도 예수를 믿나니 이는 우리가 율법의 행위에서 아니고 그리스도를 믿음으로서 의롭다 함을 얻으려 함이라 율법의 행위로서는 의롭다 함을 얻을 육체가 없느니라"고 하셨습니다.

모세의 율법으로 구원받는 것이 아니라 예수님을 믿는 믿음으로써 그의 피로 죄씻음을 받고 천국에 들어가는 것입니다. 요 3:16에는 "누구든지 저를 믿는 자마다 멸망치 않고 영생을 얻게 하려 하심이니라"고 했습니다. 뿐만 아니라 광야와 같은 이 세상을 살아가는 데는 큰 믿음의 꿈을 가질 때 승리하고 형통한 삶을 살게 되는 것입니다.

수 1:3-5에 보면 배짱이 없는 여호수아에게 하나님은 "무릇 너희 발바닥으로 밟는 곳을 내가 다 너희에게 주었으니, 너의 평생에 너를 당할 자가 없으리니 내가 모세와 함께 있던 것 같이 너와 함께 있을 것임이라"고 용기를 북돋우어 주면서 비젼을 가지고 가나안 땅을 정복하라고 말씀하셨습니다. 오늘날 우리들도 광야와 같은 세상을 살아가는 동안 큰 꿈과 비젼(Vision)을 가지고 전진해야 합니다. 그래야 하나님이 예비하신 축복을 다 받을 수 있고 형통한 삶을 살수가 있는 것입니다. 하나님의 뜻을 따라 믿음의 큰 꿈을 가질 때, 남다른 성공과 형통한 삶을 살수가 있는 것입니다. 당신의 교회도 더 많은 영혼을 구원하고자 하는 일념에서 큰 꿈을 가지면 엄청난 부흥과 축복을 받을 줄 믿습니다.

2. 강하고 담대한 믿음을 가져야 한다.

두렵고 떨리는 마음과 약한 마음, 불안한 마음은 사단 마귀가 주는 경우가 많습니다. 딤후 1:7에 "하나님이 우리에게 주신 것은 두려워하는 마음이 아니요 오직 능력과 사랑과 근신하는 마음이니"라고 했습니다. 강하고 담대한 믿음을 가져야 원수 마귀와 싸워 이기고 형통한 삶을 살수가 있습니다. 수 1:5에 "너의 평생에 너를 능히 당할 자 없으리니 내가 모세와 함께 있던 것 같이 너와 함께 있을 것임이라 내가 너를 떠나지 아니하며 버리지 아니하리니 마음을 강하게 하라 담대히 하라"고 누누히 말씀하셨습니다. 마귀를 이기고 시험을 이기려면 강하고 담대해야 합니다.

사 41:10에는 "두려워 말라 내가 너와 함께 함이니라 놀라지 말라 나는 네 하나님이 됨이니라 내가 너를 굳세게 하리라 참으로 너를 도와주리라 참으로 나의 의로운 오른손으로 너를 붙들리라"고 말씀하셨습니다. 강하고 담대한 믿음을 가질 때 승리하고 형통한 삶을 살게 되는 것입니다. 우리는 골리앗을 향한 다윗의 강하고 담대함을 본받아야 합니다. 담력이 없으면 초립동 소년이 사자나 곰을 대항하여 싸울 수가 없습니다.

마음에 담력이 있기 때문에 용감해서 사자나 곰을 향해서 나아갈 수 있는 것입니다. 담력이 없이는 블레셋의 거인을 향하여 물멧돌만 가지고서 대적해 나아갈 수가 없습니다. 떨려서 어떻게 나갑니까? 그러나 그는 스스로에게 힘을 주고 용기를 주어서 강하고 담대한 신앙을 가지게 된 것입니다. 하나님께서는 가나안 땅에 들어가는 백성들이 강하고 담대함을 잃어버리고 환경을 바라보고 두려워하고 물러갈 때 그들을 다 싹 쓸어버리고 만 것입니다.

여호수아와 갈렙만이 저들은 우리의 먹이다. 우리가 들어가서 점령하자. 강하고 담대한 말을 했을 때 여호수아와 갈렙 두 사람은 구출해서 가나안 땅에 들어가게 했지만 우리들 본인 스스로 보니 메뚜기와 같다. 우리는 쳐들어가지 못한다. 우리 처자가 다 잡힐 것이다. 우리는 애굽으로 돌아가자 이렇게 말한 사람은 광야로 다 회진시켜서 다 멸망시켜 버리고 만 것입니다. 하나님께서 가나안 땅에 들어갈 여호수아를 보고서 어떻게 격려했습니까? 강하고 담대하라고 말한 것입니다. 그럼 어떻게 강하고 담대할 수가 있습니까? 성령이 충만하면 강하고 담대할 수가 있는 것입니다.

다윗은 항상 하나님을 생각했습니다. 사람은 누구를 생각하느냐에 따라서 그 사람을 닮아가게 되는 것입니다. 다윗은 매일 하나님만을 생각했습니다. 여호수아와 갈렙도 마찬가지입니다. 하나님을 생각하니까, 눈도 하나님의 눈으로 변한 것입니다. 그래서 하나님 앞에 골리앗도 가나안의 거민도 아무것도 아닌 존재로 보인 것입니다. 우리는 매일 하나님을 생각하며 지내기를 바랍니다. 우리는 강하고 담대해야 되는 것입니다. 두려워 말고 놀라지 말고 믿음으로 기도하고 밀고 나가면 하나님이 같이 하셔서 우리에게 다가오는 모든 정치적인, 경제적인, 우리의 가정적인 생활의 골리앗이 우리 발 앞에서 거꾸러지고 말 것입니다. 우리는 위대한 승리를 가져올 수 있을 것입니다. 하나님은 변하지 않습니다. 오직 하나님을 모실 그릇이 중요한 것입니다.

3. 맡은 일에 충성해야 한다.

수 1:1을 보면 "여호와의 종 모세가 죽었을 때에 여호와께서 모세의 시종, 눈의 아들 여호수아에게 일러 가라사대"라고 한 것을 보면 여호수아는 위대한 지도자가 되기 전에 모세의 시종 노릇을 잘했습니다. 그는 모세의 몸종으로서 모세의 옷이나 신발 같은 것을 들고 다니고 심부름꾼 노릇을 잘했습니다. 자기 위치에서 맡은 일을 불평없이 잘했습니다. 하나님의 종이 되기 전에 사람의 종노릇을 잘했을 것입니다. 그렇다고 모세도 인간인데 허물과 실수가 없었겠습니까?

우리가 아는 대로 모세는 이방 여인인 구스 여자를 얻기도 했고, 반석에 명령만 하면 되는데 화를 내면서 반석을 두 번 치기도 했습니다. 멀리서 사람을 볼 때보다 가까이서 자주 대하면 실망하기도 더 쉬운 법입니다.

그런데도 여호수아는 불평하거나 반역하는 일없이 모세의 몸종 노릇을 잘했습니다. 이것이 모세의 마음에도 들었고 하나님의 마음에도 들었던 것입니다. 하나님은 질서의 하나님입니다. 모세의 형 아론과 누나 미리암은 모세를 비방하여 '너만 선지자냐 우리도 선지자다'라고 덤벼들었다가 주동자 미리암은 문둥병까지 드는 징계를 하나님께로부터 받았던 것입니다. 사실 모세를 가까이 모시는 여호수아가 더 불평하거나 반역하기 쉬운 사람이었습니다. 그렇지만 여호수아는 모세가 죽을 때까지 몸종 노릇을 잘했기 때문에 하나님의 위대한 종이 되고 엄청난 축복을 받은 것입니다.

오늘날도 많은 교회들이 부목사나 전도사의 위치에서 자기의 본분을 지키지 않고 함부로 담임 목사에게 덤벼들기 때문에 하나님의 축복을 받지 못하는 경우가 많습니다. 또 집사, 권사 때는 겸손히 주의 종을 받들어 섬기다가 장로가 된 다음에는 당회장 노릇을 하려고 들고 당회장의 권위를 가로채서 제멋대로 하려들기 때문에 주님의 교회도 쑥밭이 되고 자기들도 축복을 받지 못하는 경우를 많이 봅니다. 어떻게 장로가 당회장 노릇을 할 수가 있습니까? 여호수아는 사람의 종노릇을 잘했기 때문에 하나님의 종이 되어 큰 축복을 받은 것입니다. 하나님은 위에 있는 사람에게 순종하는 사람을 들어서 사용하십니다.

부모에게 순종하는 사람을 들어서 사용하십니다. 요셉도 아버지에게 순종을 잘했습니다. 다윗도 아버지에게 순종을 잘하였습니다. 여호수아는 사십년을 모세를 섬겼습니다. 성경은 이렇게 말합니다.

(출33:11)"사람이 자기의 친구와 이야기함 같이 여호와께서는 모세와 대면하여 말씀하시며 모세는 진으로 돌아오나 눈의 아들 젊은 수종자 여호수아는 회막을 떠나지 아니하니라"

여호수아는 누구보다도 주인인 모세를 잘 섬겼습니다. 본분을 잘 지켰습니다. 그래서 하나님은 여호수아에게 형통의 복을 주어 사용하신 것입니다.

4. 좌로나 우로나 치우치지 말아야 한다.

훌륭한 지도자가 되거나 끝까지 성공하는 사람이 되어 형통한 삶을 살려면 좌로나 우로나 치우치지 말아야 합니다. 중심을 딱 잡고 균형 잡힌 삶을 살아야 합니다. 그러므로 하나님은 여호수아에게 '좌로나 우로나 치우치지 말라 그리하면 어디로 가든지 형통하리라'고 했습니다.

(신28:14)"말씀을 떠나 좌로나 우로나 치우치지 아니하고 다른 신을 따라 섬기지 아니하면 이와 같으리라"좌로나 우로나 치우치지 않는 신앙은 오직 하나님만 바라보는 신앙입니다. 요즈음 일부 성도들같이 세상과 짝하지 아니하고 오직 주만 바라보는 성도를 하나님은 형통의 복을 주시고 사용하십니다.

신앙도 마찬가지입니다. 오로지 하나님만 바라보는 신앙이 되어야 합니다. 다니엘을 보시기를 바랍니다. 오로지 하나님의 영광만 구하는 사람 이었습니다.

> (단1:8-9)"다니엘은 뜻을 정하여 왕의 진미와 그의 마시는 포도주로 자기를 더럽히지 아니하리라 하고 자기를 더럽히지 않게 하기를 환관장에게 구하니, 하나님이 다니엘로 환관장에게 은혜와 긍휼을 얻게 하신지라"

5. 말씀에 순종해야 한다.

형통한 삶을 살려면 하나님의 말씀에 순종해야 합니다. 이것이 가장 중요합니다. 수 1:8에 "이 율법책을 네 입에서 떠나 말게 하며 주야로 그것을 묵상하여 그 가운데 기록한 대로 다 지켜 행하라 그리하면 네 길이 평탄하게 될 것이라 네가 형통하리라"고 했습니다. 시 119:105에 "주의 말씀은 내 발에 등이요 내 길에 빛이니이다"라고 했습니다.

말씀을 항상 묵상하며 순종하는 생활을 해야 승리하고 형통합니다. 사울 왕이 하나님의 말씀에 계속 불순종할 때, 하나님은 삼상 15:23에서 "왕이 여호와의 말씀을 버렸으므로 여호와께서도 왕을 버려 왕이 되지 못하게 하셨나이다"라고 했습니다. 또 대하 36:16 이하에 보면 유대 백성이 "하나님의 사자를 비웃고 말씀을 멸시하며, 그 선지자를 욕하여 여호와의 진노를 그 백성에게 미쳐서 만회할 수 없게 하였으므로" 비참하게 멸망당했습니다. 말씀대로 순종하면 축복이 오고 형통하게 됩니다. 범사에 잘 되는 것은 모든 사람들의 소원입니다. 여기서 더 중요한 것은 모든 것을 우리가 얻었다고 행복하지는 않습니다. 범사에 형통한 사람이란 뜻은 예수님 안에서 행복한 삶을 살아가는 사람이라고 저는 생각합니다.

6. 더 소중한 것을 위해서 욕심을 버려야 한다.

세계 최대의 아이스크림 브랜드 '베스킨라빈스 31'의 상속자였던 존 라빈스는 아이스크림에 대한 불편한 진실을 털어놓고, 상속을 포기했습니다. 베스킨라빈스를 설립한 존 라빈스의 아버지는 중증 당뇨병과 고혈압으로 고생했고, 공동 설립자인 삼촌은 50대 초반에 심장마비로 사망했습니다. 그 역시 여러 가지 병을 달고 살아야 했습니다. 그는 이 모든 것이 아이스크림 때문이라고 믿고 있습니다. 아이스크림에는 몸에 해로운 성분들이 많이 들어가기 때문이다. 이것을 알고 나서 존 라빈슨은 채식을 하게 되었고 좋은 음식을 통해서 건강을 회복하였습니다.

그가 쓴 책이 바로 '음식혁명'이라는 책입니다. 존 라빈스는 엄청난 재산을 상속할 수도 있었지만 포기하고 환경운동가로 자신의 삶을 살아가고 있습니다. 행복이 물질에서 시작되지 않음을 알았기 때문입니다. 더 소중한 것을 위해서 욕심을 버렸던 것입니다.

아담과 하와는 에덴동산에서 살면서 모든 것을 누리고 살아가는 축복된 사람이었습니다. 부족함이 없는 정말 완벽한 인생을 살아가고 있었습니다. 단지 선악과를 먹어서는 안 된다는 법만 있었을 뿐입니다. 그러나 동산 중앙에 있는 선악과를 먹어서는 안 된다는 하나님의 말씀을 거역하고 선악과를 먹게 되었습니다. 선악과를 먹게 된 이유를 보면 욕심 때문이었습니다.

창3:4-5"뱀이 여자에게 이르되 너희가 결코 죽지 아니하리라 너희가 그것을 먹는 날에는 너희 눈이 밝아져 하나님과 같이 되어 선악을 알 줄 하나님이 아심이니라"

하나님과 같이 되고자 하는 욕심이 들어가자 더 갖고 싶고,

먹고 싶다는 욕구가 생겨났습니다. 결국에는 아담과 하와가 선악과를 먹게 되었고 저주를 받아서 고통의 삶을 살아가게 되었던 것입니다. 사람은 이처럼 욕심에 약합니다. 우리의 판단이 잘못되지 않기 위해서 기도가 필요합니다.

우리의 선택은 대부분 욕심에 이끌려서 하기 때문에 하나님께서 우리의 삶을 인도해달라고 기도해야 합니다. 하와에게 마귀의 유혹이 왔을 때 그리고 먹고 싶은 충동이 일어났을 때 하나님께 기도만 했어도 이 지경까지는 안 되었을 것입니다. 우리도 무슨 중요한 일을 선택할 때 욕심에 의해서 나오지 않았는지 기도하고 결정하시길 바랍니다.

7. 감사하는 마음을 가지고 살아야 한다.

하나님께 감사 기도드려야 합니다. 시편 50편 14절로 15절에 "감사로 하나님께 제사를 드리며 지존하신 이에게 네 서원을 갚으며 환난 날에 나를 부르라 내가 너를 건지리니 네가 나를 영화롭게 하리로다." 마음에 있는 그것이 현실로 나타납니다. 마음에 불평이 있으면 생활에 불평이 실제로 나타납니다. 마음에 기쁨이 있으면 생활에 실제 기뻐할 일이 생겨나는 것입니다. 하루를 시작할 때 그 하루가 어떤 일이 일어날지 모르지 않습니까? 그러나 생명의 근원이 마음에서 나오기 때문에 마음에 생긴 그것이 우리 생활 속에 나옵니다.

마음에 오늘 좋은 날이 온다. 오늘 좋은 날이다 하면 그날 좋은 일이 생겨나요. 마음에 기분 나쁘고 재수 없다. 오늘도 기분 나쁘다고 하면 마음에 있는 것이 나가서 그대로 만들어 내는 것입니다. 아주 기분 나쁘고 재수 없는 것이 생겨나는 것입니다. 우리 마음이 우리의 앞을 인도해 나가는 인도자가 되는 것입니다. 그래서 지킬만한 것보다 네 마음을 지키라 생명의 근원이 거기서 나온다. 마음에서 생각이 나오고 마음에서 꿈이 나오고 마음에서 믿음이 나오고 마음에서 감사가 나오는 것입니다. 마음이 보물창고입니다.

이 마음을 잘 먹어야 돼요. 그러므로 아침에 일어나서 하나님께 감사하고 마음에 꿈을 긍정적으로 가지고 있으면 그것이 앞서 나가서 그런 환경을 만들어 내는 것입니다. 오늘 하루를 살아갈 동안에 체험하는 모든 일은 우리의 마음속에 안 보이는 형태로 있다가 그것이 밖으로 나온 것입니다. 보이는 것은 나타난 것으로 된 것이 아니라 나타난 것은 안 보이는 마음에 생각과 꿈과 믿음이 밖으로 나온 것입니다. 오늘 저녁에 집에 가서 주무시고 난 다음 내일 아침 일어나서 오늘은 참 좋은 날이다. 좋은 일이 생겨난다. 기쁜 일이 생겨난다.

사람들이 나를 환영해 준다. 그렇게 말하고 하나님께 감사해 보십시오. 그 말과 감사, 아휴 주인님, 앞에 나가서 미리 그렇게 만들어 놓겠습니다. 그날 하루 종일 좋은 일이 생깁니다. 그러나 아이고 귀찮아 죽겠다. 사는 것이 지겹다. 모든 것이 안 되고 오늘도 하루를 어떻게 지낼까하면 마음속에서 마음이 주인님 시키시는 대로 그렇게 만들겠습니다. 나가서 그렇게 만드는 것입니다. 지킬만한 것보다 네 마음을 지켜라. 생명의 근원이 이에서 남이니라. 그러므로 남 원망할 것 없어요. 우리 속에서 다 나와 가지고 우리의 환경을 만드는 것입니다. 사람이 이 비밀만 알면 상당히 달라질 수 있는데 이 비밀을 깨닫지 못해요.

우리가 하나님께 찬양하라. 호흡이 있는 자마다 하나님을 찬양할지어다. 이 백성은 내가 나를 위하여 지었나니 나를 찬송하게 하려 함이라. 하나님께 감사기도하고 하나님께 찬양하면 마음속에서 감사하고 찬양할 일만 생겨나는 것입니다.

> (시 50:23)"감사로 제사를 드리는 자가 나를 영화롭게 하나니 그의 행위를 옳게 하는 자에게 내가 하나님의 구원을 보이리라"

하나님께 찬송하면 거기에 나타나시는 것입니다. 우리는 모든 삶 가운데 늘 하나님께 기도하고 찬양하며 감사함으로 생활해야 합니다. 감사와 찬양은 아픈 몸도 치료할 뿐 아니라 모든 병에 대해 강한 예방책이 되는 놀라운 힘이 있습니다.

마음속에 나는 건강하다. 나는 튼튼하다. 나는 병에 걸리지 않는다. 나는 이 병을 이긴다. 그렇게 믿고 말하면 그 마음속에서 그렇게 했기 때문에 마음이 주인님, 그대로 하겠습니다. 너희 병들아 물러가라! 우리 주인에게는 그것 필요 없다. 물러가라! 너희 다가오지 마라! 건강과 생명과 힘이 생깁니다. 마음에 가득한 것이 밖으로 나오는 것입니다. 생각을 바꾸지 않고 약만 먹고서는 낫지 않습니다. 생각을 바꿔야 돼요. 성경이 왜 우리에게 중요하냐면 성경이 우리의 생각을 바꿀 수 있는 하나님의 말씀인 것입니다.

  소설책 읽는다고 생각이 바꿔지나요? 하나님 말씀을 읽으면 생각이 바꿔져요. 생각이 달라지면 운명이 달라져요. 그 생각이 밖으로 미리 나가서 운명을 그 생각대로 변화시키기 때문에 그런 것입니다. 그러므로 항상 생각하기에 나는 잘된다. 나는 성공한다. 나는 승리한다. 나는 행복하다. 나는 부자로 산다. 그렇게 생각해야 돼요. 그러면 이 생각이 밖으로 나가서 그렇게 만들어요. 내가 하는 말이 거짓말인지 참말인지 한번 해보세요. 우리의 운명을 다스리는 것이 우리의 생각인 것입니다. 마음이에요. 마음이 주인인 것입니다. 사주팔자가 나쁜 것이 아닙니다. 마음에 생각을 잘못 먹은 것이 나쁜 것입니다.

8. 기도하며 살아야 한다.

  기도는 그냥 고함을 치고 떼만 쓰면 되는 줄 아는데 그렇지 않습니다. 기도에도 순서가 있고 질서가 있는 것입니다. 기도를 응답받기 원하면 먼저 분명한 목표 있는 기도를 해야 되는 것입니다. 시골속담에 다른 사람이 다 시장에 가니까 거름지고 따라간다는 말이 있습니다. 거름지고 시장에 가서 뭐합니까? 분명히 시장가는 사람은 물건을 살 목표가 있어야 하지 않습니까? 그와 같이 기도도 믿음은 바라는 것들의 실상이라고 바라는 목표가 분명히 있어야 되는 것입니다.

목표를 너무 많이 가지면 정신이 복잡하지요. 주님께서 말씀하시기를 한두 가지만 하든지 한 가지만 하라고 했습니다. 집중해서 기도할 수 있어야 되는 것입니다.

오스트리아 빈 대학의 보홀러 박사는 역사적으로 위대한 인물 200명을 조사하여 공통점을 분석했습니다. 그 결과 그들의 성공은 머리가 좋아서가 아니라, 인생의 목표가 분명했고, 그 목표를 향해 매일 최선을 다했기 때문이라는 사실을 밝혀냈던 것입니다. 천재가 되어서 인생을 성공한 것이 아닙니다. 삶의 목표가 분명하니까 그 목표를 향해서 누가 뭐라고 말해도 꾸준히 뛰어가는 것입니다.

춘풍추월을 재끼고 끊임없이 목표를 향해서 뛴 결과에 나중에 보니까, 그 목표에 도달했습니다. 우리가 토끼와 거북이 경주 이야기 잘 알고 있지 않습니까? 산꼭대기에 깃발 꽂아놓고 산 밑에서 토끼하고 거북이가 누가 먼저 올라가는지 시합을 했는데 거북이는 꾸준히 기어 올라갔고 토끼는 가다가 교만해져서 잠을 잤습니다. 그러는 동안에 거북이가 올라가서 이기고 만 것입니다. 목표를 두고 꾸준히 나가야 됩니다. 꾸준하게 해야 합니다. 아무리 열심히 뛰더라도 중도에 그만두면 안 되는 것입니다.

"믿음은 바라는 것들의 실상"이라고 성경은 말씀하고 있습니다. 그러므로 바라는 목표가 분명할 때 믿음의 역사가 생겨나고 분명한 목표가 있을 때 그 목표를 이룰 수 있는 꿈이 마음을 점령하게 되는 것입니다. 그리고 사람들은 기도할 때 한 시간, 두 시간 할 말이 없어서 못하겠다고 합니다. 무슨 웅변을 그렇게 긴 웅변을 할 수 있냐고 그런데 중언부언하는 기도를 하지 말고 집중적으로 기도를 해야 되는 것입니다. 저도 문자 써가면서 기도하려고 해도 아무리 잘해도 10분 계속해서 못합니다. 응답받으러 나왔으면 목표를 정하고 난 다음에 집중적으로 기도해야 되는 것입니다. 간단하게 집중적으로 몰입하여 기도해야 합니다.

마태복음 6장 7절로 8절에 "또 기도할 때에 이방인과 같이 중언부언하지 말라 그들은 말을 많이 하여야 들으실 줄 생각하느니라 그러므로 그들을 본받지 말라 구하기 전에 너희에게 있어야 할 것을 하나님 너희 아버지께서 아시느니라"

기도는 언제든지 긍정적으로 집중적으로 기도해야 되는 것입니다. 그리고 기도가 뜨거운 소원이 동반되어야 되는 것입니다. 원함이 동반되어야 된다. 소원이 없이 그냥 장난삼아 하는 기도는 소용이 없어요. 시편 145편 19절에 "그는 자기를 경외하는 자들의 소원을 이루어 주시며 또 그들의 부르짖음을 들으사 구원하시리로다"

한 청년이 목사님께 찾아와서 "목사님, 나는 기도를 해도 하나님이 응답을 잘 안하시는데 어떻게 하면 응답받는 기도를 할 수 있습니까?" 그러니까 두말하지 않고 목사님이 그 청년 손을 잡고 호숫가로 갔습니다. 호숫가로 가더니 옷을 벗으라고 합니다. 옷 벗으니까 자기도 옷 벗고 둘이가 호수로 들어갔습니다. 그래서 왜 호수에 왔습니까? 가만 내가 시키는 대로 하라. 물이 몸에 허리만큼 차이는데 가더니만 목사님이 머리를 그냥 눌러 가지고서 물속에 깔아뭉갰습니다.

아니 기도하는 것 배우러 왔지, 물에 빠져 죽으려고 오지 않았거든요. 그런데 죽겠어요. 속이 답답하고 막 발버둥을 치고 이젠 기절할 만할 때 목사님이 손을 놔주므로 솟구쳐 올라와서 화를 벼락같이 냈습니다. "목사님! 기도하는 법 가르쳐 달라고 했지 물에 빠뜨려 죽여 달라고 내가 부탁을 했습니까?" 그러니까 목사님이 씩 웃으면서 "굉장히 숨 쉬고 싶지? 물속에서 숨을 쉬고 싶은 것같이 간절하게 배에서 나오는 소리로 기도를 하게. 그만한 간절한 마음만 있으면 기도하면 응답을 받는다. 기도가 그냥 장난삼아 재미삼아 하는 것이 아니라, 그런 소원이 마음속에 있어야 기도가 응답된다. 절실하고도 간절한 마음, 이것이

기도에 꼭 필요하다"고 알려주었습니다.

그렇게 하면 믿음으로 기도하게 되는 것입니다. 만사를 밀어 놓고 믿음으로 부르짖어 기도하면 주님은 우리에게 우리가 생각하는 것보다 더 많이 응답해 주시는 것입니다. 하나님은 죽은 자를 살리시며 없는 것을 있는 것으로 부르시는 하나님이기 때문에 믿음으로 구하고 조금도 의심하지 말아야 됩니다. 의심하는 자는 바다 물결같이 의지할 데가 못됩니다. 하나님 앞에 나와서 내가 확실한 믿음의 입술의 고백을 하고 계속 기도하면 주님께서 우리에게 응답을 해주시는 것입니다. 응답을 해주실 때까지 기도를 계속해야 되는 것입니다.

조금 기도하다가 말면 안돼요. 통성으로 기도 하다가 마음으로 기도하다가 성령의 인도 하에 깊은 경지에 들어갈 때까지 기도해야 합니다. 기도를 바르게 배워서 해야 합니다. 기도하는 방법을 모르니까, 기도 시간이 지루하고 기도가 깊어지지 않는 것입니다. 기도는 쉽게 해야 합니다. 기도는 성령으로 깊은 기도를 해야 영이신 하나님이 듣고 응답하시는 것입니다. 침묵과 묵상기도도 배워서 깊은 경지에 이르는 기도를 하여 기도할 때 하나님의 계시를 받아 행동함으로 형통의 축복을 받으시기를 바랍니다.

10장 형통하고 번성하는 길

(수 1장 7~9절) "오직 너는 마음을 강하게 하고 극히 담대히 하여 나의 종 모세가 네게 명한 율법을 다 지켜 행하고 좌로나 우로나 치우치지 말라 그리하면 어디로 가든지 형통하리니 이 율법책을 네 입에서 떠나지 말게 하며 주야로 그것을 묵상하여 그 가운데 기록한대로 다 지켜 행하라 그리하면 네 길이 평탄하게 될 것이라 네가 형통하리라 내가 네게 명한 것이 아니냐 마음을 강하게 하고 담대히 하라 두려워 말며 놀라지 말라 네가 어디로 가든지 네 하나님 여호와가 너와 함께 하느니라 하시니라"

하나님은 우리에게 형통하고 번성하여 이 땅에 충만하라고 하십니다. 우리 형통하고 번성하는 복을 받으시기를 바랍니다. 하나님이 나와 함께 하시니 우리는 형통하고 번성할 수 있습니다.

항상 "폐하, 잘된 일입니다"라고만 말하는 신하가 있었습니다. 어느 날 왕과 그 신하가 함께 사냥을 하러 갔는데 신하가 왕의 총에 총알을 거꾸로 장전해서 왕의 손가락 하나가 잘려나갔습니다. 그러자 신하가 말합니다. "폐하, 참 잘된 일입니다." 왕이 분노해 그 신하를 감옥에 집어넣었습니다. 이듬해에 왕이 다시 사냥을 나갔다가 길을 잃어 식인종에게 붙잡혔습니다. 식인종들이 가만히 살펴보니 왕의 손가락 하나가 없었습니다. "이 음식은 흠이 있구나."라며, 그들은 왕을 풀어줬습니다. 식인종에게 풀려난 왕이 감옥에 가서 그 신하에게 말했습니다. "자네 덕분에 살았어. 미안하네." 그러자 신하가 말했습니다. "폐하, 참으로 잘된 일입니다. 제가 감옥에 안 들어왔으면 폐하와 같이 사냥을 나갔을 것이고, 저는 흠 없는 음식이 되어 저들의 밥이 됐을 것입니다." 하나님께서는 우리 인생에 형통한 날도, 곤고한 날도 주십니다. 곤고한 후에는 형통하고 형통한 후에는 곤고합니다.

오늘 본문에 하나님은 새 지도자 여호수아를 불러놓고 "네 길이 평탄하게 될 것이라 네가 형통하리라"(8절)고 축복하셨습니다. 그런데 하나님은 여호수아에게 형통의 축복을 주는 대신 몇 가지 명령을 전제 조건으로 내놓으셨습니다. 주의 백성이 얻을 형통의 길에는 어떠한 전제조건들이 있을까요.

1. 하나님의 뜻대로 행할 때.

하나님의 뜻대로 행하고, 하나님이 함께 하실 때 형통합니다. 즉 하나님이 형통의 길을 주시는 사람은 더불어 행하는 자입니다. 형통이란 말의 히브리어는 '찰레아흐'입니다. 이 말은 '번성한'(prosperous)이란 뜻입니다. 영어성경에는 '번성한' 또는 '성공적'(successful)이란 말로 번역돼 있습니다. 성경은 요셉의 삶을 형통한 삶이라고 말씀합니다. 하나님이 그와 함께 하심으로써 형통했습니다. 그는 자신의 일에 성실하여 그의 형통함을 모든 사람이 인정하고 보게 하였습니다. 요셉은 자신의 삶을 인도하시는 분이 하나님인 것을 인정하였습니다. 또 자신의 모든 것이 하나님의 뜻임을 인정하면서 살았습니다.

제가 지금까지 체험한 바로는 인생에서 형통하며 성공하려면 '하나님의 뜻대로 하는 것'입니다. 하나님의 뜻에 맞아야 하나님이 형통으로 역사를 하십니다. 하나님은 영이시기 때문입니다. 하나님의 뜻대로 한다는 것은 하나님과 같은 영의 상태라는 것입니다. 그렇습니다. 성공은 하나님의 뜻대로 하는 것입니다. 형통의 뜻이 하나님의 성공이라고 했습니다. 그렇다면 형통은 하나님의 뜻대로 하는 것입니다. 하나님이 형통의 실을 수 시는 사람은 하나님의 뜻대로 행하는 자입니다. 주의 일을 더불어 행하는 곳에 역사가 일어나고 축복이 일어나며 형통의 열매를 맺게 됩니다. 베드로와 요한은 성전 앞에서 앉은뱅이를 만났습니다. 더불어 기도하러 가던 중이던 이들에게 앉은뱅이는 구걸합니다.

베드로와 요한은 '더불어' 나사렛 예수의 이름으로 일어나 걸으라며 그의 손을 잡아 일으켜 세우고 앉은뱅이가 걷고 뛰는 능력을 보여줬습니다. 바울과 실라는 빌립보 감옥에 갇혔습니다.

그들은 그 자리에서 하나님께 간절히 기도했습니다. 그리고 함께 그 지하 감방에서 하나님께 뜨거운 찬양을 드렸습니다. 그러자 지진이 일어나 감옥의 터가 흔들리고 감옥의 문이 열리며 수갑이 풀어졌습니다. 이 또한 하나님이 함께 하시고, 하나님의 뜻대로 행했기 때문입니다. 하나님이 동행하시고 하나님과 더불어 행하는 이들이 모인 교회는 부흥합니다. 또 그런 가정이 축복을 받습니다.

2. 마음을 담대히 할 때

마음을 담대히 할 때 형통합니다. 하나님의 성도가 형통의 길을 얻으려면 마음을 담대히 하여야 합니다. 하나님은 여호수아에게 두 번째 전제 조건을 제시하였는데 그것은 마음을 담대히 하고 강하게 하라는 것이었습니다. 망설임은 우리를 약하게 만듭니다. 우리 마음을 강하고 담대히 하기 위해서는 전능하신 하나님을 분명히 믿어야 합니다. "너희는 마음에 근심하지 말라 하나님을 믿으니 또 나를 믿으라"(요 14:1) 이 믿음으로 마음을 담대히 하고 강하게 하시기 바랍니다.

히브리서 10장 35절 말씀에 "너희 담대함을 버리지 말라 이것이 큰 상을 얻느니라"고 하였습니다. 학교에서도, 직장에서도, 여러 사람들 앞에서 상을 받는 사람은 용기와 믿음을 가지고 담대하게 도전하는 사람입니다.

　독일의 시인 하이네는 "담대함은 성공의 비결이다."라고 말했습니다. 성공하기 원하십니까? 담대하십시오. 행복하기 원하십니까? 담대하십시오. 다른 사람이 하지 못한 일을 개척해나가기 원하십니까? 담대하시기 바랍니다. 여호수아는 이로 인해 형통의 축복을 받았습니다. 마음을 담대히 하시기 바랍니다. 우리 하나님이 사랑하는 우리에게 형통의 축복을 주셔서 무슨 일을 만나든지 만사가 형통하는 성도님들이 되기 바랍니다.

　여호수아와 갈렙 같이 담대하여 형통의 복을 받으시기를 바랍니다. 하나님은 성령으로 충만하여 강하고 담대한 사람과 함께 하십니다. 왜 하나님이 강하고 담대한 사람과 같이 하느냐를 바르게 알아야 합니다. 하나님은 사람의 힘으로는 도저히 할 수 없는 일을 하나님의 사람을 통해서 하십니다. 그렇기 때문에 매사를 인간적인 눈으로 바라보는 사람과는 일을 하실 수가 없습니다. 매사를 하나님의 눈으로 바라보고 하나님의 생각을 가지고 일을 하는 사람과 하나님이 함께 하시는 것입니다. 하나님의 눈과 하나님의 생각을 가진 사람이 다윗입니다. 어떻게 해서 다윗은 골리앗을 정복했는데 사울과 그 군대는 골리앗 앞에서 혼비백산하고 뒤로 물러갔습니다. 그 이유가 어디에 있습니까?

　그것은 현실의 잘못된 상황을 통분히 여기느냐, 그렇지 않느냐? 여기에 관건이 있습니다. 사울은 골리앗의 모욕적인 도발에 대하여 두려워하고 도망하기에 바빴습니다. 그래서 골리앗이 와서 고함을 치고 산천초목이 쩡쩡 울리면 사울과 그 군대는 정신을 차리지 못했습니다. 공포로 말미암아 숨을 곳을 찾는다고 모두 다 땅에 기고 엎드리고 야단이었습니다. 그러나 다윗은 골리앗의 도전 앞에 무너지는 이스라엘의 군대의 사기를 보고 통분히 여겼습니다. 사람이 현실의 어려움을 바라보고 통분히 여기지 아니하면 그 어려움에 대처할 수 없습니다.

사무엘상 17장 26절에 보면 "다윗이 곁에 섰는 사람들에게 말하여 가로되 이 블레셋 사람을 죽여 이스라엘의 치욕을 제하는 사람에게는 어떠한 대우를 하겠느냐 이 할례 없는 블레셋 사람이 누구관대 사시는 하나님의 군대를 모욕하겠느냐" 사시는 하나님의 군대인 이스라엘이 골리앗 앞에서 혼비백산하여 모두 다 꼬리를 감추고 도망을 치는 이 마당에 소년 다윗은 통분히 여겼습니다. 이것이 무엇이기에 감히 사신 하나님의 군대를 이렇게 모욕하는가? 골리앗 앞에 도망을 치는 이스라엘 군대를 보고 그는 마음에 굉장히 통분을 느꼈습니다. 이것이 사울과 다윗의 다른 점입니다. 사울은 통분히 여기지 않았습니다.

사울은 그저 겁에 질려서 어찌할 바를 모르고 절절 매었지만 다윗은 그 행실 없는, 할례 없는 블레셋 사람이 하나님의 군대를 모욕하는 것을 보고 마음 아프게 여기고 원통하게 여기고 분노를 느낀 것입니다.

반대로 사울은 하나님의 위대하심을 알지 못했습니다. 그래서 사무엘상 17장 33절에 보면 "사울이 다윗에게 이르되 네가 가서 저 블레셋 사람과 싸우기에 능치 못하리니 너는 소년이요 그는 어려서부터 용사임이니라" 다윗이 하나님을 의지하고 나가겠다고 그러는데 사울은 하나님의 말은 한 마디도 안 했습니다.

그는 하나님을 알지 못했습니다. 종교는 가지고 있어도 하나님은 알지 못했습니다. 그러므로 위기에 처할 때에 하나님의 능력을 의지해서 위기에 대처할 수 있는 그러한 지식이 없었습니다.

그러나 다윗은 그렇지 않았습니다. 다윗은 자기가 비록 조그마한 초립동 목동이었지만 그러나 하나님에 대한 확실한 지식을 가지고 있있습니다. 그리고 하나님에 대한 체험적인 지식을 가지고 있었습니다. 그는 하나님의 위대함을 체험적으로 알고 있었습니다.

사무엘상 17장 34절로 37절에 보면 "다윗이 사울에게 고하되 주의 종이 아비의 양을 지킬 때에 사자나 곰이 와서 양떼에서 새끼를 움키면 내가 따라가서 그것을 치고 그 입에서 새끼를 건져내었고 그것이 일어나 나를 해하고자 하면 내가 그 수염을 잡고 그것을 쳐 죽였나이다. 주의 종이 사자와 곰도 쳤은즉 사시는 하나님의 군대를 모욕한 이 할례 없는 블레셋 사람이리이까. 그가 그 짐승의 하나와 같이 되리이다 또 가로되 여호와께서 나를 사자의 발톱과 곰의 발톱에서 건져내셨은즉 나를 이 블레셋 사람의 손에서도 건져내시리이다. 사울이 다윗에게 이르되 가라 여호와께서 너와 함께 계시기를 원하노라"

이 얼마나 하나님에 대한 확실한 체험적인 담대한 지식을 가지고 있습니까? 사울은 하나님에 대한 말도 안 했는데, 다윗은 내가 비록 어린 소년이요 목동이다. 그러나 하나님이 나와 같이 계셔서 사자도 치고 곰도 치고 사자의 이빨과 곰의 발톱에서 나를 건진 하나님께서 이 블레셋 사람에게서 나를 능히 나를 건져 주신다. 그는 하나님에 대한 체험적인 확실한 지식을 가지고 있었습니다. 우리가 어려운 일을 당하고 그를 극복하려고 하면 하나님을 분명히 알아야 합니다. 하나님을 알지 못하고 현실 환경만 바라보고 두려워하고 떨면 아무 일도 하지 못합니다. 하나님은 이런 사람과 같이 하지 않습니다. 다윗과 같이 강하고 담대한 믿음을 가지고 예수 이름으로 전진 하는 사람과 같이 하는 것입니다. 우리는 하나님의 눈과 마음으로 세상을 바라보아 하나님에게 모두 쓰임을 받으시기를 바랍니다.

전인격을 동원하여 하나님께 집중하라는 말입니다. 집중할 때 하나님의 뜻을 구하고 따라갈 수 있습니다.

3. 하나님의 말씀을 지켜 행할 때

하나님의 말씀을 지켜 행할 때 형통합니다. 말씀을 다 지켜 행하라고 하십니다. "하나님의 말씀은 살았고 운동력이 있어 좌우에 날 선 검보다도 예리하여 혼과 영과 및 관절과 골수를 찔러 쪼개기까지 하며 또 마음의 생각과 뜻을 감찰하나니"(히4:12)라고 하셨습니다.

여호수아는 이 명령을 좇아 언제나 하나님의 말씀대로 지켜 행하였습니다. 우리 하나님은 그에게 형통의 축복을 주셨습니다. 승리자 여호수아가 되었습니다. 우리 역시 형통한 복을 누리는 성도가 되어야 하겠습니다. "그런즉 너희는 이 언약의 말씀을 지켜 행하라 그리하면 너희가 하는 모든 일이 형통하리라"(신29:9). "네 하나님 여호와의 명령을 지켜 그 길로 행하여 그 법률과 계명과 율례와 증거를 모세의 율법에 기록된 대로 지키라 그리하면 네가 무엇을 하든지 어디로 가든지 형통할지라"(왕상2:3).

하나님의 말씀은 우리를 보호하는 울타리입니다. 하나님의 말씀을 벗어나면 우리는 죽게 됩니다. 그래서 하나님은 여호수아에게 율법에 기록한대로 지키라고 하는 것입니다. 말씀을 지키면 마귀가 덤비지 못합니다. 그러나 말씀을 벗어나면 마귀가 달려들어 우리를 삼킵니다. 그렇기 때문에 율법을 지키면 무엇을 하든지 어디로 가든지 형통하게 되는 것입니다. 말씀은 이스라엘 민족이 애굽에서 나와 광야를 걸어갈 때 낮에는 구름기둥으로 밤에는 불기둥으로 인도를 했습니다. 왜 낮에는 구름기둥으로 인도를 했습니까? 사막이 뜨겁기 때문에 구름으로 그늘을 만들어 준 것입니다.

그래서 그늘 안에서 걸어간 것입니다. 만약에 구름기둥의 그늘이 싫다고 밖으로 나가면 뜨거워서 죽습니다. 밤에는 왜 불기둥으로 인도를 했습니까? 사막은 밤에는 춥습니다. 기온이 영하로 내려갑니다. 그래서 밤이면 여기저기서 바위가 터지는 소리가 난다고 합니다. 하나님이 이스라엘 백성이 춥지 않게 하기 위해서 밤에는 불기둥으로 인도를 한 것입니다. 만약에 불기둥이 싫어서 밖으로 나가면 얼어서 죽습니다. 우리가 하나님의 말씀을 벗어나서 인간중심으로 살아가면 우리의 옛 주인인 마귀가 와서 우리를 삼킵니다. 그래서 성경은 이렇게 말하는 것입니다.

(벧전5:8)"근신하라 깨어라 너희 대적 마귀가 우는 사자 같이 두루 다니며 삼킬 자를 찾나니"라고 말씀하시는 것입니다. 하나님은 우리를 사랑하시기 때문에 말씀을 주신 것입니다. 우리 말씀 안에서 살아가므로 형통의 복을 받기를 바랍니다.

4. 말씀을 주야로 묵상함으로

말씀을 주야로 묵상함으로 형통하게 됩니다. 하나님의 말씀은 형통케 하는 축복의 열쇠입니다. 그래서 하나님은 그 말씀을 열심히 읽으라고 하십니다. 또 주야로 묵상하라고 하십니다. 여호수아는 이 명령을 좇아 언제나 하나님의 말씀을 읽고, 시인하며, 말씀을 주야로 묵상하였습니다.

> (시1:2,3)"오직 여호와의 율법을 즐거워하여 그의 율법을 주야로 묵상하는도다 그는 시냇가에 심은 나무가 철을 따라 열매를 맺으며 그 잎사귀가 마르지 아니함 같으니 그가 하는 모든 일이 다 형통하리로다"

말씀은 하나님이십니다. 사람은 누구를 생각하느냐에 따라서 그 대상을 닮아가는 나약한 존재입니다. 말씀을 주야로 묵상하므로 하나님을 닮아가는 것입니다.

우리는 하나님을 닮아가야 합니다. 하나님은 은사가 많은 성도보다도 심령이 예수 심령을 닮은 성도를 사랑하십니다. 말씀을 묵상하는 것은 성령으로 우리 심비에 말씀을 새기는 것입니다. 말씀이 심비에 새겨지니 우리가 권능 있는 사람이 되는 것입니다. 성도가 아무리 귀신을 쫓아내고 병을 고치고, 내적치유를 하고 예언을 한다고 하더라도 심령에 말씀이 새겨지지 않으면 마귀의 미혹에 속아서 잘못될 수도 있습니다. 그래서 예수님은 이렇게 말씀하십니다.

> (살후 2:9-12)"악한 자의 나타남은 사탄의 활동을 따라 모든 능력과 표적과 거짓 기적과 불의의 모든 속임으로 멸망하는 자들에게 있으리니 이는 그들이 진리의 사랑을 받지 아니하여 구원함을 받지 못함이라. 이러므로 하나님이 미혹의 역사를 그들에게 보내사 거짓 것을 믿게 하심은 진리를 믿지 않고 불의를 좋아하는 모든 자들로 하여금 심판을 받게 하려 하심이라."

경고하시는 것입니다. 말씀을 많이 묵상해야 형통한 성도가 됩니다.

5. 하나님을 경외함으로

핵공학 전문가 윤맹현(尹孟鉉)박사님이 계시는데 이 분은 젊은 시절에 나 정도면 괜찮은 사람이라고 스스로 자부하며 살았습니다. 소위 일류학교를 나오고 남에게 흠을 보이지 않은 데다 나쁜 짓이나 도둑질은 언감생심 꿈도 꾸지 않았기 때문입니다. 그는 1982년 '미국 로스앤젤레스'로 유학을 가게 됐습니다. 잘 나간 사람이 박사학위만 받으면 인생이 참으로 행복해질 것만

같았습니다. 그러나 그것이 하나님께서 예비하신 섭리임을 후에 깨닫게 되었습니다.

그때까지만 해도 교회와는 상관도 없었고 신앙생활은 하지 않았었습니다. 그런데 미국에 체류하면서 어느 전도사님을 만나서 그 전도사님의 소개로 한인 교회에 나가게 되면서 그의 인생이 바뀌는 체험을 하게 되었습니다.

그리고 성경을 읽으면서 자기 자존심이 무참히 무너진 것을 깨닫게 되었습니다. 롬3:23절에 "모든 사람이 죄를 범하였으매 하나님의 영광에 이르지 못 하더니"라는 말씀을 읽으면서 그 말씀을 되새기고 그 말씀을 곱씹으면서 남 몰래 죄를 짓고 깨끗한 체 위장했던 자기 자존심이 큰 상처를 받게 되었습니다. 그리고 무엇보다도 예수 믿지 않고 살아왔던 날들을 후회하면서 눈물로 회개하고 또 회개했다고 합니다.

그리고 1987년 핵공학 박사 학위를 받고 한국으로 귀국한 그는 대전 한국전력 전력연구원에서 근무하게 되었습니다. 하나님께 받은 바 은혜가 너무나도 감사해서 한전연구원선교회를 창립했습니다.

그리고 자신을 알리는 명함에다가 성경구절을 써넣고 처음 만나는 사람과 인사할 때부터 자신이 크리스천이라는 것을 알려주었습니다. 이런 모습에 예수 믿는 다른 직원들은 충격을 받았다는 것입니다. 왜냐하면 예수를 믿으면서도 예수 믿고 있다는 자신들을 알리지 못해서 였습니다.

그는 남보다 1시간 일찍 출근해서 기도와 말씀을 읽고 하루를 시작했습니다. 그리고 2001년도에는 한전 연구원장에 취임을 하게 되었습니다. 그때 윤 박사는 취임사에서 하나님을 의지하고 신앙 중심으로 연구원을 경영해나가겠다고 선포했습니다. 그 결과 연구원선교회는 전국에서 가장 활성화되었고 많은 사람이 하나님 앞으로 돌아오는 역사가 일어났습니다.

그 후 2003년도에는 한전 전무이사로 승진을 하게 되었는데 이것은 자신이 전혀 기대하지 않았던 하나님의 상급이요 축복이었다고 했습니다. 그는 하나님의 은혜로 한국기독교 직장선교회 연합회장과 '서울 홀리클럽'공동회장으로 봉사할 수 있는 기회도 주어졌습니다. 그리고 나서 한전이 새롭게 개척하는 해외 전력사업과 북한 원전 및 개성공단 전력 공급 사업을 기도로 밀고 나가 많은 결실을 거두었습니다. 윤맹현 박사는 하나님을 의뢰하는 믿음으로 모든 일을 추진했더니 하나님께서 형통한 삶을 이루어 주셨다고 고백하며 간증하고 있습니다.

윤 박사는 오늘 날 많은 사람들이 많은 성도들이 피해야 할 것이 있다면 삼랑진이라고 했습니다.

그럼 윤 박사가 말하는 삼랑진이란 무엇일까요?

첫째는: 자신을 사랑하는 것,

둘째는: 돈을 사랑하는 것,

셋째는: 세상을 사랑하는 것, 이렇게 삼랑진을 피할 때 우리는 하나님의 복을 받을 수 있다고 했습니다. 삼랑진을 지키기로 죽기를 각오하고 피할 것을 강조하면서 현재 대전복음교회의 장로로 섬기면서 형통한 자의 삶을 살아가고 있습니다. 당신은 범사에 형통하기를 원하십니까? 하나님은 당신이 범사에 형통하기를 원하십니다. 우리 모두 형통의 복을 받아 하나님을 기쁘시게 하시기를 바랍니다.

6.회개함으로

회개함으로 형통하게 됩니다. 박 집사는 30억 자본 규모의 중소기업을 경영하는 사람입니다. 모든 것이 형통하던 그가 췌장암 말기 진단을 받고 수술 후 방사선 항암 치료를 받는 중이었습니다. 너무 고통스러워 병원 치료를 더 받을 수 없을 만큼 체력이 약화되고, 면역력이 저하되어 미음 한 수저도 넘기기 어려운 지경에 성령님의 음성을 들었습니다. "나는 네가 생명같이 아꼈던 30억 재산을 미음 한 수저로 바꿀 수 있다." 그 말씀을 듣고 회개했습니다. 십일조 못 드린 것, 감사 못했던 것, 하나님보다 재물을 더 사랑한 것을 피눈물로 회개하여 고백했습니다.

"저는 미음 한 수저로 사는 사람입니다. 당신은 나를 아무거나 먹어도 살 수 있는 사람으로도 만들 수 있습니다." 그 후 그는 건강을 회복하고 겸손히 주를 섬기고 있습니다. 하나님은 모든 것을 하실 수 있습니다. 그러므로 우리는 그분 앞에서 겸손해야 합니다. 다윗은 비록 중한 죄를 지었어도 철저히 회개하고, 하나님을 신뢰하고 하나님의 영광을 자신의 생명보다 소중히 여기므로 하나님이 형통케 하시고 번성하게 하셨습니다.

"자기의 죄를 숨기는 자는 형통하지 못하나 죄를 자복하고 버리는 자는 불쌍히 여김을 받으리라"(잠28:13). 회개는 죄악에서 돌아서는 것을 말합니다. 회개는 내 영혼을 정결케 하는 것입니다. 내 마음을 치유하는 것이고, 원석을 가지고 보석을 만드는 것입니다. 하나님은 거룩하시고 정결하십니다. 또 우리와 함께 하시기 위하여 우리에게도 정결하고 거룩할 것을 요구하십니다. 회개는 그릇을 닦아내듯 내 영혼을 닦는 것입니다. 회개는 부패한 것을 신선하게 만드는 것입니다. 회개할 때, 하나님의 치유의 약이 우리에게 발라집니다. 죄는 참으로 무섭고 더러운 것입니다. 성령의 임재 속에서 회개하세요. 내면의 상처를 치유하기 위해서 깊은 영의 회개를 하기 바랍니다.

죄는 하나님을 외면하고, 하나님에게서 멀어지는 것입니다. 자꾸 세상으로 들어가면서 더러워지는 것입니다. 그러나 회개는 하나님에게로 돌아가는 것입니다. 회개는 형통의 복을 끌어당기는 것입니다. 어떤 죄를 지어도 하나님과의 관계가 끊어지는 것은 아닙니다. 다만 하나님과 멀어지는 것입니다. 왜 슬프고, 자신감이 없고, 평강이 없고 아플까? 하나님과 멀어져 있기 때문입니다. 죄를 회개하세요. 내면에 있는 하나님과 나 사이를 가르는 모든 담을 헐어버리세요. 그리고 하나님과 가까이 하세요. 죄는 영적인 질병, 무거운 짐, 우리를 노예 삼는 폭군입니다. 죄는 스스로 성장하고 자꾸 세련되고, 자꾸 교활해지는 무서운 존재입니다.

죄는 자꾸 성장합니다. 죄는 스스로의 생명을 가진 무서운 놈입니다. 죄를 지을 때, 악한 존재가 우리 속으로 파고 들어옵니다. 죄를 향해서 공격하세요. 죄를 예수 이름으로 잘라내세요.

회개하는 것은 죄에 대해 공격을 하라는 것입니다. 우리 속에 있는 무서운 세력을 잘라내는 것입니다. 회개는 어려운 것이 아닙니다. 죄짓는 것에는 순간적 쾌락이 있으나, 오랫동안의 아픔이 따르게 됩니다. 그러나 회개는 순간적으로는 아프나, 오랫동안 하나님의 은총이 있고, 하나님과 맑은 관계를 가지게 하는 축복중의 축복입니다. 회개를 귀찮아하지 말고, 환영하세요.

회개는 자신에게 도움을 주는 것이고, 심령을 치유해주는 것이며, 하나님의 은총, 평강, 기쁨, 형통을 오게 하는 통로입니다. 회개는 이 모든 것이 나에게 오게 하는 통로를 준비하는 것이요, 통로를 청소하는 것입니다. 통로를 청소하세요. 회개함으로 은혜를 가져오는 통로, 은혜가 흐르는 통로를 준비하세요. 회개는 또 죄와 원수마귀가 상처를 통해 활동하고, 찾아오는 통로를 막아버리는 것입니다.

회개함으로 죄와 저주의 통로를 막아버리고 하나님의 은혜가 흘러 들어오게 만드는 통로를 준비하세요. 회개할 수 있다는 것은 진정 축복중의 축복입니다. 회개함으로 심령을 맑게 하세요. 마음을 맑게 하세요. 잠재의식을 맑게 하세요. 회개로 씻어내기를 바랍니다.

회개는 고리타분하거나, 억지로 할 일, 검사 앞에 내 수치를 들어내는 죄인의 마음으로 하는 것이 아니라, 축복중의 축복을 이끌어오는 기쁨, 자유함, 소망하는 마음으로 해야 합니다. 하나님 앞에 가장 기쁜 마음으로 해야 하는 것입니다. 하나님의 주시는 은총을 받기 위해서, 내 마음에 하나님을 모시기 위해서 기쁨으로, 소망으로 자진해서 하는 청소입니다.

하나님의 능력을 위해서 하는 기쁜 청소입니다. 성령님의 도우심을 받으면서 회개할 때, 엄청난 은혜, 능력이 임하게 되고, 모든 더러움, 상처가 다 사라지게 됩니다.

(요일1:9)"만일 우리가 우리 죄를 자백하면 그는 미쁘시고 의로우사 우리 죄를 사하시며 우리를 모든 불의에서 깨끗하게 하실 것이요."

우리를 사랑하시는 하나님께서는 우리가 죄를 회개하면 사하시고 깨끗하게 하십니다. 사하심이 용서하심입니다. 깨끗케 하심은 치유하심입니다. 우리 모두 이런 하나님의 은혜를 받으시기를 바랍니다.

7. 공평과 의를 행함으로

공평과 의를 행함으로 형통하게 됩니다. "네가 백향목을 많이 사용하여 왕이 될 수 있겠느냐 네 아버지가 먹거나 마시지 아니하였으며 정의와 공의를 행하지 아니하였느냐 그 때에 그가 형통하였었느니라 그는 가난한 자와 궁핍한 자를 변호하고 형통하였나니 이것이 나를 앎이 아니냐 여호와의 말씀이니라"(렘22:15-16). 이 말씀은 예레미야 선지자가 여호야김 왕이 악을 행하고 우상을 숭배하자 경고한 말입니다. 그런데 여호야김 왕은 경고하고 또 경고해도 듣지 않았습니다. 그래서 결국에는 전쟁 중에 포로로 끌려가서 전사했습니다.

성경말씀을 통해서 경고할 때 들어야 합니다. 경고를 해도 계속해서 듣지 아니하면 결국 하나님께서 심판하십니다. 하나님의 말씀을 통하여서 지식을 얻고, 지혜를 얻고, 용기를 가지면 하나님께서는 반드시 그 사람에게 형통케 하는 역사를 베풀어 주시는 것입니다. "주께서 공평을 견고히 세우시고 야곱 중에서

공과 의를 행하시나이다"(시편 99:4)

8. 하나님으로 자신을 채운 사람

하나님을 구하고, 하나님으로 자신을 채운 사람이 형통합니다. 형통한 사람은 하나님으로 채워져 있습니다. 자신을 하나님으로 가득채운 사람, 자신의 인생을 하나님으로 가득채운 사람이 바로 형통한 사람입니다. 자신의 삶이 하나님으로 가득 채워 있는데 어떻게 형통하지 않을 수 있겠습니까? 부자가 아니라도, 많이 배우지 않아도, 낮은 자리에 있어도 축복의 통로가 될 수 있습니다. 이러한 형통의 삶을 살아가기 위해서는 세상의 것들로 채워서는 안 되는 것입니다. 요셉의 삶이 최악이었더라도 그가 그의 삶을 비웠을 때 하나님께서는 그의 삶을 송두리째 접수하셨습니다.

그리고 하나님께서는 하늘의 능력과 부요함으로 요셉의 삶을 채우시기 시작하셨던 것입니다. 우리도 우리의 삶을 하나님으로 가득 채울 때 요셉과 함께하셨던 하나님의 형통이 우리에게도 함께 하리라는 것을 믿으시기 바랍니다. 이번주도 하나님의 마음에 합한 자가 되어 우리 모두 형통의 복을 받으시기를 바랍니다.

11장 야곱의 습관과 형통의 복

(창31:1-20)"야곱이 라반의 아들들이 하는 말을 들은즉 야곱이 우리 아버지의 소유를 다 빼앗고 우리 아버지의 소유로 말미암아 이 모든 재물을 모았다 하는지라 야곱이 라반의 안색을 본즉 자기에게 대하여 전과 같지 아니하더라. 여호와께서 야곱에게 이르시되 네 조상의 땅 네 족속에게로 돌아가라 내가 너와 함께 있으리라 하신지라. 야곱이 사람을 보내어 라헬과 레아를 자기 양 떼가 있는 들로 불러다가 그들에게 이르되 내가 그대들의 아버지의 안색을 본즉 내게 대하여 전과 같지 아니하도다 그러할지라도 내 아버지의 하나님은 나와 함께 계셨느니라. 그대들도 알거니와 내가 힘을 다하여 그대들의 아버지를 섬겼거늘 그대들의 아버지가 나를 속여 품삯을 열 번이나 변경하였느니라. 그러나 하나님이 그를 막으사 나를 해치지 못하게 하셨으며 그가 이르기를 점 있는 것이 네 삯이 되리라 하면 온 양 떼가 낳은 것이 점 있는 것이요 또 얼룩무늬 있는 것이 네 삯이 되리라 하면 온 양 떼가 낳은 것이 얼룩무늬 있는 것이니 하나님이 이같이 그대들의 아버지의 가축을 빼앗아 내게 주셨느니라. 그 양 떼가 새끼 밸 때에 내가 꿈에 눈을 들어 보니 양 떼를 탄 숫양은 다 얼룩무늬 있는 것과 점 있는 것과 아롱진 것이었더라. 꿈에 하나님의 사자가 내게

말씀하시기를 야곱아 하기로 내가 대답하기를 여기 있나이다 하매 이르시되 네 눈을 들어 보라 양 떼를 탄 숫양은 다 얼룩 무늬 있는 것, 점 있는 것과 아롱진 것이니라 라반이 네게 행한 모든 것을 내가 보았노라. 나는 벧엘의 하나님이라 네가 거기서 기둥에 기름을 붓고 거기서 내게 서원하였으니 지금 일어나 이 곳을 떠나서 네 출생지로 돌아가라 하셨느니라. 라헬과 레아가 그에게 대답하여 이르되 우리가 우리 아버지 집에서 무슨 분깃이나 유산이 있으리요. 아버지가 우리를 팔고 우리의 돈을 다 먹어버렸으니 아버지가 우리를 외국인처럼 여기는 것이 아닌가 하나님이 우리 아버지에게서 취하여 가신 재물은 우리와 우리 자식의 것이니 이제 하나님이 당신에게 이르신 일을 다 준행하라. 야곱이 일어나 자식들과 아내들을 낙타들에게 태우고 그 모은 바 모든 가축과 모든 소유물 곧 그가 밧단아람에서 모은 가축을 이끌고 가나안 땅에 있는 그의 아버지 이삭에게로 가려 할새 그 때에 라반이 양털을 깎으러 갔으므로 라헬은 그의 아버지의 드라빔을 도둑질하고 야곱은 그 거취를 아람 사람 라반에게 말하지 아니하고 가만히 떠났더라"

일본 도쿄 올림픽 때. 스타디움 확장을 위해 지은 지 삼 년 되는 집을 헐게 되었습니다. 인부들이 지붕을 벗기려는데 꼬리 쪽에 못이 박힌 채 벽에서 움직이지 못하는 도마뱀 한 마리가 살아서 몸부림을 치고 있는 것을 발견했습니다. 삼 년 동안 도마뱀이 못 박힌 벽에서 움직이지 못했는데 죽지 않고 살아 있다는 것은 참으로 신기한 일이었습니다. 사람들은 원인을 알기 위해 철거공사를 중단하고 사흘 동안 도마뱀을 지켜보았습니다. 그랬더니 하루에도 몇 번씩 다른 도마뱀 한 마리가 먹이를 물어다 주는 것이었습니다.

이 두 도마뱀은 어떤 사이였을까요? 물론 우리는 알 수 없습니다. 부모와 새끼의 관계일 수도 있고, 서로 사랑하는 사이일 수도 있고, 그저 한곳에 모여 살던 동료일 수도 있을 것입니다.

도마뱀은 원래 사람의 손에 꼬리가 잡히면 그 꼬리를 잘라 버리고 도망치는 파충류인데, 아마 꼬리를 잘라 버릴 수도 있는 상황도 못 되었던 게 분명합니다. 죽을래야 죽을 수도 없는 상황이었을 것입니다.

그러나 참으로 훌륭한 것은 바로 곁에 있던 도마뱀입니다. 사랑하는 도마뱀이 받는 고통을 바라보면서, 그 도마뱀이 살아보려고 몸부림치다 실망할 때 어딘가로 가서 먹을 것을 물어 왔습니다. 그리고 입으로 건네주면서 표정을 지었을 것입니다. 절대로 절망하지 말아라. 반드시 살아야 한다. 말은 할 수 없었지만 어떤 눈짓, 어떤 표정을 지었을 것입니다.

못 박힌 도마뱀은 어쩌면 고통과 절망 속에서 처음엔 먹을 것을 거부하면서 팽개쳐 버렸을지도 모릅니다. 그러나 다시 또 어딘 가로 가서 먹을 것을 구해다 입에 넣어 주는 그 도마뱀을 보면서, 너를 버릴 수 없다는 그 표정, 나만 살기 위해 네 곁을 떠날 수 없다는 그 몸짓, 그걸 믿으면서 운명과 생의 욕구를 받아들이면서 가슴이 저렸을 것입니다.

그렇게 하루에도 몇 번씩 위험을 무릅쓰고 먹을 것을 구해다 주면서 함께 살아온 삼 년, 그 도마뱀은 다시 못을 박았던 사람들에 의해 자유의 몸이 될 수 있었습니다. 어두운 지붕 밑에서 두 도마뱀은 함께 사랑하고 함께 고통을 나누고 고통 속에서 서로 안고 잠이 들곤 하였을 것입니다. 우리는 사랑의 열정을, 포기하지 않는 사랑을 배우게 됩니다. 무엇이 이 도마뱀을 움직였을까요? 그것은 사랑입니다. 사랑의 힘입니다.

생각이 열쇠입니다. 어떤 방향으로 생각하느냐에 따라 우리의 미래는 달라집니다. 형통을 생각하면 형통이 찾아오게 되어 있습니다. 승리를 생각하면 승리가 찾아오게 되어 있습니다. 이것이 믿음입니다. 형통하는 믿음을 가져야 합니다. 예수님은 여러 번 말씀하셨습니다. "네 믿음대로 될지어다." 믿음은 바라는 것입니다. 이 말씀은 곧 우리가 바라는 대로 된다는 것을 의미합니다.

매사에 부정적으로 생각하고, 불가능하다고 생각하고, 할 수 없다고 생각하는 사고의 습관부터 고쳐야 합니다. 형통하는 사람의 사고 습관은 항상 형통하는 생각을 하고 있다는 것입니다. 실패하는 사람들의 이유는 다양하지만 형통하는 사람들의 공통적인 습관 중에 하나는 형통을 소원했다는 것입니다. 오늘 본문에 나오는 야곱은 어떤 습관이 있었을까요!

1. 떠나야 할 때를 알았다.

야곱은 외삼촌 라반의 집에서 14년을 살아야 했습니다. 그 동안 4명의 아내를 통해 11명의 아들과 한 명의 딸을 낳았습니다. 그 세월 동안 야곱이 받았던 고통과 외로움을 누가 알겠습니까? 그를 위로해 줄 사람은 아무도 없었습니다. 결국 야곱은 고향으로 돌아가야겠다고 결심합니다. 그러나 아버지의 집에는 자기가 배신했던 형이 있었기 때문에 안락한 곳이 될 수 없었습니다. 그럼에도 불구하고 야곱은 집으로 돌아가기로 결심했습니다. 떠남과 비움이 인간을 성숙하게 만듭니다. 떠남을 통해서 새로운 만남을 경험하게 합니다. 새로운 세계로의 정착을 시도하게 됩니다. 비움을 통해서 새로운 것을 채우게 되는 축복을 누리게 됩니다. 이것이 인생의 역설이요 신비입니다.

그런데 라반이 만류하자 야곱은 라반의 집에 더 머물렀습니다. 그러나 떠나야 할 때 떠나지 못하면 고통이 따릅니다. 하지만 그가 떠나야 할 때 떠나지 못하고 머물 때조차도 하나님이 아무런 조건과 이유없이 야곱에게 복을 주시는 놀라운 일이 생깁니다. 이럴 때에도 야곱은 하나님의 오묘하고 놀라운 사랑의 섭리를 다 깨닫지 못합니다.

창세기 31장에서 우리는 야곱이 물질적인 축복을 받은 후에 이제 외삼촌 라반의 집을 떠나는 모습을 보게 됩니다. 빈손으로 왔다가 엄청난 축복을 받고 떠나려고 하는 것입니다. 야곱은 라반의 집에 사는 동안 하나님의 도우심을 경험했습니다. 영적인 축복을 누렸습니다. 또한 많은 물질적인 축복도 받았습니다. 그런데 하나님께서 복을 주셔서 야곱에게 재산이 불어나면서부터 문제가 발생하기 시작합니다. 돈이 많아지기 시작하면 아울러 적(敵)도 생기기 마련입니다. 본문 1절 말씀을 보십시오.

"야곱이 라반의 아들들이 하는 말을 들은즉 야곱이 우리 아버지의 소유를 다 빼앗고 우리 아버지의 소유로 말미암아 이 모든 재물을 모았다 하는지라"(창31:1절).

야곱은 자기를 비난하는 소문을 듣게 됩니다. 소문의 출처는 라반의 아들들이었습니다. 배신하는 사람과 자신을 욕하는 사람은 주변에 있는 사람입니다. 이들의 야곱을 향한 비난은 두 가지이며 그것들은 진실이 아닙니다. 야곱의 양들은 건강하고 번식을 잘 하는 반면 라반의 양들은 그렇지 못하니까 라반의 아들들은 질투가 나고 화가 났습니다. 그래서 그들은 "야곱이 부자가 된 것은 우리 아버지의 소유를 다 빼앗았기 때문이다"라고 말하며 사실과 다른 해석을 합니다. 라반의 아들들은 오해하고 있습니다. 인생에서 중요한 것은 보는 시각입니다. 어떻게 보느냐에 따라 인생이 달라집니다. 자기 아버지 라반이 복을 받은 것은 야곱 때문입니다.

하나님이 야곱 때문에 그 가정에 복을 주셨는데, 어려웠을 때 생각은 하지 않고 오히려 축복의 원천인 야곱을 욕하고 있습니다. 이런 말을 들은 야곱은 참으로 억울했습니다. 그런데 야곱의 훌륭한 점은 사람들 앞에서 오해를 풀려고 하지 않았다는 것입니다. 본문 2절 말씀을 보십시오.

"야곱이 라반의 안색을 본즉 자기에게 대하여 전과 같지 아니하더라"(창31:2절).

이제 야곱이 20년 동안의 객지 생활을 청산하고 레아와 라헬과 많은 자녀와 함께 아버지 이삭의 집으로 돌아가려고 합니다. 그런데 재미있는 것은 야곱이 부사가 되자 라반의 안색이 변하기 시작했던 것입니다. 야곱을 대하는 라반의 태도가 달라지고 말에는 가시가 돋았습니다. 야곱은 이런 소문을 퍼뜨리는 것은 라반의 아들들이 철이 없기 때문이라고 생각했을 것입니다. 그러나 막상 알고 보니 그 소문의 진원지는 라반이었던 것입니다. 그래서 야곱은 더 상처를 받습니다.

하나님의 사람들이 훈련해야 할 것은 민감성의 훈련입니다. 켄 가이어는 「영혼의 창」에서 "실은 훈련 중에서도 가장 혹독한 훈련은 감수성의 훈련이다. 우리는 눈에 보이는 것 이상으로 보는 법과 귀에 들리는 것 이상을 듣는 법을 배워야 한다."라고 말합니다.

켄 가이어의 말처럼 우리가 영적으로 훈련하고 개발해야 할 것은 영적 민감성입니다. 그는 영혼의 창을 통해 보라고 말합니다. 모든 것을 눈으로가 아니라 마음으로 보라고 가르칩니다. 우리는 하나님의 마음으로 보아야 합니다. 그리고 하나님의 귀로 들을 수 있어야 합니다. 야곱은 하나님의 음성을 들을 수 있는 영적 민감성이 있었습니다. 야곱은 라반의 아들들의 반응과 라반의 안색을 통해 하나님의 음성을 듣기 시작합니다. 이제 야곱은 라반의 집을 떠날 때가 되었음을 알아차린 것입니다. 결국 야곱은 '이제는 떠나자'라고 마음먹습니다.

라반과 야곱의 관계는 사위와 장인 관계로서 사랑과 존경의 관계가 되어야 하는데, 미움과 의심의 관계가 되어버렸습니다. 야곱과 라반은 남을 속이는 습성을 가지고 있었기 때문입니다.

남에게 하는 대로 자신이 당하게 마련입니다. 이것은 법칙입니다. 남에게 잘하면 누군가 자기에게 잘하고, 남을 용서하면 누군가 자신을 용서합니다. 그러나 라반이나 야곱은 서로를 원망하며 불행한 관계를 맺어갑니다. 겉으로는 친한 척, 서로를 존경하고 아끼는 척하지만, 속으로는 계산적으로 서로를 이용하고 있습니다. 우리는 가끔 교회에서도 뒤돌아서서 남을 흠집 내는 사람을 볼 수 있습니다. 본문 3절 말씀을 보십시오.

"여호와께서 야곱에게 이르시되 네 조상의 땅 네 족속에게로 돌아가라 내가 너와 함께 있으리라 하신지라"(창31:3절).

고향으로 돌아갈 때가 지났음에도 불구하고 야곱이 떠나지 않자 하나님께서 직접 '돌아가라'고 말씀하십니다. 야곱은 하나님께서 원하시지 않는 땅에 머물러 있는 것입니다. 당신도 축복의 땅으로 빨리 돌아오십시오. 세상에 있을수록 더 많은 비극을 보게 됩니다. 사실 야곱은 믿음의 조상이 되기에는 너무나 인격적으로 문제점이 많았습니다. 그러나 우리가 보는 시각과 하나님의 관점은 다릅니다. 이런 사람도 믿음의 조상이 될 수 있다는 것입니다. 그래서 하나님께서는 야곱을 포기하시지 않습니다.

이것은 마치 부모가 자기 자식을 포기하지 않는 것과 같습니다. 부모는 자기 자식이 모범생이기 때문에 사랑하는 것이 아닙니다. 부모는 아이가 태중에 있을 때부터 이미 사랑하기로 결정한 것입니다. 이와 같이 하나님께서는 우리가 기도를 잘하고, 주일 예배에 빠지지 않고, 헌금하고, 전도하고, 선교사로 갔기 때문에 우리를 사랑하시는 것이 아닙니다. 우리는 죄인이지만 하나님께서는 하나님의 사랑을 받기 위해 태어난 존재로 우리를 사랑하십니다. 그리고 하나님께서는 그 사랑을 결코 포기하지 않으십니다.

2. 하나님의 길고 긴 기다림이다.

하나님께서는 야곱이 믿음의 조상이 되기에 부족한 사람이었기 때문에 훈련을 시키십니다. 고난과 역경 가운데 집어넣으신 것입니다. 그리고 하나님은 기다리십니다. 우리는 어떤 위기에 부딪혔을 때 하나님께 기도하고 응답해달라고 합니다. 응답이 없으면 너무나 속상해 하며 "하나님, 내가 얼마나 기다렸는지 아십니까?"라고 말합니다. 그러나 우리의 기다림보다 하나님의 기다림은 더 깁니다. 하나님께서는 우리가 성숙한 사람이 될 때까지 기다리십니다. 우리는 자신의 고통이 크다고 생각하지만 변하지 않는 우리를 지켜보시는 하나님의 고통은 이루 말할 수가 없이 큽니다.

하나님께서는 야곱을 기다리기로 결정했습니다. 야곱이 정신 차려 하나님의 뜻을 깨달을 때까지 그를 포기하시지 않고 기다리십니다. 그래서 하나님에게는 아픔이 있었습니다. 이것은 마치 아들을 군대에 보내는 부모의 마음과 비슷합니다. 부모는 고생을 하게 될 아들을 안타깝게 여기고 마음 아파하지만 아들이 군대라는 조직 속에서 어른이 되고 성숙한 사람이 되도록 기도합니다.

야망이 많은 사람은 겁도 많습니다. 야곱이 그랬습니다. 그래서 하나님께서는 이렇게 말씀해 주셨습니다. "두려워 말라. 네가 약속의 땅으로 돌아올 때까지 나는 네 옆에 있어주겠다."

야곱은 그가 직면한 문제를 놓고 라반의 아들들과 싸우지 않았습니다. 자기가 라반의 소유를 빼앗지 않았다고 변명하지도 않았습니다. 다만 하나님께 그의 길을 맡기고 하나님만 의지했습니다. 야곱은 드디어 떠나기로 결정합니다. 그래서 제일 먼저 라헬과 레아를 불러서 떠나야 한다는 이야기를 합니다. 본문 4-5절 말씀을 보십시오.

"야곱이 사람을 보내어 라헬과 레아를 자기 양 떼가 있는 들로 불러다가 그들에게 이르되 내가 그대들의 아버지의 안색을 본즉 내게 대하여 전과 같지 아니하도다 그러할지라도 내 아버지의 하나님은 나와 함께 계셨느니라"(창31:4-5절).

야곱은 그 동안의 자초지종(自初至終)을 부인들에게 이야기합니다. 라반의 두 딸은 쉽게 동의하지 않습니다. 아무리 자기 아버지가 잘못했어도 아버지를 비난하는 남편이 고울 리가 없어 마음이 편치가 않았을 것입니다. 그래도 야곱은 계속해서 그들을 설득합니다. 본문 6-7절 말씀을 보십시오.

"그대들도 알거니와 내가 힘을 다하여 그대들의 아버지를 섬겼거늘 그대들의 아버지가 나를 속여 품삯을 열 번이나 변경하였느니라. 그러나 하나님이 그를 막으사 나를 해치지 못하게 하셨으며"(창31:6-7절).

'품삯을 열 번이나 변경' 했다는 것은 품삯을 속였다는 것입니다. 그러나 하나님은 야곱을 보호하셨습니다. 야곱이 지난 14년 동안 장인을 섬기며 고생했던 사실과 그의 품삯을 장인 라반이 여러 번 속여서 갈취했다는 사실은 누구나 다 아는 일이었습니다. 본문 8-9절 말씀을 보십시오.

"그가 이르기를 점 있는 것이 네 삯이 되리라 하면 온 양 떼가 낳은 것이 점 있는 것이요 또 얼룩무늬 있는 것이 네 삯이 되리라 하면 온 양 떼가 낳은 것이 얼룩무늬 있는 것이니, 하나님이 이같이 그대들의 아버지의 가축을 빼앗아 내게 주셨느니라"(창31:8-9절).

라반은 야곱에게 주기로 한 품삯을 10번이나 바꾸면서까지 사위를 이용합니다. 그러나 하나님께서 이 상황에 개입하셨기에 라반의 방해에도 불구하고 야곱은 부유해질 수 있었습니다. 본문 10-13절 말씀을 보십시오.

"그 양 떼가 새끼 밸 때에 내가 꿈에 눈을 들어 보니 양 떼를 탄 숫양은 다 얼룩무늬 있는 것과 점 있는 것과 아롱진 것이었더라. 꿈에 하나님의 사자가 내게 말씀하시기를 야곱아 하기로 내가 대답하기를 여기 있나이다 하매 이르시되 네 눈을 들어 보라 양 떼를 탄 숫양은 다 얼룩무늬 있는 것, 점 있는 것과 아롱진 것이니라 라반이 네게 행한 모든 것을 내가 보았노라. 나는 벧엘의 하나님이라 네가 거기서 기둥에 기름을 붓고 거기서 내게 서원하였으니 지금 일어나 이곳을 떠나서 네 출생지로 돌아가라 하셨느니라"(창31:10-13절).

하나님은 지금 천사를 보내서 야곱에게 말씀하고 있습니다. 하나님께서 야곱을 인도하고 있는 것입니다. 하나님께서 야곱에게 복을 주신 것을 살펴보면 복의 비밀을 알게 됩니다. 야곱은 복을 받을 만한 어떤 선한 일을 하지 않았습니다. 야곱은 실수도 많고 허물도 많은 사람입니다. 그러나 야곱은 하나님을 찾았습니다. 하나님을 의지했습니다. 하나님은 자신을 의지하는 야곱을 축복하셨습니다. 형통의 길로 인도하셨습니다. 그를 보호하시고 최선의 길로 인도하셨습니다. 따라서 복이란 복 받을 만한 사람에게 주어지는 것이 아닙니다. 야곱이 복 받은 이유는 하나님께서 복을 주시기로 결정하셨기 때문입니다.

3. 사랑받기 위해 결정된 존재다.

우리는 은혜로 복을 받습니다. 구원은 내가 잘나고 똑똑해서 받는 것이 아닙니다. 우리는 죄인이고 구원받을 만한 자격이 없지만 하나님께서 무조건적으로 구원해 주신 것입니다. 내가 받을 만해서 받은 것은 감동도 없고, 응당 받아야 할 것으로 여깁니다. 당신은 사랑받고 복 받기 위해서 태어난 사람임을 믿으십시오! 이런 점에서 보면, 하나님께 공의가 없어 보이기도 합니다. 어떤 면에서는 그렇다고 할 수도 있습니다. 하나님은 외곬이시고 편애를 하십니다. 하나님께서는 한번 우리를 사랑하기로 결정하시면 포기하지 않으십니다. 우리가 실수하면 그 실수를 이용해서라도 복을 주십니다. 죄가 없어서 복을 주시는 것이 아니라 복을 주기 위해서 우리의 죄를 모두 없애 버리십니다. 그리고 우리를 복 받을만한 그릇으로 만들어 가십니다. 이런 분이 하나님이십니다. 그래서 우리는 하나님 앞에서 할 말이 없습니다. 그 은혜와 사랑과 긍휼하심을 어찌 다 말로 설명할 수가 있겠습니까?

자녀를 야단치지 마십시오. 야단치지 않으면 버릇이 나빠질 것이라고 생각하지만 그렇지 않습니다. 사랑은 잘못한 것을 스스로 깨닫습니다. 그냥 있는 모습 그대로를 받아들여주고, 인정해 주고, 사랑하면 사람은 변합니다. 남편의 버릇을 고치려고 애쓰지 마십시오. 남편을 인정하고 격려해 주고 사랑하면 남편은 스스로 알아서 자기의 잘못을 고쳐나갑니다. 아내도 마찬가지입니다. 저는 야곱을 보면서 충격을 받은 것이 있습니다. 하나님께서 그를 야단치지 않으셨다는 점입니다. 야곱은 야단 맞을 짓을 많이 저질렀는데도 하나님께서는 그를 야단치지 않으십니다. 이것은 매우 놀라운 사실입니다. 하나님께서는 야곱에게 복을 주기 위해서 동물의 마음까지 움직이셨습니다. 그래서 야곱에게 유익이 되는 방향으로 양과 염소들이 새끼를 낳게 만드십니다. 하나님께서 주시는 복은 바로 이런 것입니다.

하나님께서 복 주기로 결정하시면 넘어져도, 깨져도, 또 들어와도, 나가도 복을 받습니다. 우리 모두가 그런 복을 받기를 축원합니다. "하나님은 불의하시고 공의가 없으시다." 그런 반론을 제기하고 싶으십니까? 공의대로 말하자면 우리는 골백번 죽었어야 합니다. 하나님께서 공의와 정의로 우리를 대했다면 우리는 아무도 구원받거나 사랑을 받지 못했습니다. 우리는 그럴 가치가 없는 존재들입니다. 그러나 그분은 우리의 허물을 눈감아주십니다. 그래서 우리가 구원받은 것입니다. 하나님께서 우리를 눈감아 주시고 용납해 주셨듯이 우리도 다른 사람의 잘못을 눈감아주고 그 사람을 이해해 주어야 합니다. 그러면 우리의 가정에 복이 옵니다. 인생에서 사건보다 중요한 것은 해석입니다.

이런 하나님께서 "나는 벧엘의 하나님이다"라고 야곱에게 말하십니다. 창세기 28장에서 있는 야곱은 인생 중 가장 절망적이고 어두운 상황에 처해 있었습니다. 그는 들판에서 배고픈 창자를 움켜쥐고 새우잠을 자야 했습니다. 돌 하나를 뽑아다가 베개 삼고 누워 하늘을 보다가 잠이 들었을 때, 야곱은 꿈을 꿉니다. 하늘의 사닥다리에 천사가 오르락내리락 하고 거기 하나님께서 계신 것을 봅니다. 그리고 하나님께서는 그에게 말씀하십니다.

"또 본즉 여호와께서 그 위에 서서 이르시되 나는 여호와니 너의 조부 아브라함의 하나님이요 이삭의 하나님이라 네가 누워 있는 땅을 내가 너와 네 자손(子孫)에게 주리니 네 자손이 땅의 티끌 같이 되어 네가 서쪽과 동쪽과 북쪽과 남쪽으로 퍼져 나갈 지며 땅의 모든 족속(族屬)이 너와 네 자손으로 말미암아 복을 받으리라. 내가 너와 함께 있어 네가 어디로 가든지 너를 지키며 너를 이끌어 이 땅으로 돌아오게 할지라 내가 네게 허락한 것을 다 이루기까지 너를 떠나지 아니하리라 하신지라"(창28:13-15).

야곱은 이 약속을 굳게 붙잡고 살았습니다. 그는 하나님의 동행하심을 믿었습니다. 이것이 야곱의 형통의 비결입니다. 하나님의 백성들의 형통의 비결은 하나님을 찾는 것입니다. 예레미야 10장 21절에 보면 "목자들은 어리석어 여호와를 찾지 아니하므로 형통하지 못하며 그 모든 양 떼는 흩어졌도다"라고 말씀합니다. 하나님의 사람이 형통하는 길은 하나님을 찾는 것입니다. 하나님께 기도하는 것입니다. 하나님을 의지하는 것입니다. 시편 37편 5절에 보면 "네 길을 여호와께 맡기라 그를 의지하면 그가 이루시고" 라고 말씀합니다.

하나님에게 길을 맡겨야 합니다. 그러기 위해서는 하나님에게 집중하며 성령의 음성(레마)를 들어야 합니다. 하나님은 영이시니 성령의 레마를 듣고 행동해야 하기 때문입니다.

4. 서원을 회복하라

꿈에 이 말을 들은 야곱은 놀랐습니다. 그때야말로 야곱이 야단맞을 잘못을 저질렀을 때인데, 하나님께서 오셔서 야단을 치시는 대신 위로와 격려를 해주셨기 때문입니다. 이런 말을 듣고 살아나지 않을 사람이 어디 있겠습니까? 이렇게 자녀를 격려해 보십시오. 하나님께서는 절대로 야곱을 야단치시거나 따지시지 않았습니다. 우리가 기억해야 할 메시지는 하나님께서 여러분을 이렇게 무조건 사랑한다는 것입니다.

그날 밤에 야곱은 너무 놀라서 잠에서 깨어나 한밤중에 돌베개를 땅에 박고 예배를 드립니다. 그리고 기도하다가 자기도 모르게 서원까지 합니다. "하나님, 이것이 사실이라면 평생에 하나님은 나의 하나님이 되시고, 이 돌기둥이 하나님의 집이 되며, 제가 가진 모든 물질의 십일조를 바치겠습니다."

이처럼 인간이 하나님을 만나면 예배드리고 찬양을 합니다. 그리고 서원도 합니다. 야곱은 가슴이 벅차오르는 감동으로 그런 약속을 했습니다. 그리고 때가 되자 하나님께서는 야곱의 서원을 상기시킵니다. 하나님께서는 우리가 정신없이 흥분해서 한 기도도 다 기억하십니다. 어린 시절 어느 날, 감격해서 선교사로 헌신한 것을 잊지 마십시오. 위급한 상황에서 헌금하고 가난한 자를 돕겠다고 한 것도 하나님께서는 기억하십니다. 하나님께서는 우리를 직접 부르실 때도 있습니다. 그렇지만 우리가 은혜 받고 성령 안에 있을 때, 찬송하고 기도할 때, 자기도 모르게 감당할 수 없는 말을 할 때, 하나님께서는 우리의 기도를 통해 말씀하고 계십니다.

많은 사람들이 하나님께서 자기를 부르는 직접적인 음성을 듣기를 바랍니다. 그래서 어떤 분은 하나님 음성 듣고 싶어서 남편을 출근시키고 아이들을 학교 보내고 나서 혼자 방에 앉아 기도했답니다. "주님 말씀 하옵소서, 제가 듣겠나이다." 그리고 가만히 들어 보니 옆집의 라디오 소리만 잘 들리더라는 우스갯소리도 있습니다. 당신 자신이 은혜 받고 감동하여 기도하며 말하는 것이 하나님의 음성입니다. 그렇게 살라고 말씀하시는 것입니다. 그러나 우리는 때로 이성을 찾고 나면 자기가 한 기도에 대해 다시 생각합니다.

형통의 복을 회복하고 싶으면 서원을 지키십시오. 당신이 가장 어려울 때 하나님께 매달린 것을 생각하십시오. 하나님께서는 기억하고 계십니다. 너무 늦기 전에 하나님의 약속을 회복하십시오. 하나님께 서원한 것을 지키십시오. 당신이 불리하고 어렵고 힘들어도 하나님께 약속한 것을 지키면 하나님께서 반드시 복을 주십니다. 본문 14-16절 말씀을 보십시오.

> "라헬과 레아가 그에게 대답하여 이르되 우리가 우리 아버지 집에서 무슨 분깃이나 유산이 있으리요. 아버지가 우리를 팔고 우리의 돈을 다 먹어버렸으니 아버지가 우리를 외국인처

럼 여기는 것이 아닌가. 하나님이 우리 아버지에게서 취하여 가신 재물은 우리와 우리 자식의 것이니 이제 하나님이 당신에게 이르신 일을 다 준행하라"(14-16절).

드디어 라헬과 레아는 야곱에게 설득당합니다. 그리고 아버지의 집을 떠나기로 결정을 합니다. 야곱의 생애는 하나의 특징이 있습니다. 항상 떳떳하지 못하게 몰래 떠난다는 것입니다. 아버지의 집을 떠날 때도 그렇고 라반의 집으로부터도 그렇습니다. 야곱은 라반이 없을 때 자기 가족과 재산을 챙겨 가지고 몰래 떠납니다. 게다가 아내 라헬은 아버지가 없을 때 아버지의 수호신인 드라빔을 도적질했습니다. 이 드라빔은 라헬의 아버지 집의 우상입니다. 특별히 이 드라빔이 의미하고 있는 것은 아버지의 수호신 우상을 소유한 사람에게 상속권이 있기 때문입니다. 라헬은 바로 아버지의 재산을 노렸던 것입니다.

놀라운 사실은 이런 엉터리 같은 사람을 하나님께서는 버리시지 않고 복을 주신다는 것입니다. 급할 때는 새벽 기도하며 살려달라고 해놓고, 잘되면 딴 짓 하는 그런 사람이 라헬 같은 사람입니다. 그런 우리를 하나님께서는 버리지 않으십니다. 당신이 하나님을 속인 것이 아닙니다. 그분이 속아주신 것입니다. 그리고 당신이 진짜 믿음을 가질 때까지 기다리십니다. 본문 17-20절 말씀을 보십시오.

"야곱이 일어나 자식들과 아내들을 낙타들에게 태우고, 그 모은바 모든 가축과 모든 소유물 곧 그가 밧단아람에서 모은 가축을 이끌고 가나안 땅에 있는 그의 아버지 이삭에게로 가려 할새 그 때에 라반이 양털을 깎으러 갔으므로 라헬은 그의 아버지의 드라빔을 도둑질하고 야곱은 그 거취를 아람 사람 라반에게 말하지 아니하고 가만히 떠났더라"(17-20절).

가만히 떠나고 싶다고 상대방이 가만히 두겠습니까? 떳떳치 못하게 몰래 떠나는 사람, 어쩌면 이런 모습이 우리의 실상인지도 모릅니다. 우리는 그다지 훌륭한 사람들이 아닙니다. 헌신하고 교회에서 봉사하면서도 우리 안에 이런 인간적인 요소를 가지고 있습니다. 이것이 예수님을 믿는 우리의 현주소입니다. 그런데 희한한 것은 그러면서도 하나님을 떠나지 못한다는 사실입니다. 왜냐하면 하나님께서 우리를 놓지 않으시기 때문입니다.

진정한 형통은 성실함에 있습니다. 하나님은 무엇을 성공이라고 하십니까? 하나님의 성공의 기준은 세상의 기준과 다릅니다. 하나님의 성공의 기준은 성실에 있습니다. 하나님이 주신 기회를 열심히 사십시오. 최선을 다하십시오. 남들보다 조금 더 일찍 일어나십시오. 조금 더 늦게까지 일하십시오. 우리가 받은 월급이나 보수 성적표만을 생각하고 일하면 결코 성공할 수 없습니다. 그런 사람이 큰일을 하는 것을 보지 못했습니다.

일 자체를 즐거워하십시오. 우리를 부르신 하나님 앞에서 일하십시오. 우리가 일하는 기업과 직장에 무엇인가 기여할 수 있는 일을 하십시오. 야곱처럼 시간을 따지지 말고 일하십시오. 그 때 우리는 하나님의 눈에 발견되어질 것입니다.

또한 우리를 도와줄 수 있는 사람들의 눈에 발견되어질 것입니다. 열정을 가지고 사십시오. 하나님이 우리에게 맡기신 일이 있습니까? 최선을 다하십시오. 하나님은 우리에게서 형통의 열매를 맺게 하실 것입니다. 형통을 통해서 하나님의 영광을 드러내시길 주님의 이름으로 소원합니다.

12장 요셉이 받은 형통의 복

(창 39:1-6) "요셉이 이끌려 애굽에 내려가매 바로의 신하 친위대장 애굽 사람 보디발이 그를 그리로 데려간 이스마엘 사람의 손에서 요셉을 사니라. 여호와께서 요셉과 함께 하시므로 그가 형통한 자가 되어 그의 주인 애굽 사람의 집에 있으니 그의 주인이 여호와께서 그와 함께 하심을 보며 또 여호와께서 그의 범사에 형통하게 하심을 보았더라. 요셉이 그의 주인에게 은혜를 입어 섬기매 그가 요셉을 가정 총무로 삼고 자기의 소유를 다 그의 손에 위탁하니, 그가 요셉에게 자기의 집과 그의 모든 소유물을 주관하게 한 때부터 여호와께서 요셉을 위하여 그 애굽 사람의 집에 복을 내리시므로 여호와의 복이 그의 집과 밭에 있는 모든 소유에 미친지라. 주인이 그의 소유를 다 요셉의 손에 위탁하고 자기가 먹는 음식 외에는 간섭하지 아니하였더라. 요셉은 용모가 빼어나고 아름다웠더라"

하나님은 형통이십니다. 형통이 무엇입니까? 형통의 반대는 불통이겠지요? 성경에는 형통이라는 말이 많이 나옵니다. 이 세상 모든 사람들에게 형통과 불통 중 하나를 택하라고 한다면 당연히 형통을 택할 것입니다. 형통이 무엇입니까? 형통은 번영, 번성 또는 모든 것이 뜻대로 다 잘 되는 것이라고 말할 수 있습니다. 우리의 인생은 둘 중의 하나입니다. 형통한 삶을 살든가 불통한 삶을 사는 것 입니다. 물론 악인의 형통함도 있어서 우리들이 혼란을 경험할 때가 있지만 성경은 악인의 형통은 절대로 부러워 할 필요가 없는 임시적이 것이라고 말씀하고 있습니다.

본문 2절을 읽겠습니다."여호와께서 요셉과 함께하시므로 그가 형통한 자가 되어 그 주인 애굽 사람의 집에 있으니"(창 39:2)라고 했습니다.

오늘 본문은 저 유명한 요셉의 이야기입니다. 요셉은 야곱의 사랑을 받는 열한 번째 아들이었으나 형들의 시기로 애굽의 보디발 장군의 집에 종으로 팔려갔습니다. 어떻게 보면 요셉은 매사에 불통만 있는 것 같습니다. 그러나 요셉은 형들을 원망하거나 미워하지 않았으며 오히려 하나님이 함께 하시므로 항상 형통하였습니다.

요셉은 꿈 많은 소년이었습니다. 그의 죄란 아버지께 사랑을 많이 받았다는 것과, 꿈을 많이 꾸었다는 것입니다. 그는 이 죄 아닌 죄 때문에 졸지에 노예로 팔려갑니다. 그것도 형들에게 죽을 뻔하다가 겨우 죽음을 면하고 정처 없이 멀리 팔려가는 신세가 되었습니다. 어린 나이에 세상에서 가장 고통스런 시련을 겪게 된 것입니다. 요셉의 시련은 꿈 때문이었습니다.

꿈을 꾸는 자는 꿈 때문에 시련을 당합니다. 이 꿈 때문에 형들에게 미움을 당하다가 결국 형들이 팔아서 애굽에 노예로 팔려갑니다. 애굽의 시위대장 보디발의 집에 종이 되고, 보디발의 아내 때문에 억울하게 옥살이를 합니다.

술 맡은 관원장이 그를 잊어서 감옥에서 오래 고생을 합니다. 이런 인생 역전 드라마가 그의 삶이었습니다. 그러나 그의 삶에는 한 점의 오점이 없습니다. 그의 삶은 진로에서 벗어남이 없습니다. 그의 가는 길에 막힘이 없습니다.

막힘이 없는 것이 무엇입니까? 이것이 형통입니다. 그의 형통은 노예로 있었지만 주인인 보디발이 인정합니다. 감옥에 갇혀 있었지만 간수가 인정합니다. 그의 형통은 공인된 형통입니다. 그는 억울하게 팔려가 종살이, 옥살이, 힘든 일을 하였지만 그의 걸음에 대해 성경은 말합니다.

"한 사람을 앞서 보내셨음이여 요셉이 종으로 팔렸도다"(시 105:7)라고 합니다. 사실은 요셉은 팔려간 것이 아니라 하나님이 그를 앞서 보내신 것입니다. 창세기 45장에 가서 그는 유명한 간증을 합니다. 형님들을 만났을 때, 형님들이 벌벌 떨며 두려워 할 때 말합니다. "당신들이 나를 팔았다고 두려워하지 마세요. 당신들이 나를 팔아먹어서 내가 팔려온 것이 아니고 하나님께서 나를 이리로 보내신 것입니다."

나는 사명을 가지고 보냄을 받은 것입니다. 하나의 사명자의 의식을 가지고 있는 것을 볼 수 있습니다. 후에 그의 아버지와 70명의 식구들이 애굽에 이주하게 되는 것입니다. 종살이, 옥살이가 그의 삶이 아니라 애굽의 총리의 삶이 그의 삶입니다.

형통이란 고통의 면제가 아니라 고통 속에서도 하나님이 함께 하시고, 고난 후에 영광이 임하게 하시는 것입니다. 그래서 바울은 고린도후서 4:8-9에서 "우리가 사방으로 우겨쌈을 당하여도 싸이지 아니하며 답답한 일을 당하여도 낙심하지 아니하며 핍박을 받아도 버린바 되지 아니하며 거꾸러뜨림을 당하여도 망하지 아니하고"라고 합니다. 이것이 형통입니다.

형통은 고통 가운데서 더 잘 되는 이야기입니다. 요셉이 훗날 그의 형들을 만나 하는 얘기를 보세요. "나를 이리로 보낸 자는 당신들이 아니요 하나님이시라"(창 45:8)고 합니다.

이것이 요셉이 형통한 이유입니다. 자신의 삶을 인도하시는 분이 하나님이시며, 모든 것을 하나님의 뜻으로 인정하기 때문입니다. 요셉이 형통했던 비결이 무엇입니까?

1. 하나님의 함께하심

형통한 자가 되는 비결은 여호와께서 함께 하심 때문입니다. 2절에 이렇게 말합니다. "여호와께서 요셉과 함께 하시므로". 3절에는 또 이렇게 말합니다. "그 주인이 여호와께서 그와 함께 하심을 보며". 요셉의 형통은 철저하게 하나님이 함께 하시기 때문입니다. 인간이 형통한 것은 하나님이 함께 하시기 때문입니다. 우리 스스로가 우리의 힘으로 형통할 수는 없습니다. 그래서 성경은 "형통한 자가 되어"라고 합니다. 내가 만든 것이 아니라, 내가 하는 것이 아니라, 나는 되는 것입니다. 형통은 하나님의 선물입니다. 그러므로 하나님께서 형통하게 하십니다.

우리는 하나님께서 하시는 대로 형통하게 됩니다. 함께 하심은 하나님의 은혜입니다. 하나님은 이스마엘에게 함께 하십니다.

"하나님이 그 아이와 함께 계시매"(창 21:20). 이삭에게 함께 하십니다.

"네가 너와 함께 있어 네게 복을 주어"(창 26:24). 야곱에게 함께 하십니다.

"내가 너와 함께 있어 네가 어디로 가든지 너를 지키며"(창 28:15). 어디를 가나 하나님이 동행하며 지켜 보호 하십니다.

임마누엘은 인생에 대한 하나님의 은총입니다. 사람이 하나님을 떠나서 성공을 기대할 수 있습니까? 하나님 없는 번성이 있습니까? 엄밀하게 말하면 성공, 번성이란 말은 하나님의 단어입니다. 인간이 성취할 수 없는 단어들입니다. 이런 일은 하나님만이 하실 수 있는 일입니다.

20세기에 최대의 악한 사람들이 누구입니까? 소련의 스탈린이나 나찌의 히틀러나 캄보디아의 폴포트와 같은 사람들일 것입니다. 캄보디아의 폴포트, 킬링필드의 장본인인 폴포트는 200만 명을 죽인 사람입니다. 히틀러는 유대인 600만 명을 잔인하게 죽였습니다. 사람을 죽여서 기름을 짰습니다. 또한 스탈린은 3,500만을 죽였습니다. 그런데 이 사람들이 처음부터 나쁜 사람들이 아니었습니다. 세 사람은 모두 공통적으로 성직자가 되려고 했었습니다.

폴포트는 불교 사원에서 6년간을 지냈는데 그 당시의 그는 누구보다도 친절하고 겸손한 사람이었다고 합니다. 그런데 20대에 국비를 지원받아 파리에 가서 공부하다가 접하게 된 공산주의에 물들면서 그렇게 잔인하게 변했습니다.

스탈린은 어려서부터 성경공부를 무척 많이 했다고 합니다. 그는 성직자가 되려고 신학교를 졸업했습니다. 그리고 신학교에 다닐 때는 노래 잘하는 세 명중 한 명으로 뽑혀 예배 시간에 찬송을 하기도 했다고 전해집니다. 그는 성직자가 되기 위한 마지막 코스에서 정치운동에 참여하여 학교에서 제적을 당했습니다. 그에게 마르크스의 사상이 들어간 것입니다.

히틀러도 그랬습니다.

그가 어렸을 때 살았던 마을에는 유럽에서 가장 오래된 수도원인 베네딕트 수도원이 있었습니다. 그 수도원에서 수도원 학교에 다닐 정도로 신앙이 철저하고, 앞으로 성직자가 되려고 했던 사람이 히틀러였습니다. 노래도 잘해서 소년합창단에 다녔던 사람이었습니다. 그런데 그에게 나쁜 사상이 들어온 것입니다. 이들 세 사람의 공통점을 보면 모두가 자신의 환경과 처지를 비관하고 마음속에 유태인에 대한 미움과 타인에 대한 적개

심으로 가득 찬 사람들이라는 것입니다.

만약 요셉이 자신을 비관하고 부정적이고 원망하는 사람이라면 하나님께서 과연 축복해주셨을까요? 지금의 현실이 아무리 어렵다해도 요셉과 같이 종살이의 환경은 아니잖습니까? 그럼에도 불구하고 요셉과 같이 매사의 모든 환경을 긍정적으로 보지 못한단 말입니까?

이제 망했다 보다 이제 시작이다. 나는 못한다 보다 아니 할 수 있다. 나는 안 된다 보다, 아니 다시 해보자. 할 수 있다고, 말씀 안에서 믿음 안에서 생각하고 말하고 행동하는 사람들을 주님은 쓰십니다.

요셉은 사람과 환경을 두려워한 것이 아니라 하나님을 두려워하며 살았습니다. 요셉의 축복의 비결은 바로 하나님의 함께 하심이었습니다.

23절에는 "전옥은 그의 손에 맡긴 것을 무엇이든지 돌아보지 아니하였으니 이는 여호와께서 요셉과 함께 하심이라 여호와께서 그의 범사에 형통케 하셨더라"고 합니다. 요셉은 감옥에 갇혀 있었지만 하나님과 함께 있습니다. 감옥에 갇힌 것도 형통한 일입니다. 요셉은 문자 그대로 '미스터 형통'입니다. 사실은 요셉이 형통한 것이 아니라 형통이 요셉을 좇아다닌 것입니다. 이것이 하나님이 함께 하는 자의 복입니다.

요셉은 진정으로 하나님과 동행한 사람이었습니다. 요셉은 과거 종교개혁자들이 부르짖은 것처럼 '하나님 면전에서', '하나님 앞에서'의 삶을 살았습니다. 항상 자기와 동행하시는 하나님, 자기를 항상 지켜보고 계시는 하나님을 생각했습니다. 또 2절과 3절을 보겠습니다.

"여호와께서 요셉과 함께 하시므로 그가 형통한 자가 되어 그 주인 애굽 사람의 집에 있으니, 그 주인이 여호와께서 그와 함께 하심을 보며 또 여호와께서 그의 범사에 형통케 하심을 보았더라." 여기 3절에서 놓쳐서는 안 되는 단어들이 있습니다. '그 주인이'라는 주어와 '보았더라'는 동사를 놓쳐서는 안 됩니다. 그러니까 여호와께서 그와 함께 하심을 누가 보았다는 것입니까? 주인인 보디발이 요셉을 가만히 살펴보니까, 하나님이 그와 함께 하시는 것을 목격한 것입니다. 이것이 중요합니다. 요셉이 스스로 "나는 하나님과 동행하는 사람입니다. 나는 진짜입니다"라고 말한 것이 아니라, 계속 옆에서 지켜보고 있던 보디발이 "요셉 저 친구는 하나님과 동행하는 사람이 틀림이 없어. 저 친구 진짜 하나님의 사람이야"라고 말한 것입니다.

많은 그리스도인들이 지치게 되는 이유는 예수님과 함께 일하지 않고 예수님을 위해서 일하기 때문이다. 우리 모두가 예수님을 위해 일하지 말고, 예수님과 함께 일하세요. 이런 자가 형통합니다.

2. 형통한 자의 범위는 범사이다.

　3절에는 "여호와께서 그의 범사에 형통케 하심을 보았더라"고 합니다. 범사에 형통합니다. 형통하는 사람은 범사가 잘 됩니다. 범사가 아니면 형통이 아니지요. 부분적으로 형통하면 형통이 아니지요. "반통"이지요. 반통은 빈통이지요. 신명기의 주제는 "여호와께서 너의 범사에 네게 복을 주시리라"는 것입니다. 마음을 다하여 여호와를 의지하는 자를 범사에 지도 하신다 하셨습니다.

　바울의 형통을 보세요. 다메섹에 가서 예수 믿는 사람들을 잡아오려고 자기 의지로 핍박의 길을 갑니다. 그러나 이것이 예수님을 만나는 길이었습니다. 두 번째 전도여행을 갑니다. 무시아에서 자기 계획으로 비두니아로 가려고 했지만 예수의 영이 허락하지 않아 드로아로 갔습니다. 이것이 가장 좋은 선교의 길이었습니다. 유대인들에게 고소당하였습니다. 그는 로마 시민권자로 황제에게 재판을 받으러 가겠다고 하였습니다. 로마에 갈 때는 죄인의 모습이지만 "로마도 보리라"는 전도의 길이었습니다.

　로마에 가는 길에 탔던 배가 파선을 당합니다. 배가 깨지고, 물에 빠졌습니다. 그러나 멜리데라는 섬에서 보블리오 추장의 부친의 딸, 병을 고쳐주었습니다. 가장 좋은 섬김의 기회였습니다. 바울의 삶은 꼬이고 복잡한 삶이었지만 하나님은 범사에 형통하게 하셨습니다. 고통 가운데서 더 잘 되는 것이 형통입니다.

이것이 그리스도인의 길입니다. 그래서 그는 형통을 이렇게 말합니다. "내가 비천에 처할 줄도 알고 풍부에 처할 줄도 알아 모든 일에 배부르며 배고픔과 풍부와 궁핍에도 일체의 비결을 배웠노라". 바울의 형통은 "모든 일에"입니다.

사무엘도 형통한 사람입니다. 사무엘상 3:1에는 "아이 사무엘이 엘리 앞에서 여호와를 섬길 때"라고 합니다. 흔히 사람들은 여호와 앞에서 사람을 섬깁니다. 사람에게 잘 보이려고 하고, 사람 시중을 들기 쉽습니다. 그러나 사람과 하나님의 위치가 바뀌면 만사불통입니다. 이것이 바로 되면 만사형통입니다.

이 세상의 만사가 하나님의 것입니다. 범사가 하나님의 일입니다. 하나님 빼고 형통이 있을 수 없습니다. 우리 그리스도인의 일은 잘 안되는 것 같지만 결국은 잘됩니다. 우선은 어긋나 보이지만 바르게 갑니다. "하나님을 사랑하는 자 곧 그 뜻대로 부르심을 입은 자들은 모든 것이 합력하여 선을 이룹니다"(롬 8:28).

통일 찬송가 434장은 부를수록 힘이 납니다. "나의 갈길 다 가도록 예수 인도하시니 내주 안에 있는 궁휼 어찌 의심하리요. 믿음으로 사는 자는 하늘 위로 받겠네. 무슨 일을 만나든지 만사형통하리라. 무슨 일을 만나든지 만사형통하리라." 믿음으로 사는 사람은 만사형통합니다.

3. 형통은 성실한 사람에게 찾아온다.

형통함은 자기 일에 성실한 사람에게 찾아옵니다. "그 주인이 여호와께서 그와 함께 하심을 보며 또 여호와께서 그의 범사에 형통케 하심을 보았더라"(3절). 요셉이 종살이하던 집의 주인도 요셉이 형통한 것을 인정합니다. 요셉의 근면, 정직, 성실을 인정한 것입니다. 하나님은 성실한 사람을 형통하게 하십니다. 사람들이 형통을 보는 것은 성실함을 통해서 봅니다. 성실한 사람의 형통을 사람들은 인정합니다.

"하나님은 성공하라고 하시지 않고, 성실하라고 하신다"는 말이 있습니다. 성실하면 성공하게 하십니다. 이것이 그리스도인의 형통입니다.

요셉이 가는 곳마다 어떻게 환영을 받았습니까? 집에서는 야곱의 아들의 위치를 잘 지켜 아버지의 사랑을 독차지했으며, 보디발의 집에서는 종의 위치를 잘 지켰습니다. 감옥에서는 죄수의 위치를 지켰고, 왕에게는 신하의 위치를 잘 지켰습니다. 또한 백성들에게는 지도자로서 그 위치를 깨끗하게 지켰습니다.

성도는 어느 환경에서든 자기의 위치를 바로 지키는 사람이 되어야 합니다. 그래야 가는 곳마다 환영받고 승리합니다.

무슨 일을 맡던지 최선을 다 하는 사람은 하나님도 사람들도 좋아 합니다. 요셉은 감옥살이 할 때도 감옥생활에 얼마나 충실하였던지 이미 언급한 대로 감옥장이 되었습니다. 요셉을 만나는 사람들은 모두 요셉을 좋아하였습니다. 무슨 일을 맡던지 이렇게 충실한 사람을 사람들이 왜 싫어하겠습니까? 마더 테레사 수녀가 그렇게 유명하다는 말을 듣고 한 사람이 그를 만나기 위해서 칼콜타를 찾았습니다.

노벨 평화상을 타신 분이기에 너무나 다른 데가 많으리라 생각하였는데 고작 300명 고아들을 데리고 살고 있었습니다. 그는 수녀에게 물었습니다.

"수녀님! 기업가들은 하루 수만명 고아들을 먹이고 있습니다. 사람들은 당신을 성공자라고 부르는 데 기업가보다 못 하지 않습니까?" 이 때 테레사 수녀가 말했습니다. "하나님은 나를 성공하라고 부르지 않고 충성하라고 부르셨습니다(God did not call me successful but faithful). 나는 하나님께서 나에게 맡겨 준 일에 충성하다가 하나님 앞에 갈 것입니다" 그렇습니다. 사람들은 자기 맡은 일에 충성하는 사람을 좋아 합니다.

옛 격언에는 "챔피언은 링 안에서 챔피언이 되는 것이 아니라, 단지 거기서 인정될 뿐이다"는 말이 있습니다. 우리는 그리스도인이 이미 되었습니다. 이제 세상 안에서 진실된 삶을 통해 인정받는 일입니다. "우리의 빛을 사람에게 비취게 하여 우리 착한 행실을 보고 하늘에 계신 우리 아버지께 영광을 돌리게 하는 일이다" (마 5:16).

요셉을 보면 요셉은 남을 잘 되게 하는 사람이었습니다. 창세기 49장을 보면 요셉의 복의 가지는 담을 넘었다고 하였습니다. 요셉 하나 때문에 요셉의 가족 70명이 흉년에 다 풍족하게 살 수 있었습니다. 요셉 한 명 때문에 요셉의 자손이 다 복을 받았습니다. 야곱의 아들은 12명입니다. 그런데 12명의 아들들이 13지파를 이루었습니다. 유독 요셉만 두 지파를 차지하게 되었습니다. 요셉은 두 아들을 낳았습니다. 에브라임과 므낫세입니다. 이 두 아들이 다 지파로 분리되어 각각 땅을 차지하였습니다. 그래서 요셉만 두 배를 받았습니다.

요셉의 축복은 자손으로 담을 넘은 가지가 되었습니다. 요셉 한 명 때문에 많은 사람들이 복을 받았습니다. 읽어보겠습니다. "그가 요셉에게 자기 집과 그 모든 소유물을 주관하게 한 때부터 여호와께서 요셉을 위하여 그 애굽 사람의 집에 복을 내리시므로 여호와의 복이 그의 집과 밭에 있는 모든 소유에 미친지라"(창 39:5). 요셉이 받은 복은 보디발 집으로 가지를 넘었습니다. 요셉이 그 후 보디발 아내의 모함으로 감옥에 갇히게 되었습니다. 그런데 감옥을 주관하는 전옥이 요셉 때문에 복을 받았습니다.

(창 39;21)"여호와께서 요셉과 함께 하시고 그에게 인자를 더하사 전옥에게 은혜를 받게 하시매"

요셉은 하나님께 복을 받아 다른 사람에게 나누어주며 사는 사람이었습니다. 종으로 들어가 주인으로 하여금 복을 받게 했습니다. 감옥에 들어가 만나는 간수들에게 복을 끼쳤습니다. 궁궐에 들어가 바로 왕에게 복을 입혔습니다.

원수인 형제들에게 복을 입혔으며 아버지에게 복을 입혔고, 백성들에게 복을 입혔습니다. 이스라엘 민족을 이루는 기초를 세운 사람입니다. 가는 곳마다 만나는 사람마다 복을 입히는 인생이었습니다.

드디어 요셉이 받은 복은 국경을 넘었습니다. 요셉은 이스라엘 사람입니다. 그러나 요셉 때문에 애굽이 엄청난 복을 받았습니다. 주변 다른 나라들이 다 7년 흉년으로 고통을 당할 때 애굽만은 오히려 더 큰 축복을 받았습니다. 요셉의 지혜로운 통치로 모아두었던 양식을 주변 국가들에게 팔아 큰 축복을 받아서 누렸습니다. 이같이 요셉 한 명 때문에 주변 사람 모두가 복을 받았습니다. 이같이 남을 잘 되게 하는 사람을 사람들은 좋아 합니다. 그 사람하고만 있으면 무엇이나 잘 되는 사람이라면 그 사람을 왜 좋아 하지 않겠습니까? 우리도 그런 사람이 되도록 기도하여야 합니다.

링컨은 이런 말을 하였습니다. "행복하려거든 남을 행복하게 만들어라. 남에게 행복을 준 것만큼 행복하게 된다" 시애틀에 살고 있는 프랭크 루프 박사는 23년간이나 관절염으로 고생하는 사람입니다. 그는 불구자이면서 인생을 풍족히 살 수가 있었습니다. 내가 행복하려면 남을 행복하게 만들어야겠다고 생각하였습니다. 그는 병상에 누워서 다른 불구자들의 이름과 주소를 모았습니다. 그리고 그들에게 사랑과 격려의 편지를 보냈습니다.

그는 불구자들끼리의 단체를 만들어 서로 편지로 격려하려 하였고 마침내 전국적인 협회를 만들었습니다. 그는 침대에 누워서 매년 1만 4천여 통의 편지를 쓰고 방송과 집필로써 수천명의 병자들을 위로하였습니다. 매년 14,000 통의 편지로 그 많은 사람을 즐겁게 하여 주고 있습니다.

사람들은 이런 사람을 좋아 합니다. "하나님! 나 때문에 수많은 사람들이 유익을 보게 하여 주옵소서! 나 때문에 주변 사람들이 잘 되게 하여 주옵소서"

사람들은 일을 즐기는 사람을 좋아 합니다. 짜증내지 않고 맡은 일을 취미처럼 그렇게 즐겁게 하는 사람을 사람들은 좋아 합니다. 히딩크 감독은 경기에 임하기 전에 선수들에게 한 마디를 꼭 한다는 것입니다. "승부에 너무 집착하지 말고 게임을 즐겨라" 요셉이 바로 그런 사람입니다.

종살이를 즐기는 것같이 느껴집니다. 종살이 하면서 주인의 재산을 관리하여 주고, 주인 재산이 늘어나는 것을 즐겼습니다. 감옥에 갇혔을 때 원수를 갚고 말겠다고 벼르지 않았습니다. "내가 형을 마치고 나가면 나를 모함하여 감옥에 넣은 보디발 아내를 통쾌하게 복수하리라" 그러면서 칼을 갈면서 하루하루를 보내지 않았습니다. 주어진 환경을 즐기며 살았습니다. 이런 사람을 사람들은 좋아 합니다. 종살이도 감옥살이도 한 번도 짜증을 내지 않았습니다. 있는 곳을 즐겼습니다.

미국에 있는 한인 교회의 한 장로님은 72살에 결심한 것이 하나 있었습니다. 하나님 앞에 갈 날이 얼마 남지 않았는데 하나님 앞에 가서 무슨 말씀을 드리면 하나님이 기뻐하실 가를 곰곰히 생각하여 보았습니다. 그러다가 생각난 것이 교회 화장실 청소였습니다. 장로님은 매주 월요일이면 교회에 나와 화장실 청소를 시작하였습니다. 하나님 앞에 갈 때까지 하기로 작정하였습니다. 지금 80세입니다.

만 8년을 한 주도 결석하지 않고 꾸준히 한다는 것입니다. 그 시간이 일주일 모든 시간 중에 가장 슬거운 시산이라고 고백하였습니다. 이같이 무슨 일을 하든지 즐겁게 하는 사람을 사람들은 좋아 합니다. 우리는 지금 우리에게 맡겨진 일에 충성하며 즐겁게 하여야 합니다. 그러면 하나님이 기뻐하시고 사람들이 좋아 합니다.

통로가 막히면 모든 것이 막힙니다. 뭐든지 유통(流通)이 잘 되어야 합니다. 굴뚝도 막히면 큰일 납니다. 하수도가 막히면 어떻게 되겠습니까? 사람의 몸도 막히면 안 됩니다. 혈관이 막히면 어떻게 될까요? 음식 먹다가 식도와 기도가 막혀 죽는 사람도 있습니다.

영적으로도 마찬가지입니다. 기도의 통로, 말씀의 통로, 은혜의 통로, 축복의 통로가 막히면 어떻게 되겠습니까? 막힌 것이 문제입니다.

그리스도인은 송수관이 되어야 합니다. 메마른 대지에 물을 공급하는 송수관, 문제가 있는 곳에 해답을 주는 송수관, 생명이 없는 곳에 생명을 공급하는 송수관의 역할을 해야 한다는 것입니다. 우리 교회도 마찬가지입니다. 송수관의 역할을 감당해야 할 줄로 믿습니다. 그러므로 나만, 우리 자녀만, 우리 남편과 우리 아내만, 우리 가정만을 위한 삶이 아닌, 요셉처럼 이웃을 축복케 하는 통로로써의 삶을 사시기를 바랍니다. 복음이 전해지지 않은 곳에 복음을 전하고 메마른 심령들에게 성령의 생수를 공급하는 송수관이 되시기를 바랍니다.

남한과 북한에는 삼팔 장벽이 막혀 있어서 60년 동안 고통을 겪고 있습니다. 벽이 무너져야 합니다. 그래야 축복의 강이 흐르게 될 것 입니다. 그렇다면 저와 여러분도 축복의 통로가 될 수 있습니다. 어떻게 하면 될까요?

내 자신이 먼저 형통의 복을 누리는 사람이 되어야 합니다. 하는 일마다 잘 되고, 안 되는 일도 잘 되게 하고, 슬픈 일도 기쁜 일로 변화 시키는 사람이 되어야 합니다. 가는 길에 막힘이 없어야 합니다. 막힘이 없는 것이 무엇입니까? 이것이 형통입니다.

말씀을 정리하겠습니다. 오늘 요셉의 삶을 살펴보았습니다.

그는 참으로 불행할 수밖에 없는 환경에서 살았습니다. 그는 절망할 수밖에 없는 환경에서 살았습니다. 그러나 그는 불행하지 않았습니다. 그는 절망하지도 않았습니다.

오히려 주위로부터 인정받은 사람이었고, 주위를 축복케 하는 사람이었고, 항상 하나님과 동행하는 사람이었습니다. 오늘날에도 하나님께서는 요셉과 같은 사람을 찾으십니다. 바라기는 요셉과 같은 삶을 살아가는 우리들이 되시기를 바랍니다. 그래서 김요셉, 이요셉, 박요셉, 정요셉, 조요셉, 최요셉, 강요셉 수많은 요셉과 같은 사람들이 이 자리에서 나오기를 바랍니다.

교회에서뿐 아니라, 항상 하나님과 동행하며, 가정, 학교, 직장, 사업장, 어디서든지 인정받는 우리들이 되시기를 바랍니다. 그리고 가는 곳마다 축복을 공급하며, 만나는 사람마다 축복케 하는 삶을 사시기를 바랍니다.

당신은 축복의 통로입니다. 당신은 복의 근원 이십니다. 당신은 대한민국의 축복입니다. 당신은 천국의 복을 전하는 유통업자이십니다. 당신은 우리 교회의 축복이십니다. 십자가는 축복의 통로입니다.

3부 형통의 복을 받아라.

13장 영혼에 임한 형통의 복

(시 128:1-6)"여호와를 경외하며 그의 길을 걷는 자마다 복이 있도다. 네가 네 손이 수고한 대로 먹을 것이라 네가 복되고 형통하리로다. 네 집 안방에 있는 네 아내는 결실한 포도나무 같으며 네 식탁에 둘러 앉은 자식들은 어린 감람나무 같으리로다. 여호와를 경외하는 자는 이같이 복을 얻으리로다. 여호와께서 시온에서 네게 복을 주실지어다. 너는 평생에 예루살렘의 번영을 보며 네 자식의 자식을 볼지어다 이스라엘에게 평강이 있을지로다"

형통이란 말은 누구나 다 알고 좋아합니다. 세상에 있는 사람들 모두 형통을 좋아하지만 형통하는 자들이 많지 않습니다. 그러나 하나님은 우리에게 형통에 대해서 말씀하고 있고 약속하고 있습니다. 오직 하나님만이 형통하시는 분입니다. 하나님은 없는 것을 있게도 하시고 있는 것들을 순식간에 사라지게도 하십니다. 하나님은 원하시는 일에 있어서 단 한 가지도 방해를 받지 않는 분입니다. 하나님은 전능자이실 뿐 아니라 창조자이십니다. 천지 만물을 초자연적으로 역사하시는 유일하신 분입니다.

우리는 이 세상에 태어나 육체를 가지고 있습니다. 육체라는 것이 얼마나 연약한지 우리는 잘 압니다. 우선 시공간의 제한을 받는다는 점이 있습니다. 초월하지 못합니다. 그래서 인간은 일생 시간과 공간의 제한을 받고 삽니다. 형통할 수가 없습니다. 오직 하나님만이 형통하십니다. 형통이란 것은 누구에게 방해 받지도 않고 막는 자가 없다는 것입니다. 형통은 하나님의 뜻에 사람이 순종할 때 형통할 수 있습니다. 형통이란 무조건 잘 풀리는 것이 형통이 아닙니다. 하나님의 뜻에 순종하여 하나님의 영광을 드러내는 것이 형통입니다.

예수께서 십자가에서 죽으시고 무덤에 들어가셨는데 주님은 무덤에서 살아 나오셨습니다. 누가 무덤을 열어준 사람이 없습니다. 하나님이 하셨습니다. 예수님은 물 위로 걷기도 하시고, 부활하신 후에 문이 잠긴 곳에도 들어오셨습니다. 구름을 타고 하늘로 올라가셨습니다. 우리에게 성령으로 임하시고, 우리의 기도를 듣기도 하십니다. 오직 하나님만이 모든 것을 초월하시고 제한을 받지 않으십니다. 그가 뜻하신 것이 이뤄지지 않을 것이 없고, 그래서 하나님을 방해하는 자는 망할 수밖에 없습니다. 누가 지옥에 가는가? 하나님의 뜻을 방해하는 자는 지옥에 갑니다. 하나님의 형통을 훼방하거나 그의 형통을 부정하는 자는 살아남지 못합니다.

1. 성령으로 세례 받아라.

하나님이 그 아들을 세상에 보내셔서 그 아들은 세상에서 우리와 동일한 사람으로서 모친의 태중에서 태어나셨고 젖 먹고 자라셨고 성장하셨고 마침내 죽으셨습니다. 인간이 당하는 모든 고통과 고민과 인간이 받는 괴로움을 다 받으셨습니다. 그는 30년 동안 형통하지 않으셨습니다. 인간과 같은 처지에 있는 나사렛 사람이었습니다. 그러나 그에게 성령이 임하셨습니다. 그는 성령의 세례를 통해서 다윗의 혈통이나 족보와는 모든 인연을 끊으시고 오직 하나님과 전적으로 연합을 하셨습니다.

그 다음부터는 형통만 있었습니다. 성령의 인도를 받았기 때문입니다. 우리도 성령의 세례를 받아야 합니다. 성령의 세례를 받아야 아담과 인연을 끊고 하늘의 사람인 예수로 태어 날수가 있습니다. 우리가 성령으로 거듭나서 예수님과 같은 생을 살아야 형통할 수가 있습니다. 우리는 형통이란 것을 알아야 합니다. 우리 어릴 때에는 양잿물 먹고 자살하는 사람들 얘기를 많이 들었습니다. 양잿물은 세탁할 때 씁니다. 그렇게 무서운 독인데도 공짜면 양잿물도 마신다는 말이 있습니다.

양잿물 마시면 어떻게 된다는 것을 상식적으로 알면서도 공짜라면 먹는다는 것입니다. 인간들은 욕심만 있지 그 결과에 대해서는 상상도 않습니다. 그래서 죄를 짓는 것이고, 그래서 예수를 믿지 않는 것입니다. 성경에 기록된 말씀은 하나님 이십니다. 하나님의 말씀은 성령의 감동하심을 받은 사람들이 영으로 받아 기록한 것입니다. 우리가 성령의 세례를 받고 성령으로 충만해야 하나님의 말씀을 깨닫고 들을 수가 있습니다. 육체로서는 하나님의 말씀을 알아들을 수가 없는 것입니다.

반드시 성령으로 충만하여 영의 상태에서만 하나님의 말씀이 들리는 것입니다. 우리가 하나님의 말씀을 영으로 알아듣고 순종을 잘해야 영혼이 형통의 복을 받는 것입니다.

저는 평신도 생활을 했습니다. 목사님이 강단에서 전하는 말씀은 하나님이 하시는 말씀이라고 믿었습니다. 그래서 순종을 하려고 노력을 했습니다. 목사님들은 강단에서 성령의 임재가운데 영으로 말씀을 전합니다. 성령이 감동하는 말씀을 전합니다. 목사님이 자기 말을 전하는 것이 아닙니다. 성령이 목사님의 입술을 주장하여 말씀을 전합니다.

예를 든다면 목사님이 기도는 영으로 해야 합니다. 기도를 자기 생각으로 하지 말고 영으로 기도를 하라고 말씀을 전하십니다. 그러면 저는 착실히 기도했습니다. 10초라도 기도했습니다. 거룩한 강단에서 말씀하는 것은 집중하여 듣고 착실히 순종합니다. 하나님의 말씀도 메시지요, 강단에서 목사님이 말하는 말씀도 메시지입니다. 그 안에 하나님의 뜻이 다 포함되어 있습니다. 저는 강단에서 목사님이 광고하는 말도 메시지라고 생각을 합니다. 그런데 사람들은 설교를 듣는 사람은 있어도, 광고를 듣고 그대로 행하는 사람이 얼마 되지 않습니다.

광고는 사람의 말로 듣기 때문입니다. 목사님들이 교회를 위하여 나라를 위하여 기도해달라고 할 때 즉시 기도하는 사람이 얼마나 됩니까? 기도가 돈이 드는 것도 아닙니다. 성령이 충만하여 하나님이 하신 말씀이라고 믿는 믿음이 있다면 광고가 나오는 순간에 5초라도 기도할 것입니다. 이렇게 강단에서 전하는 말씀을 하나님의 말씀으로 믿고 순종하는 분들에게 형통의 복이 따르는 것입니다. 우리는 성령이 교회들에게 하시는 말씀을 들어야 삽니다. 주님이 다시 오셔서 "오라!" 하실 때 영이 죽은 자는 들을 수 없고, 산 자는 바로 듣고 나온다는 것입니다.

교회란 '불렀다. 모았다. 택했다.'라는 의미가 있습니다. 먼저 불렀습니다. 성경을 보면 "나는 하나님의 부름 받은 사도다." 하고 이야기 합니다. 부름 그 자체가 메시지입니다. 많은 분들이 하나님이 어떻게 우리에게 뜻을 전하는지 잘 알지 못합니다. 저의 개인적인 견해로는 강단에서 목사님이 성령의 감동으로 전하는 모든 말을 하나님의 뜻이라는 것입니다. 왜 그렇습니까? 성령이 목사님을 감동해서 입술을 열어 전해지기 때문입니다. 이것을 성령의 세례를 받고 성령으로 충만한 겸손한 사람들은 다 압니다.

성령이 듣게 하여 순종을 잘합니다. 그래서 매사에 겸손 하라는 것입니다. 마지막 날에 주의 음성을 듣는 자는 다 일어나지만 듣지 못하는 자는 못 일어난다는 것입니다. 그래서 들을 귀를 준비하고 강단에서 목사님이 성령의 감동으로 전하는 말씀을 잘 들어야 합니다. 그리고 순종해야 합니다. 성령으로 전하는 말씀은 성령으로만 알 수가 있습니다. 육으로는 이해 할 수가 없습니다. 성경은 말합니다. 하나님의 영외에는 하나님의 뜻을 모른다고 합니다.

우리는 성령으로 충만하여 성령이 교회들에게 하시는 말씀을 들어야 삽니다. 만약에 자기 신념대로, 자기 하고 싶은 대로, 자기 주관에 따라 신앙생활을 한다면 마지막 날에 주님의 음성을 듣지 못할 수도 있습니다. 이런 사람은 결정적인 순간에 주님의 음성을 듣지 못할 수도 있습니다. 형통의 복을 받으려면 하나님의 음성을 듣고 하나님의 뜻대로 행해야 합니다. 이스라엘 사람이 애굽 땅에 있을 때 모세를 통해서, 모세가 직접 말하지 않고 아론을 통해서 백성들에게 '나오시오. 양을 잡아서 피를 문설주에 바르시오.' 하고 말했습니다.

이스라엘 사람들은 하나님의 음성을 직접 들은 것이 아니라 아론의 말만 들었습니다. 그 말을 무시한 사람은 다 망했고 아론의 말을 잘 듣고 순종한 사람은 살았습니다. 또 광야에서는 '만나를 취할 때는 하루치만 취하시오.'라고 했습니다. 그 말을 안 들은 사람들은 이틀 분량을 구했기 때문에 결국 썩는 꼴을 보고 말았습니다.

신앙생활은 주의 종의 입에서 나오는 말을 듣는 것이 중요합니다. 못 들었다고 하는 사람이 많습니다. 말을 했는데 집중하고 관심이 있다면 왜 못 듣겠습니까? 저는 신앙생활 할 때 목사님이 강단에서 하시는 말씀에 순종을 했습니다. 광고라도 순종을 했습니다. 목사님이 주일날 교회가 깨끗하게 청소를 해달라고 했습니다. 그래서 제가 일직 사령을 하면 병사들을 동원하여 교회를 깨끗하게 청소를 했습니다. 저는 목사님의 입에서 나온 말씀은 반드시 해야 한다고 생각했습니다.

그때 생활은 어려웠고 세상 말로 되는 일이 없었습니다. 그러나 7년 후에 갑자기 나를 불러 사용하시기 시작했습니다. 그때부터 나를 이끄셨고 내게 평안을 주셨습니다.

제가 잣나무에 대한 비유를 합니다. 5년 동안 뿌리를 내리기만 하지 자라진 않습니다. 5년 후부터 부쩍부쩍 큽니다. 뿌리를 내리는 동안이 중요합니다. 겨울에 눈이 많이 내리면 그 이듬해 작물이 잘 자라고 풍년이 옵니다. 겨울에 눈이 많이 오지 않으면 그 이듬해 잘 자라지 않습니다.

눈이 많이 와야 수분이 많아서 겨울에 뿌리가 자라기 때문입니다. 하나님의 말씀을 듣는다고 하면서 성경을 펴놓고 성경 얘기를 해야만 말씀이라고 생각하면 안 됩니다. 과거에는 성경도 흔치 않았기 때문에 목회자가 하는 말이 광고를 비롯해 모두 하나님의 말씀이었습니다. 사람들은 몇 시에 모이라는 말을 듣고도 '내가 안 가도 갈사람 많으니까.'하고 안 갑니다. 듣고 가는 사람이 순종하는 사람입니다. 목사님이 강단에서 전도하라고 광고하면 전도를 해야 합니다.

개인 전도를 할 수 없으면 전도지라도 돌려야 합니다. 그것이 순종하는 것입니다. 순종을 잘해야 마지막 날 주님이 부를 때 '예'하고 나올 수가 있습니다. 예수님은 키를 들고 와서 알곡은 창고에 쭉정이는 불에 태운다는 것입니다. 그래서 신앙생활이란 것은 영감으로 하는 것입니다. 우리는 강단에서 전하는 말씀에 순종을 잘해야 영혼이 형통한 복을 받게 됩니다. 성도는 강단에서 목사님으로부터 전해지는 말씀을 먹고 삽니다. 그러므로 주일은 중요합니다. 일주일동안 세상을 살아가면서 필요한 신령한 하늘의 양식을 먹는 날이기 때문입니다.

2.겸손히 낮아지라.

우리는 형통이란 말은 하지만 사람들이 하나님의 말씀을 들어도 그 말씀이 우리를 형통게 하러 하시니, 자기 자신이 교만하고 거만해서 그 말씀을 받아들이지 않습니다. 어떤 사람은 "이 사람은 지위가 높은 분인데 아파서 기도 받으러 왔어요. 사람들이 많으니까 조용한 곳에 가서 기도해주세요."라고 말하는 경우가 있습니다. 저는 기분이 나쁩니다. 하나님의 은혜는 사람을 차별할 수 없는 자비가 있는 것입니다. 그런데 하나님의 은사를 가진 사람에게 "이 사람은 높은 사람이니까 그 사람의 조건에 맞춰서 기도해주세요." 하고 말할 수 있습니까?

하나님이 좋아하시겠습니까? 내가 만일 그렇게 한다면 하나님이 나도 버리실 것입니다. 누구나 막론하고 병자는 하나님의 긍휼이 필요합니다. 그런데 그게 싫어서 가버리는 사람이 있습니다. 놔두는 것입니다. 그 사람은 돈이 있으니 병원에 가서 나을 수도 있습니다. 그러나 병 낫는 것이 중요한 것이 아니라, 영적인 문제는 해결 받지 못합니다. 하나님을 이처럼 무시하고, 하나님의 은사를 천하게 취급을 하는데 안수를 한다고 병이 치유됩니까? 안 됩니다. 그런 사람은 병 고침을 받은 후에는 교회에 나오지도 않습니다. 나중에 왜 안 나오느냐고 물어보면 바빠서 안 나온다고 말합니다. 그들이 아무리 은혜를 받았다고 말해도 그것이 영원한 관계를 이루지 못합니다.

나는 우리 교인들이 형통하기를 바랍니다. 형통하려면 겸손해야 합니다. 복을 받되 겸손해야 합니다. 시편 128편을 잘 보세요. "여호와를 경외하며 그 도에 행하는 자마다 복이 있도다. 네가 네 손이 수고한 대로 먹을 것이라 네가 복되고 형통하리로다. 네 집 내실에 있는 네 아내는 결실한 포도나무 같으며 네 상에 둘린 자식은 어린 감람나무 같으리로다. 여호와를 경외하는 자는 이같이 복을 얻으리로다. 여호와께서 시온에서 네게 복을 주실지어다. 너는 평생에 예루살렘의 복을 보며 네 자식의 자식을 볼지어다. 이스라엘에게 평강이 있을 지로다." 라고 했습니다. 형통이 무엇인가를 말하고 있습니다. 자식의 자식까지 복을 받는다고 했습니다.

우리는 부활이란 소망이 있습니다. 그 소망이 없다면 당신은 나무 가지는 나왔지만 열매 맺지 못하는 가지처럼 시들고 말 것입니다. 우리는 예수를 믿고 성령으로 세례를 받았습니다. 성령의 세례는 예수 그리스도가 주는 것이라고 했습니다. 성령으로 세례를 받은 사람은 처음 익은 열매로 그리스도에게 속한 자라고 했습니다. 이 사람들만이 인 맞은 자 속에 들어간다는 것입니다. 이 땅에서 아무리 신앙생활 오래하면 무슨 소용이 있습니까? 우리가 부활이란 것을 안 뒤부터는 내 영혼이 부활 때에 받을 영광을 위해 힘쓰고 노력해야 합니다.

면류관은 노력한 자에게 주는 것이지 은사로 주는 것이 아닙니다. 우리가 성령으로 세례를 받은 그날부터는 면류관을 향해 가는 것입니다. 면류관은 왕만 쓰는 것입니다. 면류관에 대한 소망이 없는 자는 쓰레기와 같은 것입니다. 나는 우리 성도들에게 말하기를 "나는 우리가 이 땅에서 하는 일도 잘되기를 원하지만 영적으로 하는 일도 성공하기를 원합니다." 하고 말합니다. 어떤 사람은 돈을 많이 벌었어도 영적으로는 그것을 소유할 힘이 없습니다. 그래서 어느 날 빈손이 되어 버리고 절망에 빠집니다.

그러나 영적으로 부요한 사람은 있던 것을 다 내놔도 바로 회복하여 부하게 하십니다. 영혼이 부한 사람이 형통의 복을 받은 사람입니다.

영의 만족을 누리려고 하시기를 바랍니다. 사람은 육적이면서 영적인 존재입니다. 고로 영의 만족을 누려야 형통의 복을 받아 누릴 수가 있습니다.

3.믿음을 가지라.

　나는 헌금을 할 때 그런 믿음을 갖습니다. 믿음을 가지고 하는 것입니다. 나는 육안으로 보이는 것을 놔두고 내 영으로 어떻게 부유하다는 것을 잘 알기 때문입니다. 가을에 낙엽이 지면 그 다음해 잎이 나는 것을 아는 것처럼, 나는 내 영혼이 형통하다는 것을 확신합니다. 그래서 나는 헌금을 하더라도 확신을 가지고 합니다. 믿음을 가지고 합니다. 또 내가 일하는 것도 그렇습니다. 확신을 가지고 합니다. 내가 나를 속일 필요가 없습니다. 성령을 속일 필요가 없습니다.

　스스로 자기가 속는다는 것보다 어리석은 것이 어디 있습니까? 하나님이 내게 복을 주시면 복권을 산다고 하는 사람이 있습니다. 복을 받으려면 영혼이 잘 되어야 합니다. 그러면 영혼이 잘됨 같이 범사가 잘된다는 것입니다. 영혼이 잘되어야 모든 것이 형통해지는 것입니다. 형통은 영혼으로부터 주어지는 것이기 때문입니다. 형통은 영이신 하나님에게서 오는 것이기 때문입니다.

　시편 128장 5절은 "여호와께서 시온에서 네게 복을 주실지어다 너는 평생에 예루살렘의 복을 보며"라고 했습니다. 예루살렘에 그리스도와 성령이 오셨습니다. 그리스도가 오시기 전까지는 사람들은 영적인 부요를 알지 못했습니다. 그리고 성령을 받은 후부터는 성령이 충만하여 영적으로 삽니다. 그래서 내 영혼이 복을 받아 형통해야 합니다. 육신적으로는 망하고 안 되고 실패하는 것 같아도 영적으로는 그것이 성공입니다. 과수원에 가서 보면 나뭇가지를 전정하여 자릅니다. 작년 한 해 동안 자란 가지를 자르는 것을 보면 아깝습니다.

그러나 과감하게 잘라냅니다. 그러나 농부의 마음에는 그 안에서 다시 나올 가지가 보입니다. 얼마나 많은 가지가 나올지 보입니다. 이처럼 영혼이 복을 받은 사람, 영혼이 형통한 사람은 육안으로 보이는 가시적인 물질이 없어져가도 봄에 눈이 녹으려고 할 때 가지를 잘라주는 것처럼, 눈에 보이는 것을 잘라도 그 안에서 가지가 또 나와 가을에 열매 맺을 것을 보고 있습니다. 그러므로 우리는 영혼에 형통의 복이 있어야 합니다.

육신이 육안으로 보이는 그것만 가지고 눈이 녹을 무렵 과일나무 가지를 무자비하게 자르지 않으면 그 다음해 가을에는 수확이 없습니다. 그러니까 농부는 그것을 봅니다. 우리는 농부같이 하나님이 말씀하시고 우리에게 말씀하신 것을 기억해야 합니다. 그것은 육신이 아니라 영혼이 소유한 것입니다. 농부가 때에 맞춰 가지를 자르지 않으면 그 다음해 수확이 없습니다. 성경에는 열매 맺는 가지는 농부가 깨끗하게 했다고 했습니다.

주님이 일러준 말로 인해 깨끗해졌다는 것입니다. 포도를 보면 어떤 것은 알이 굵고 어떤 것은 알이 작고 어떤 것은 익었고 어떤 것은 파랗습니다. 어떤 것은 거미줄이 쳐져 있습니다. 이는 농부가 농사할 줄 몰라서 그렇습니다. 무자비하게 가지를 자른 나무에서 나온 포도는 알이 일정하게 크고 익어 있습니다. 포도를 보면 포도 짓는 농사의 마음을 알 수 있습니다. 가위질을 과감하게 하지 못한 사람의 밭에서는 일정한 포도가 나오지 못합니다. 아버지는 농부로서 가지를 깨끗하게 하신다는 것입니다.

4.영혼이 형통하라.

우리는 영혼이 형통해야 합니다. 육신이 잘되고 못되고를 먼저 연상하지 말아야 합니다. 나는 공직 생활을 23년간이나 했습니다. 그러나 승진에 4번이나 떨어졌습니다. 그때 내가 승진이 되었더라면 나는 공직생활을 계속 했을 것이고, 결국 하나님의 종이 되지 못했을 것입니다. 사람들은 "강 집사는 부부가 그렇게 기도를 많이 하는데 왜 그렇게 일이 안 돼!"하고 말했습니다. 심지어 "강 집사 회개할 것이 있나 보다."라고 했습니다.

그들은 육신이 하는 일이 안 되는 것은 회개 안 해서 그렇다고 생각합니다. 나처럼 열심히 하는 사람이 왜 안 되느냐는 것입니다. 지금 생각하면 그 때 승진이 안 된 것이 천만 다행입니다. 승진이 안 되었기 때문에 영혼이 잘된 것입니다. 내가 진리를 안후에야 그 시절에 내 영혼이 메말라 있었다는 것을 알았습니다. 내 영혼이 형통하게 될 때 하루아침에 변화가 되었습니다. 나는 당신에게 이 진실을 말하고 싶습니다. 영혼의 복으로 형통해야 합니다. 신령한 복으로 형통해야 합니다. 눈에 보이는 가시적인 것으로 판단할 필요가 없습니다. 어떤 사람이 자기가 가진 것을 의지하여 영혼이 평안하자 했는데 하나님은 그런 사람을 미련한 자라고 했습니다. 과연 우리 영혼이 부요합니까?

시편 128편 2절은 "네가 네 손이 수고한 대로 먹을 것이라 네가 복되고 형통하리로다"라고 했습니다. 이는 영적인 부유를 말한 것입니다. 심은 대로 거둔다는 것입니다. 헌금할 때도, 헌신할 때도 무자비하게 하고, 봉사할 때도 무자비하게 하세요. 영혼을 위해서 육신이 손해 볼 만큼 하라는 것입니다. 그러면 자식의 자식까지 복 받는 것을 볼 것입니다.

이는 육신이 복 받자는 말이 아닙니다. 뿌리가 넓어 사라아 가지가 자랍니다. 뿌리가 큰 나무가 큰 나무입니다. 영혼이 잘 되어야 모든 것이 잘 될 수 있습니다. 주님이 우리에게 간절히 원하는 것은 이것입니다. 시편 128편 1-2절은 "여호와를 경외하며 그 도에 행하는 자마다 복이 있도다 네가 네 손이 수고한 대로 먹을 것이라 네가 복되고 형통하리로다."라고 했습니다. 발명품을 만드는 사람의 머리 안에는 이미 많은 생각이 있습니다. 이처럼 우리 영혼이 먼저 형통해야 합니다. 영혼이 형통해야 가정도 잘 됩니다. 이것보다 더 급한 것이 없습니다.

그래서 예수께서 십자가에서 죽으시고 피 흘리신 것은 우리 영혼이 형통치 못하게 방해하는 것을 다 제거하신 것입니다. 그리고 성령을 주신 것도 우리를 형통하게 하신 것입니다. 예수의 보혈과 성령으로 내 영혼이 형통해야 합니다. 요한복음 6장에 보면 많은 제자들이 예수를 떠났습니다. 그가 "내 피를 마셔라. 내 살을 먹어라."라고 했기 때문입니다. 살리는 것은 영이니 육은 무익하다 했습니다. 내 말이 생명이요, 내 말이 영입니다. 영으로 먹고 영으로 마시고 영으로 성공한다면 성공한다는 것입니다.

교회생활을 수십 년 해도 안 되는 것은 영적인 생활을 못했기 때문입니다. 다시 말해 뿌리가 없기 때문입니다. 이런 분은 빨리 영안을 열어 자신의 영혼에 문제가 무엇인지 찾아내서 고쳐야 합니다. 원인 없는 문제는 없습니다. 가지를 과감히 쳐내도 아깝지 않도록 영적인 복을 받으려고 하기 바랍니다. 영적으로 형통할 수 있도록, 자기 영혼에 형통하는 복이 임하도록 간구합시다. 눈에 보이는 것은 무자비하게 잘라버리듯 극복하고 초월할 수 있는 강력한 힘이 있도록 간구합시다.

5. 하나님의 뜻을 알라.

영혼이 형통해야 만사가 형통해지는 것입니다. 영혼이 형통하려면 기도해야 합니다. 기도할 때 성령으로 충만할 수가 있습니다. 성령이 충만해야 하나님의 계시를 받을 수 있습니다. 하나님의 계시를 받아 순종해야 형통한 것입니다. 형통의 복이란 자기가 형통하겠다고 해서 되는 것이 아닙니다. 하나님이 뜻을 구해야 합니다. 하나님의 뜻을 구하기 위하여 기도해야 합니다. 하나님이 자신에게 무엇을 하기를 원하는지 알아야 순종할 수 있는 것입니다. 하나님의 뜻을 알려고 하면 성령의 인도를 받아야 합니다.

우리 성령께서는 삶의 전반적인 과정을 통하여 인도하시는 것입니다. 전반적으로 우리 인생을 사는 것하고, 구체적인 특별한 문제에 부딪혀서 하나님 뜻을 알아내는 것하고 대개 두 개로 나누어지는 것입니다. 전반적으로는 인생을 어떻게 살 것인가. 내가 특별히 부딪히는 문제를 어떻게 해결할 것인가. 삶의 전반적인 과정을 통하여 주님은 성령을 통해서 인도하시는 것입니다.

'고아의 아버지'라 불리며 5만 번 이상의 기도응답을 받은 영국의 죠지 뮬러(George Mueller) 목사님은 이렇게 말했습니다. "저는 반드시 하나님의 말씀을 통해서만 성령의 뜻을 구합니다. 성령과 말씀은 결합되어야 합니다. 말씀 없이 성령님만 바라보면 미혹에 빠질 수 있습니다. 성령님은 말씀을 통해서 우리를 인도하십니다. 그러므로 말씀에 어긋난 것은 성령님의 인도라고 할 수 없습니다."

성령님은 삶의 전반적인 과정을 통해서 인도하십니다. 항상 성령님의 인도는 성경 말씀에 일치됩니다. 말씀과 반대되는 말씀은 절대로 성령님께서 인도하지 않는 것입니다. 우리는 말씀에 의지하여 기도하며 성령님의 인도를 구해야 되는 것입니다. 전반적인 면에서 하나님의 성령은 언제나 우리에게 의와 진리와 거룩함과 믿음, 소망, 사랑, 선, 이 방향으로 인도하기 때문에 늘 기도하고 성령의 인도를 받으면 부정적이고 파괴적이고 절망적이 되지 않습니다.

특별한 사건에 관해서 하나님의 뜻을 알고자 할 때 어떻게 하는 것입니까? 특별한 사건, 다시 말하면 내가 이 사업을 할까 말까요? 내가 휴가를 갈까 말까요? 내가 이 집을 살까요? 말까요? 아주 구체적인 것, 이런 것에 대해 하나님의 뜻이 알려져야 할 때가 있습니다. 그런데 성령께서는 우리가 서로 대화하듯이 음성으로 말해줄 때가 있습니다. 기도 중 마음에 들리는 음성으로 혹은 고요하고 잠잠한 목소리로 우리에게 말씀해줄 때가 있습니다. 우리가 하나님 성령의 인도를 받고 살려고 기도를 많이 하면 하나님이 음성으로 말할 때가 있습니다.

저도 몇 번 하나님의 음성을 들었습니다. 음성이 들려오는데 내 마음속에서 들려옵니다. 그래서 음성을 통하여 하나님의 뜻을 깨달을 때도 있습니다. 꿈이나 환상으로 하나님이 말씀할 때가 참 많습니다. 마태복음 2장 12절에 보면 "그들은 꿈에 헤롯에게로 돌아가지 말라 지시하심을 받아 다른 길로 고국에 돌아가니라" 동방박사 세 사람 헤롯에 가지 말라고 해서 다른 길로 고향으로 돌아간 것을 우리가 알고 있는 것입니다. 우리 성경에 보면 하나님께서 꿈과 환상으로 말씀한 것이 대단히 많습니다.

오늘날도 하나님께서 꼭 필요하면 성령이 꿈과 환상으로 우리에게 계시해 주시는 것입니다. 그러므로 하나님이 우리와 같이 계시기 때문에 꼭 필요할 때 그런 인도를 해주시는 것입니다. 그렇지 않으면 마음에 깨달음을 주시는 것입니다. 지혜와 총명과 모략과 재능을 주시는 것입니다. 하나님이 지혜와 총명과 모략과 재능을 주어서 마음에 깨달아져요. 마음이 놀랍게 깨달아져요. 그러므로 예수 믿으면 하나님께서 성령으로 지혜와 총명과 모략과 재능을 주시는 것입니다.

안 믿는 사람보다 굉장한 지혜와 총명과 모략과 재능을 주십니다. 우리 마음에 소원을 일으켜서 행하노록 성령께서 이끌어 주시는 것입니다. 그러므로 여하간 우리 예수를 믿고 성령을 모신 사람은 인생을 외롭게 살아서는 안 됩니다. 우리를 돕기 위해서 성령이 와서 계시기 때문에 우리가 성령님을 인정하고 환영하고 모셔드리고 의지하고 기도하면 어떤 방법으로도 음성으로든지 환상으로든 계시든지 지혜와 총명과 모략과 재능과 지시든지 이를 통해서 성령이 인도해 주시는 것입니다.

성령님은 우리가 알 수 없는 지혜와 총명과 모략으로 마음에 깨달음을 주셔서 우리를 인도하여 주시는 것입니다. 그래서 옛날부터 예수쟁이 말 잘한다 하지 않습니까? 예수쟁이가 왜 말

잘하느냐? 속에 성령이 계시기 때문에 지혜와 총명과 모략과 재능과 지식을 주시는 것입니다. 그 다음에는 성령께서 환경을 통하여 인도해 주시는 것입니다. 내 주위 환경이 내가 생각한 이외로 다른 길로 인도할 때가 있습니다. 성령의 인도로 하나님의 뜻을 바르게 알고 순종하여 형통의 복을 받기를 바랍니다.

형통의 복을 받아 누리려면 성령으로 세례를 받아야 합니다. 그리고 상처를 내적치유해야 합니다. 상처가 치유되지 않으면 절대로 하나님과 같은 영적인 상태에 들어갈 수가 없습니다. 영적인 상태에 들어가지 못하면 하나님과 교통을 할 수가 없습니다. 하나님과 교통을 해야 하나님이 형통으로 역사를 하십니다.

혈통으로 흐르는 죄악의 문제는 반드시 해결을 해야합니다. 많은 분들이 혈통으로 흐르는 영적인 문제를 해결하지 못하여 열심히 믿음 생활을 하면서도 환란과 풍파를 면하지 못하고 평생 고통을 당하시는 분들이 다수가 있습니다.

형통의 복을 누리려면 제가 하는 말에 순종해야 합니다. 말씀과 성령으로 혈통을 타고 역사하는 죄악의 줄을 절단하시기를 바랍니다. 자신의 혈통에 무슨 문제가 흐르고 있는지 성령의 임재 가운데 물어보시기를 바랍니다.

하나님에게 물어보면 반드시 답을 해주십니다. 하나님이 알려주는 대로 적극적인 방법으로 깊은 회개를 하고, 죄악의 줄을 차단하고 귀신을 축귀하십시오. 자신의 권능으로 처리할 수가 없으면 전문적인 사역자의 도움을 받으십시오. 세대에 역사하는 악한 영을 축귀하지 않으면 절대로 형통의 복을 받을 수가 없습니다. 형통의 복은 하나님과 교통할 때 받을수가 있습니다. 하나님과 친밀하게 지내도록 적극적인 노력을 해야 합니다. 하나님과 친밀해지는 것은 하나님과 같은 영의 상태에서 가능한 것입니다. 하나님과 같은 영의 상태가 되려니까, 성령으로 세례를 받고, 상처를 내적치유하고, 자아를 부수어야 합니다. 그리고 세대에 역사하는 귀신들을 몰아내야 합니다.

형통의 복을 받으려면 영적인 상태가 되게 해야 합니다. 영적인 상태는 성령으로 깊은 영의기도를 할 때 가능합니다. 깊은 영의기도에 대해서는 "깊은 영의기도 숙달하는 비결"을 참고 하시기를 바랍니다.

이 책을 읽는 독자들이여! 영의 만족을 누리세요. 영의 민족을 누리면 형통의 복은 자연스럽게 따라오게 됩니다. 영의 통로를 뚫고 성령으로 깊은 기도를 하십시오. 날마다 하나님과 친밀하게 지내어 형통의 복을 누리시기를 바랍니다.

14장 건강에 임한 형통의 복

(잠언3:7-8)"스스로 지혜롭게 여기지 말지어다. 여호와를 경외하며 악을 떠날지어다. 이것이 네 몸에 양약이 되어 네 골수를 윤택하게 하리라"

하나님은 예수를 믿는 우리가 모두 건강에 형통의 복이 있기를 소원하십니다. 세상 말에도 돈을 잃으면 적게 잃은 것이요. 명예를 잃으면 절반을 잃은 것이요. 건강을 잃으면 모든 것을 잃은 것이다. 란 말이 있습니다. 축복 가운데 제일 큰 축복은 건강축복입니다. 설령 장수하더라도 건강하고 장수해야지 병들어가지고 장수하면 가족들만 힘들게 하기 때문에 도리어 욕이 됩니다. 건강해야 신앙생활도 잘 할 수 있고, 직장일도 잘 할 수 있고, 사업도 잘 할 수 있습니다. 건강해야 가정도 평안합니다. 세상에 아무리 명예, 권세 다 가졌다고 할지라도 건강이 없으면 아무 소용이 없습니다.

본문에 하나님은 건강의 비결을 말씀합니다. '하나님을 무시하고 악을 쫓아가면 네 몸에 해롭고 골수에 병이 든다.' '여호와를 경외하며 악을 떠나라 이것이 네 몸에 양약이 되고 네 골수로 윤택하게 하리라' 여호와를 경외하는 것이 무엇입니까? 하나님을 공경하고 두려워하는 마음입니다. 두려워한다는 것은 공포심이나 무서움이 아니라 존경심으로 옷깃을 여미는 것을 말합니다.

악에서 떠나라. 악하게 생각하면 먹는 것, 자는 것, 일하는 것, 어느 것 하나 평안할 수 없습니다. 악을 쫓는 사람은 그 영혼이 병들고 인간성이 황폐합니다.

그리고 영혼이 병들면 육신도 병듭니다. 대개 신앙이 떨어지면 건강이 떨어지고 돈벌이가 떨어집니다. 참 이상합니다. 이것이 하늘나라 법칙인가 봅니다. 이것을 알고 지키면 복이 될 것입니다.

1. 병이 드는 원인

우리는 병이 드는 원인도 바르게 알아야 합니다. 바르게 알아야 바르게 진단하여 치유할 수가 있습니다. 성경에 보면 분명하게 병이 드는 원인이 나와 있습니다. 그래서 우리는 말씀 안에서 살아야 하는 것입니다. 말씀은 우리를 보호하는 울타리가 되기 때문입니다.

1) 사탄의 역사가 있습니다. 동방의 의인 욥도 사탄이 와서 머리에서 발끝까지 악창이 났습니다. 예수님은 눅13:16에 '18년 동안 허리를 펴지 못한 여자도 사탄의 매임에서 풀어주셨습

니다.' 마9:32 사탄은 벙어리 되게도 했습니다. 마12:22 눈도 멀게 했습니다. 고후12:7 바울사도도 사탄의 가시를 주었다고 했습니다.

2) 죄로 인한 질병이 있습니다. 자기의 죄 때문에 병이 든 것입니다. 부모의 죄 때문에, 남편의 죄 때문에도 병이 듭니다. 신28장 20절에 하나님은 악을 행하는 자에게 병이 들게 합니다. 마9장 2절에 네 친구들에 의해 예수님께 데려왔던 사람도 죄 때문에 병이 생겼습니다. 베데스다 연못에 38년된 중풍병자도 죄 때문에 병이 생겼습니다. 예수님은 이 사람들을 치료해 주시며 더 심한 것이 생기지 않도록 다시 죄짓지 말라고 했습니다. 오늘 우리 중에 연약하신 분이 계십니까? 고단하신 분이 계십니까? 그 원인을 살펴보시기 바랍니다. 만약 죄 때문이라면 빨리 회개하고 기도 받고 나옵시다.

(약5:15)"믿음의 기도는 병든 자를 구원하리니 주께서 저를 일으키리라 혹시 죄를 범하였을지라도 사하심을 얻으리라. 이러므로 너희 죄를 서로 고하며 병 낫기를 위하여 서로 기도하라 의인의 간구는 역사하는 힘이 많으니라."

3) 주님께서 단련하시고자 하는 병이 있습니다. 물론 생활의 어려움으로 올 수 있습니다. 히12장 5절에 주님의 징계를 경히

여기지 말라, 11절에는 연단한 자에게는 더 큰 열매가 있다고 했습니다. 주님의 연단가운데 교만한 자를 징계하시며, 게으른 자를 징계합니다. 본문 잠언 3장 7절에 '스스로 지혜롭게 여기지 말지어다.' 이 말씀은 교만하지 말라, 자기 생각대로 하지 말라는 말씀입니다. 아브라함이 이삭을 낳은 후에 번제 드리는 것에 게을러졌습니다. 그래서 이삭을 번제로 드리라고 했습니다. 그때 아브라함은 순종했습니다.

만약 그때 우리 아들은 죽어도 안돼요, 하고 거절했다면 그에게는 어떤 징계가 임했을까요? 아마 하나님에게 아무것도 받지 못하는 불통의 사람이 되었을 것입니다.

4) **병이 난 이유는 하나님의 영광을 위해서입니다.** 요9장 3절에 나면서 소경된 사람이 있는데. 이것이 누구의 죄냐고 물을 때 누구의 죄가 아니라 하나님이 하시는 것을 보여주려고 한다고 했습니다. 요11장 4절에 나사로가 죽었을 때도 주님은 이 병은 죽은 것이 아니라 하나님의 영광을 위함이라고 했습니다.

5) **자연현상적인 병도 있습니다.** 사람은 24세까지 성장하는데 성장하는 5배의 수명을 살수 있답니다. 그러니까 120살까지 살 수 있는 것입니다. 그런데 건강을 어떻게 관리하느냐가 중요한 것입니다. 잘 관리한 사람은 오래살고, 아무렇게나 관리하면 생명을 단축합니다. 주로 불건전한 생활을 하거나 깨끗

하지 못한 생활을 하면 병이 잘납니다. 우리가 어렸을 때 보면 몸을 청결하게 하지 않으니까 부스럼, 이, 때가 얼마나 많았습니까? 목욕탕이 없으니까 더더욱 그랬습니다. 음식에 욕심을 내면 안 됩니다. 그러면 반드시 배탈이 나고, 상한 음식 먹으면 식중독에 걸립니다.

그리고 과로하면 병이 납니다. 정신적인 과로나, 육체적인 과로 모두 건강을 해칩니다. 그런데 사람은 누구나 병이 나는 것을 원하는 사람은 아무도 없습니다. 사람이 아프면 빨리 병원에 가야 합니다. 그러나 병원에서 고치지 못하는 병도 있습니다. 그런 사람은 하나님이 살려주셔야 합니다. 하나님이 고쳐주셔야 합니다. 자고로 교만하지 말아야 합니다. 죄를 짓지 말아야 합니다. 그리고 하나님 말씀대로 살아야 합니다. 긍정적이고 감사의 삶을 살아야 합니다.

엘머게이스 박사가 사람의 호흡을 액체 공기로 냉각했더니 색깔이 나타났습니다. 화를 냈을 때는 밤색입니다. 슬픔과 고통스러울 때는 회색입니다. 후회할 때는 분홍색이고 기뻐할 때는 청색으로 나타났습니다.

그런데 밤색 침전물을 분석 연구했더니 무서운 독소가 포함되어 있고 그것을 쥐에게 주사했더니 쥐가 죽어버렸다는 것입니다. 사람이 한 시간 화를 내면 80명 죽일 정도의 독소가 발생하고 자기 몸에 독이 퍼진다고 합니다.

우리는 건강해야 합니다. 건강하지 못하면 가족과 이웃을 사랑하고 싶어도 사랑할 수 없습니다. 건강하지 못하면 교회에서 봉사하고 싶어도 못합니다. 우리는 하나님을 경외하며 악에서 떠납시다. 건강한 몸과 맘으로 하나님의 자녀답게 건강에 형통의 복을 누립시다.

2. 병을 예방하는 방법

저는 참으로 건강에 형통의 복을 받은 사람입니다. 제가 지금 10년이 넘도록 성령치유 사역을 하고 있습니다. 매주 월요일부터 목요일까지 하루에 2-3회 집회를 인도하고 있습니다. 그런데 몸이 불편해서 사역을 하지 못한 날이 없다는 것입니다. 물론 목이 잠겨서 몇 번 고생은 한 적이 있지만 몸이 아파서 집회를 못한 적은 없습니다. 주변에 저를 잘 아는 목회자들은 저보고 그렇게 매주 집회를 하다가 탈진하여 죽는다고 쉬어가면서 사역을 하라는 것입니다. 그래서 목사님! 저는 아무런 피곤을 느끼지 못하고 사역을 하고 있습니다.

그러면서 저만의 건강을 유지하는 비결이 있습니다. 그랬더니 노회 목사님이 저에게 무슨 보약을 먹느냐고 자기에게 좀 알려 달라는 것입니다. 그래서 제가 웃으면서 저의 건강을 유지하는 방법은 영적인 생활을 충실하게 하는 것입니다. 그랬더니, 그래요. 그것 좀 저에게 알려주세요. 하는 것입니다. 그래서 제가 그 것을 설명하려면 며 칠이 걸립니다. 제가 이 건강 법칙을 터득하는 데도 몇 년이 걸렸습니다. 제가 원래 건강한 사람이 아니었습니다. 저는 어려서 장에 문제가 있어서 7살까지 대변으로 피를 쏟으면서 살았습니다.

주변에 있는 사람들이 모두 사람 노릇을 못하고 죽는다고 했습니다. 그래서 명이 길게 살아가라고 제 이름을 개똥이라고 불렀습니다. 그런데 지금 제 나이가 상당이 많습니다. 그 모든 질병이 치유되고 이렇게 건강하게 주님의 일을 하고 있습니다. 하나님의 말씀에 순종하니 하나님이 함께 하여 주시기 때문입니다. 제가 육체의 건강에 형통의 복을 누리는 것은 다음과 같습니다.

1) 내적인 상처를 치유 받았습니다. 제가 군대에서 나와서 신학대학원을 마치고 교회를 개척하였습니다. 교회를 개척하니 마음대로 성장이 되지 않았습니다. 돈은 자꾸 날아가고 성도는 모이지 않았습니다. 신경을 많이 쓰고 스트레스를 많이 받으니까, 불안 장애가 왔습니다. 손이 떨리고, 가슴이 두근거리고, 가슴이 답답하여 기도를 제대로 하지 못했습니다. 그러다가 영적인 면에 눈이 뜨기 시작하여 내적치유를 한 일 년 동안 받았습니다. 그래서 성처를 대략적으로 치유를 받았습니다. 혼자 기도하면서 내면을 치유하기도 했습니다.

그때 이야기를 하면 이렇습니다. 병원전도를 열심히 하고 다니던 어느 날 신경성 위장병으로 고생하던 남 집사를 위해 기도하게 되었습니다. 그런데 성령의 역사가 강하게 나타나서 악한 영이 발작을 일으켜 악을 쓰고 토하게 하였습니다. 악을 쓰는 소리에 놀라 간호사가 달려왔습니다. 병실 문을 잠가 버렸습니다. 다 마무리를 하고 병실을 나와 다른 병실로 가는데 이상하게 제 속이 쓰리고 아팠습니다. 아침 먹은 것이 잘못된 것 같다고 생각하고 전도를 마친 후 교회에 들어갔더니, 아내가 밥풀만한 눈곱이 눈에 달렸다고 떼어 내라고 했습니다. 그때 내 영육의 질병이 그 환자로부터 왔음을 직감하고 슬슬 걱정되기 시작하였습니다. 계속적으로 속이 아프고 소화도 잘 안 되어 고생하였습니다.

그러던 즈음에 어떤 자매가 영적인 질병으로 고통당하고 있었습니다. 축사를 하고 나면 정상으로 돌아왔다가도 이상하게도 2-3일이 지나면 다시 원위치로 돌아가 고통을 당하기 시작하였습니다. 그래서 어느 목사님에게 전화로 물어봤더니 내적 치유를 먼저 하라는 것이었습니다. 이 자매의 일과 저의 질병 상태를 놓고 기도하면서 생각해 보니 그냥 축사하고 안수 기도할 것이 아니었습니다. 그래서 서점에 가서 내적 치유에 대한 책을 사서 보니 무엇보다도 먼저 자신의 내면 치유가 이루어져야 한다는 것이었습니다.

또 그 책을 아내가 읽더니 감동을 받아 내적 치유를 받아야 한다는 마음으로 동요되기 시작했습니다. 그래서 서울에서 하는 치유기관에 일 년여 동안 아내와 같이 다니면서 내적 치유를 받았습니다. 많은 영적 체험과 치유를 경험했습니다.

그런데 그렇게 내적 치유를 일 년을 받아도 해결되지 않는 부분이 있었습니다. 아주 이것 때문에 굉장한 고생을 하였습니다. 위의 통증입니다. 전도하러 다녀도 꾹꾹 찌르고 설교준비를 하다가도 아팠습니다. 이것을 고치려고 6개월을 잠을 자지 않으면서 기도하였습니다. "하나님, 왜 이렇게 위의 질병이 치유되지 않습니까? 하나님 알려주세요. 하나님 알려주세요. 하나님, 도와주세요."

어느 날 하나님이 완벽하게 치유하여 주셨습니다. 그런데 그냥 치유하여 주신 것이 아닙니다. 저의 지나온 과거 속에서 상처받은 곳을 하나하나 구체적으로 보여주셨습니다. 상처받은 곳을 조목조목 보여 주시고 설명해 주시기를 무려 일곱 번을 하시더니 상처의 근원지를 보여주시면서 치유하여 주셨습니다. 근원지를 보니까 전부 저에게 문제가 있었다는 것을 깨달았습니다.

성장 과정의 문제로 제가 상처를 받고 응어리를 품고 살았던 것입니다. 모두 저에게 문제가 있었습니다. 하나님께 그대로 고백하고 인정하니까 하품이 막 나더니 배가 시원해지면서 위장병을 깨끗하게 치유하여 주셨습니다. 내적인 치유는 자신과의 영적 싸움입니다. 의지를 가지고 치유하여 뿌리를 뽑아야 합니다. 자신의 건강을 위해서라도 내적치유를 해야 합니다.

2) 깊은 기도를 합니다. 제가 깊은 영의기도를 하려고 굉장한 노력을 했습니다. 깊은 영의기도 세미나에 세 번이나 참석하여 기본을 숙지하고, 실제 체험하려고 7개월 동안 교회 강단에서 의자위에서 자면서 기도를 숙달했습니다. 의자위에서 자는 것은 의자위에서 잠을 자면 깊은 잠을 자지 못하기 때문에 의자위에서 잠을 잔 것입니다. 그러다가 의자에서 떨어지기도 몇 번 했습니다. 그러나 포기하지 않고 꼭 깊은 영의기도를 숙달하고 말겠다는 의지를 가지고 계속 기도했습니다. 그러던 어느날 서서히 기도가 깊어지는 것을 체험적으로 느꼈습니다.

말로 설명하기가 좀 어렵지만 대략 설명하면 이렇습니다. 기도가 깊어지고 영의 통로가 뚫리니까 제일 처음 괴로운 것이 잠재의식에 숨어있던 상처가 떠오르는 것이었습니다. 정말 지난날의 상처들이 막 떠오르는데 섬멸 봐주어야 할 사람들이 많았습니다. 그것을 다 용서하며 회개하며 치유하여 해결하고 나니까, 이제 이런 현상이 나타났습니다. 기도가 깊어지니까, 무의식에서 찬양이 올라왔습니다. 너무나 은혜로웠습니다. 그래서 이 찬양을 내가 어디에서 불렀더라하고 생각을 하니, 찬양이 끊어졌습니다.

이와 같은 현상은 이렇게 설명할 수 있습니다. 어디에서 찬양을 불렀더라하고 생각하니, 의식이 살아나게 됩니다. 즉 의식이 살아나니 육적인 상태가 되는 것입니다. 그러니까 자연히 영의 활동이 끊어지는 것입니다. 성령의 불이 심령에서 올라오는 깊은 영의기도를 하려면 자신의 의식, 생각과 관계를 끊어야 합니다. 자신의 생각을 가지고 성령의 불이 심령에서 올라오는 깊은 영의기도를 하겠다고 생각하고 기도하면 절대로 깊은 영의기도의 경지에 들어갈 수 없습니다.

성령의 불이 심령에서 올라오는 깊은 영의기도를 하고 싶으신 분은 자신의 생각이나 의지나 의식과 관계를 끊으시고 내적 침묵과 외적 침묵이 된 상태에서 숨을 들이쉬고 내쉬면서 오직 마음의 기도에만 집중하시기를 바랍니다. 기도를 다른 말로 표현하면 하나님에게 집중하는 것이라고 저는 생각이 됩니다. 저는 이렇게 내 의식을 가지고 생각을 가지고 기도하다가 아 내 의식을 가지고 기도하면 절대로 깊은 기도에 들어갈 수 없구나 생각하고 이제 아무런 생각이나 의식을 갖지 아니하고 오직 기도에만 집중하여 기도를 했을 때, 어느날 깊은 영의기도에 들어갔습니다.

절대로 2단계 마음의 기도에서 3단계 깊은 영의 기도에 들어가야 하겠다고 생각을 하면서 기도를 하면 절대로 깊은 기도에 들어갈 수가 없습니다. 계속 마음의 기도에 집중하며 기도하다 보면 자신도 모르는 사이에 깊은 영의기도에 돌입하게 됩니다.

깊은 영의기도에 돌입하면 말로 표현하기 어려운 평안과 기쁨을 맛보게 됩니다. 온몸을 성령께서 만져주시고 마음속에서 성령의 불이 올라오는 경험을 하게 되고 얼굴이 성령의 불의 역사로 화끈거리고 상처가 치유되고, 질병이 치유되고 영안과 영계가 열립니다. 그리고 차츰 성격도 변하여 온유한 주님의 성품으로 바뀌게 됩니다.

저는 매일 쉬지 않고 이렇게 깊은 기도를 하면서 내 심령을 성령의 불로 씻어내는 시간을 많이 갖습니다. 제가 건강을 유지하는 것은 이 깊은 기도를 하는 덕분이라고 생각하고 거의 쉬지 않고 하고 있습니다. 깊은 기도에 관심이 있으신 분은 저희 충만한 교회에 교재와 테잎이 있습니다. 매 집회 때마다 깊은 기도를 하도록 하고 있으니 집회에 참석하시면 터득하게 될 것입니다.

3) 마음을 평안하게 하려고 합니다. 저는 마음에 평안을 유지하려고 의지적인 노력을 합니다. 목회는 하나님의 일입니다. 모든 것을 하나님에게 맡기는 자세로 목회를 하고 있습니다. 절대로 숫자에 연연하지 않고 하나님이 보내 주시는 대로 감사하면서 집회를 인도하고 있습니다. 교회 성장도 마찬가지입니다. 주일날 보내주는 성도들에게 성령의 불세례를 받게 하기 위해서 편안한 마음으로 예배를 인도하고 있습니다. 목회에 욕심을 버리니까, 자연스럽게 마음이 편안해졌습니다.

교회개척 초기에는 내가 하려고 열심히 뛰고 스트레스로 심령이 상했지만, 지금은 전폭적으로 성령하나님에게 맡기면서 목회를 합니다. 저는 항상 이런 생각을 하고 있습니다. 다른 사람을 살리고 내 육체가 망가지는 것은 절대로 하나님의 뜻이 아니다. 먼저 내가 살고 다른 사람을 살리는 것이 하나님의 뜻이라고 생각하면서 목회를 하고 있습니다.

4) 화나 혈기를 내지 않습니다. 저는 항상 안정한 심령을 유지하려고 의지적인 노력을 합니다. 걸어 다니거나 원고를 쓰거나 할 것 없이 깊은 기도를 하면서 일을 합니다. 그러니까, 자연히 마음이 평안해져서 웬만한 문제가 일어나도 동요하지 않습니다. 누가 혈기를 내고 달려들어도 절대로 같이 대적하지 않습니다. 안정한 심령으로 하나님이 알려주시는 지식의 말씀과 지혜의 말씀으로 대화하며 해결합니다.

세상에 일이 화낸다고 해결이 됩니까? 다 시간이 해결해주고 하나님이 역사하셔야 일이 풀리는 것입니다. 혈기는 영성에 지대한 영향을 줍니다. 성도가 혈기를 낼 때는 육체가 됩니다. 아무리 성령이 충만한 성도라도 혈기를 내는 순간은 육체가 되는 것입니다. 육체가 되면 옛 사람의 주인이던 귀신이 찾아옵니다. 이것을 알아차리고 깊은 기도하면 금방 떠나갑니다. 그러나 알아차리지 못하고 그대로 세월이 흐르면 자신의 안에서 집을 짓고 좌정하게 됩니다. 이러면 기도도 안 되고 조그마한 일에 자꾸 혈기를 내고 분노를 발하게 되는 것입니다. 자꾸 자신의 영성이 소멸되어 갑니다. 성령치유 사역자가 이러한 상태를 모르고 계속 사역을 하게 되면 영적인 손상으로 탈진이 오기도 합니다. 주의해야 합니다.

5) 집회 때는 성령의 인도에 순종합니다. 저는 집회를 인도할 때 성령이 앞서서 역사하는 것을 보고 따라갑니다. 제가 성령집회를 하다 보면 성령의 임재는 다양하게 역사합니다. 어느 때는 회개의 영으로 임하십니다. 어느 때는 신유의 영으로 임하십니다. 어느 때는 축사의 영으로 임하십니다. 어느 때는 내적치유의 영으로 임하십니다. 어느 때는 성령의 불로 임하십니다. 어느 때는 예언의 영으로 임하십니다. 어떤 때는 희락의 영으로 임하십니다. 그리고 같은 시간에 같은 장소라도 그룹별로 각각 다른 영이 임하는 경우도 있습니다.

사역자는 이렇게 임하여 역사하는 영을 보고 알아서 집회를 인도하여 나가야 강력한 성령의 역사를 일으킬 수가 있습니다. 성령의 역사는 다양합니다. 그 때 그 때 임재하시고 역사하시는 성령을 따라 사역을 할 수가 있습니다. 성령의 임재는 뜨겁게 기도할 때 임하십니다. 이와 같이 성령이 역사할 때 영안으로 성령의 임재 역사하심을 보시기를 바랍니다. 그래서 성령의 임재와 역사를 요청하며 사역을 이끌어 가시기를 바랍니다. 성령이 권능으로 역사하게 하려면 권능의 영으로 임할 것을 요청해야 합니다. 성령이 불로 임하시게 하려면 성령의 불로 임할 것을 요청해야 합니다.

그리고 성령의 불이 임하면 성령의 불을 청중에게 던져야 합니다. 성령이 회개의 영으로 임하시게 하려면 회개의 영으로 임하실 것을 요청해야 합니다. 그러면서 청중들에게 지금 성령께서 회개의 영으로 임하셨습니다. 하고 담대하게 선포해야 청중에게서 강한 회개의 역사가 일어나는 것입니다. 그렇기 때문에 영안은 성령 사역을 할 때 중요하게 사용되는 것입니다. 그래서 성령 사역자는 영안과 영감으로 성령의 역사하심을 감지하여 즉각 청중에게 선포해야 역사가 강하게 일어나는 것입니다.

성령님은 인격이기 때문에 인격적으로 대접할 때 강하게 역사하는 것입니다. 영안을 열어 성령의 역사를 감지하고 성령이 집회와 예배의 중심이 되게 하기를 바랍니다. 성령의 역사를 따라가라는 것입니다. 그러면 육체의 피로를 느끼지 못합니다. 편안하게 사역을 할 수가 있습니다.

6) 과로하지 않습니다. 저는 절대로 과로하지 않습니다. 그래서 성령치유 사역도 집회시간에만 합니다. 끝나고는 하지 않습니다. 한 사람을 붙잡고 사역을 하지 않습니다. 한 사람씩 붙잡고 사역할 때 엄청난 에너지가 소비됩니다. 그리고 밤에 하는 사역은 절제를 합니다. 우리 교회는 목요일 밤에만 집회가 있습니다. 집회 시간에만 기도하여 줍니다. 집회 외 시간에는 개인기도와 원고를 쓰고 있습니다. 다시 한 번 강조합니다. 목회자나 성도들이 다른 사람을 살리고 자신이 망가지면 아무 소용이 없습니다. 내가 살고 다른 사람을 살리는 것이 하나님의 뜻입니다.

그리고 한 사람을 오래 붙잡고 기도했다고 치유가 되는 것이 아닙니다. 치유는 전적으로 하나님의 시간표에 맡겨야 합니다. 환자가 기도를 할 수 있고 말씀을 잘 들을 수 있을 때 치유가 되는 것입니다. 인간적인 욕심은 금물입니다. 본인의 태도가 중요합니다. 자신의 내면 관리에 힘을 쓰시기를 바랍니다.

7) 주기적으로 운동을 합니다. 아침에 기도하고 조깅을 많이 합니다. 아파트 계단을 올라가는 운동을 할 때도 있습니다. 될 수 있으면 많이 걸어 다니려고 합니다. 걸어 다니면서도 마음의 기도를 계속합니다. 집회를 인도하려면 서있어야 하는 시간이 많습니다. 그러니 하체 훈련을 많이 하는 편입니다.

8) 소식을 합니다. 짐승들도 자신들의 위장에 70%가 차면 먹지 않는다고 합니다. 저는 지금까지 밥맛이 없어서 밥을 먹지 못한 경험이 없습니다. 식성이 대단히 좋다는 말입니다. 그래서 먹는 것을 절제하고 있습니다. 될 수 있으면 외식은 하지 않습니다. 집회에 오신 분들이 식사를 대접한다고 해도 거의 사절을 합니다. 대접하겠다고 하는 대로 다 먹다가 보면 저의 명대로 살지 못하기 때문입니다. 요즈음은 더 음식 조절을 하려고 노력하고 있습니다.

3. 병을 치유하는 방법

질병은 밖으로 나타나기전에 예방하는 것이 최선의 방법입니다. 그래서 기독교는 예방의 종교이기도 합니다. 교회는 치유를 해야 합니다. 그래서 저는 이런 순서로 치유를 합니다.

육신이 바로 죄이며 육신적으로 사는 것이 죄입니다. 영으로 살지 않는 사람은 육신적으로 사는 죄의 대가인 혼의 질병이 오게 됩니다. 그리고 자신의 죄가 아니더라도 조상의 죄악으로 오는 경우가 많습니다. 그리고 용서를 해야 합니다. 많은 경우 정신적인 질병이 있는 환자는 말못할 큰 충격을 받은 일이 있습니다. 나에게 이 충격을 일으킨 사람을 용서해야합니다.

(롬 7:19-20)"내가 원하는 바 선은 하지 아니하고 도리어 원치 아니하는바 악은 행하는 도다. 만일 내가 원치 아니하는 그것을 하면 이를 행하는 자가 내가 아니요 내 속에 거하는 죄니라"

1) 죄를 용서받고 치유를 받으려면 예수를 영접하여야 합니다. 예수를 영접하므로 성령의 역사로 치유가 이루어지기 시작합니다. 모든 치유는 성령의 능력으로 됩니다. 자신에 내재하는 인간의 영의 선한 힘(영력)이라 하고, 예수를 믿어 내면으로 들어오신 하나님의 영은 인간의 능력을 초월하여 나타나는 영

적 능력으로 역사합니다. 성령의 능력이 이때부터 나타납니다. 그래서 사람은 할 수 없으나 할 수 있는 하나님의 영력(형상)이 나타나서 성령이 충만하게 됩니다. 영력은 나타나는 상태와 조건을 만들어야 나타납니다.

2) **성령의 역사가 나타나는 말씀을 듣고 성령의 세례를 받아야합니다.** 그 조건과 상태는 여러 가지이지만 첫째 의지를 발동시켜야 합니다. 의지를 발동하게 하여 성령세례를 받는 것이 제1의 원리요, 그 다음은 말씀과 성령으로 내적 치유하는 것이 제2의 원리요, 귀신 추방의 제3 원리입니다. 그리하여 생각이 바뀌고, 마음이 감동되어, 믿음이 생겨서, 본인의 의지가 발동되어, 몸이 움직여지고, 행동으로 옮겨지는 과정을 거쳐야 합니다. 이 영적 원리는 보는 것에 석용됩니다.

3) **성령의 인도로 말씀을 잘 들을 수 있어야합니다.** 성경에서는 내 뜻과 정성과 힘을 다하여 하나님을 섬기라 했고(신28장), 크게 사모하는 자에게 제일 좋은 길을 보여 준다고 했습니다(고전12:31). 네가 낫기를 원하느냐고 예수님은 말씀했습니다(요5:6), 진정과 신령으로 예배하는 자에게 찾아오신다 했습니다(요4:23). 모든 영적인 일에 진심으로 구하고 구하면 얻을 것이요, 찾고 찾으면 찾을 것이고 두드리면 열립니다. 강한 순종과 믿음과 승리의 의지를 발동시키고 행동으로 옮기십시오. 행

동으로 옮기지 못하게 하는 장애요인(죄)이 자신에게 있습니다. 이것을 깨닫고 제거하십시오.

4) 앞의 과정을 거친 다음에 질병의 원인을 성령께 질문해야 합니다. 영적인 그림을 그리라는 말입니다. 전체의 그림을 보면서 자신의 문제의 원인이 어디에 있는 지를 찾아야합니다. 시간이 많이 걸릴 수가 있습니다. 왜냐하면 성령께서 완전하게 장악을 한 다음 원인을 알 수 있고 치유도 되기 때문에 하나님의 시간표를 따라 기다려야 합니다. 급하다고 되는 일이 아닙니다.

5) 성령께서 알려주는 질병의 원인에 따라 조치를 해야 합니다. 죄악은 회개하고, 상처를 준 사람은 용서하고, 가문의 유전은 절단하고 원인을 제거해야 합니다.

6) 이때부터 악한 영을 축사하고 내적치유를 합니다. 지속적으로 해야 합니다.

15장 형통한 가문을 이루는 비결

(눅 1:5-17)"유대 왕 헤롯 때에 아비야 반열에 제사장 한 사람이 있었으니 이름은 사가랴요 그의 아내는 아론의 자손이니 이름은 엘리사벳이라. 이 두 사람이 하나님 앞에 의인이니 주의 모든 계명과 규례대로 흠이 없이 행하더라. 엘리사벳이 잉태를 못하므로 그들에게 자식이 없고 두 사람의 나이가 많더라. 마침 사가랴가 그 반열의 차례대로 하나님 앞에서 제사장의 직무를 행할새 제사장의 전례를 따라 제비를 뽑아 주의 성전에 들어가 분향하고 모든 백성은 그 분향하는 시간에 밖에서 기도하더니 주의 사자가 그에게 나타나 향단 우편에 선지라 사가랴가 보고 놀라며 무서워하니 천사가 그에게 이르되 사가랴여 무서워하지 말라 너의 간구함이 들린지라 네 아내 엘리사벳이 네게 아들을 낳아 주리니 그 이름을 요한이라 하라. 너도 기뻐하고 즐거워할 것이요 많은 사람도 그의 태어남을 기뻐하리니 이는 그가 주 앞에 큰 자가 되며 포도주나 독한 술을 마시지 아니하며 모태로부터 성령의 충만함을 받아 이스라엘 자손을 주 곧 그들의 하나님께로 많이 돌아오게 하겠음이라. 그가 또 엘리야의 심령과 능력으로 주 앞에 먼저 와서 아버지의 마음을 자식에게, 거스르는 자를 의인의 슬기에 돌아오게 하고 주를 위하여 세운 백성을 준비하리라"

경건한 부모에게서 경건한 자식이 나옵니다. 뿌리가 좋아야 합니다. 뿌리가 견실할 때 꽃도 잘 피고 열매도 견실합니다. 뿌리가 튼튼하지 못하면 결국은 열매 역시 부실하기 짝이 없습니다. 종자가 좋아야 합니다. 종자가 좋지 않으면 부실한 싹이 나오고 좋지 못한 열매를 맺습니다.

성경은 분명히 이야기 합니다. 경건한 부모에게서 경건한 자녀가 나오고 형통한 가문이 만들어집니다. 형통의 가문을 이룬 사람을 말하면 기생 라합이 대표적인 모델입니다.

비록 신분이 몸을 파는 기생, 창기였지만 하나님을 경험하고, 그 하나님으로 인해 새로운 인생으로 바꾼 라합은 결국 자신의 가정을 형통한 가정으로 만들었습니다. 어머니였던 라합이 기적을 창조하시는 하나님을 듣고 인정하고 자신의 신앙으로 고백하면서 변화될 때 인류를 구원하시는 구세주를 탄생하는 조상으로 자신의 아들을 만들고 맙니다. 차기 라합에게서 보아스가 태어나고 보아스가 준비된 영적거인이 됩니다. 보아스는 어머니가 믿는 하나님을 선택하면서 자신의 가족과 친지를 버렸던 믿음의 여인 룻을 만나 오벳을 낳게 됩니다.

여기서 놀라운 사실은 준비된 사람이 역시 준비된 사람을 만납니다. 믿음의 사람이 믿음의 사람을 만납니다. 영적인 안목을 가진 사람이 영적인 안목으로 배후자를 선택합니다. 하나님께서도 준비된 사람에게 준비된 사람을 만나게 하십니다. 이삭의 눈에 집념의 여인이었던 리브가가 한눈에 들어온 것입니다.

야곱의 눈에는 사랑하는 라헬이 기다리고 있었습니다.

어머님의 죽음을 각오하는 모험적 신앙, 소중한 것을 얻기 위해 자신의 생명을 내놓고 거룩한 모험을 감행한 어머님 밑에서 자란 보아스는 그 역시 모험하는 믿음의 영적 유산을 상속받은 것입니다. 무엇을 상속해 주는 것이냐에 따라서 우리 자녀의 앞날이 결정됩니다.

물질이 우선이면 자녀 역시 평생을 물질에 억매여 주일을 성수할 수 없게 되는 것입니다. 그러나 보아스는 죽음을 각오하는 격렬한 라합의 신앙을 물려받았기 때문에 어머니처럼 살아온 모험적인 여인 룻을 좋아하고 아내로 맞이 한 것입니다.

(룻 1:16-17)"룻이 이르되 내게 어머니를 떠나며 어머니를 따르지 말고 돌아가라 강권하지 마옵소서 어머니께서 가시는 곳에 나도 가고 어머니께서 머무시는 곳에서 나도 머물겠나이다 어머니의 백성이 나의 백성이 되고 어머니의 하나님이 나의 하나님이 되시리니 (17)어머니께서 죽으시는 곳에서 나도 죽어 거기 묻힐 것이라 만일 내가 죽는 일 외에 어머니를 떠나면 여호와께서 내게 벌을 내리시고 더 내리시기를 원하나이다 하는지라."

룻은 한번 상처를 입은 여인이었지만 결국 보아스의 마음을 녹이고 만 것입니다.

(룻 2:11-12)"보아스가 그에게 대답하여 이르되 네 남편이 죽은 후로 네가 시어머니에게 행한 모든 것과 네 부모와 고국을 떠나 전에 알지 못하던 백성에게로 온 일이 내게 분명히 알려졌느니라 (12)여호와께서 네가 행한 일에 보답하시기를 원하며 이스라엘의 하나님 여호와께서 그의 날개 아래에 보호를 받으러 온 네게 온전한 상주시기를 원하노라 하는지라."

보아스는 룻을 아내로 맞이합니다.

(룻4:13)"이에 보아스가 룻을 맞이하여 아내로 삼고 그에게 들어갔더니 여호와께서 그에게 임신하게 하시므로 그가 아들을 낳은지라."

룻기 4장 17절에 보면 "나오미에게 아들이 태어났다 하여 그의 이름을 오벳이라 하였는데 그는 다윗의 아버지인 이새의 아버지였더라"

그렇습니다. 무엇을 상속해 주는 것이냐에 따라 우리 자녀의 앞날이 결정됩니다. 당신은 자녀에게 무엇을 남겨주실 겁니까? 만복의 근원되시는 하나님에 대한 신앙을 남겨 주실 것입니까? 만복의 근원되시는 하나님에 대한 신앙은 딴전이고 세상따라 살다가 주님께 돌아오는 탕자로 키우시겠습니까? 믿음을 목숨처럼 여기는 부모에게서 형통하는 자식이 나옵니다.

가정의 축복이 하나님을 믿고 예수를 주님으로 모시는 것임을 목숨처럼 여기는 부모에게서 믿음의형통의 계보를 잇는 자식이 나옵니다. 우리 가정의 복의근원은 주님이십니다. 주님이 우리 가정의 호주가 되실 때 우리 가정은 형통의 가문이 됩니다. 우리 가정이 예수를 믿고 주로 고백할 때 하나님은 사소한 일까지 개입하시고 인도하십니다.

(시 128:1-6)"여호와를 경외하며 그의 길을 걷는 자마다 복이 있도다. 네가 네 손이 수고한 대로 먹을 것이라 네가 복되고 형통하리로다. 네 집 안방에 있는 네 아내는 결실한 포도나무 같으며 네 식탁에 둘러 앉은 자식들은 어린 감람나무 같으리로다. 여호와를 경외하는 자는 이같이 복을 얻으리로다. 여호와께서 시온에서 네게 복을 주실지어다 너는 평생에 예루살렘의 번영을 보며 네 자식의 자식을 볼지어다 이스라엘에게 평강이 있을지로다."

여호와는 우리 가정의 복의 근원되십니다.

(시 127:1)"여호와께서 집을 세우지 아니하시면 세우는 자의 수고가 헛되며 여호와께서 성을 지키지 아니하시면 파수꾼의 경성함이 허사로다"

솔로몬이 지혜의 왕이요. 가장 화려하고 평안하게 산 왕입니다. 전쟁 한번 없었고 역경 없이 태평성대를 이루었습니다. 아버지 다윗이 죽음을 각오하고 온갖 고난과 전쟁을 통해서 이루어 놓은 업적을 누리기만 했습니다. 솔로몬이 있기까지는 다윗이 있었습니다. 다윗이 있기까지는 이새가 있었습니다. 이새 위에 오벳이 오벳 위에 보아스가 보아스에게는 기생 라합이 있었습니다. 요셉이 있기까지는 야곱이 야곱에게는 이삭이 이삭에게는 아브라함이 있었습니다. 예수님의 길을 예비했던 암흑시대의 선지자, 외치는 자 그리고 꽃다운 나이에 죽음을 맞이한 세례요한 그에게도 경건한 부모가 있었습니다. 세례요한의 가정은 철저하게 경건한 가정이었습니다.

(눅 1:5-6)"유대 왕 헤롯 때에 아비야 반열에 제사장 한 사람이 있었으니 이름은 사가랴요 그의 아내는 아론의 자손이니 이름은 엘리사벳이라 이 두 사람이 하나님 앞에 의인이니 주의 모든 계명과 규례대로 흠이 없이 행하더라."

세례요한의 가정은 아비야 반열의 제사장 가문 이었습니다. 아내 역시 모세의 형이었던 아론의 혈통이었습니다. 경건한 가정 이었습니다. 당시의 제사장은 크게 존경받지 못했습니다. 갖은 정치적인 비리와 경제적인 비리 때문에 백성들의 지탄의 대상 이었습니다. 그럼에도 불구하고 사가랴와 엘리사벳은 하나님 앞에 의인이었다고 성경은 말씀합니다.

세례요한이 태어난 시대는 이스라엘 역사상 가장 암흑기였습니다. 말라기 선지자가 활동한 후 예수님이 태어나시기까지 400년 동안 선지자 없이 이스라엘은 영적인 암흑기였습니다. 나라도 로마의 속박을 받고 거의 민족이 세계로 흩어져 사는 생존하기 힘든 시대였습니다.

이런 암흑기에 하나님은 믿음의 가정 준비된 가정 하나님을 흠모하고 믿음의 유산을 소중하게 생각하는 경건한 가정을 사가랴와 엘리사벳의 가정을 준비시켜놓으셨습니다. 시대가 어려우면 어려울수록 인물은 나오는 법입니다. 하나님은 암흑기의 시대를 위해 항상 준비된 인물을 준비해 놓으십니다. 요한은 위대한 인물입니다. 인류가 시작된 이래로 세례요한 같은 인물이 없었다고 성경은 승거 합니다.

> (마 11:11) "내가 진실로 너희에게 말하노니 여자가 낳은 자 중에 세례 요한보다 큰 이가 일어남이 없도다 그러나 천국에서는 극히 작은 자라도 저보다 크니라."

우리는 세례요한보다 큰 자 입니다. 성경에 표현처럼 많은 사람이 요한 때문에 희망을 찾습니다. 모든 사람 앞에 큰 자가 되었습니다. 인류의 구세주이시며 하나님의 아들이신 예수 그리스도가 탄생하시는 그의 길을 유일하게 예비한 인물 그가 세례요한입니다. 어떻게 가장 어려운 시기 가장 암흑기 가장 힘든 시기에 위대한 하나님의 선지자이며 예수님의 길을 예비했던 세례요한이 태어났을까요? 우리 자녀를 이러한 인물로 하나님 나라에 꼭 필요한 인물로 쓰이기 위해 우리가 해야 할 일은 무엇일까요? 세례요한의 가정을 통해서 경건한 부모 경건한 어머니 경건한 아버지 경건한 가정이 됩시다. 3가지의 원리를 배우므로 형통한 가정이 됩시다.

1. 먼저 경건한 가정에도 문제가 발생된다는 사실.

>(눅1:7)"엘리사벳이 수태를 못하므로 저희가 무자하고 두 사람의 나이 많더라." (눅1:18)"사가랴가 천사에게 이르되 내가 이것을 어떻게 알리요 내가 늙고 아내도 나이 많으니이다."

하나님의 계명을 지키고 철저한 예배생활을 했던 흠이 없는 경건한 엘리사벳의 가정에도 큰 문제가 있었습니다. 자식이 없는 것입니다. 자식은 하나님이 주신 태의 열매라고 했는데 제사장 가문에 아이가 없는 것입니다. 믿음의 조상이었던 이삭의 가정에서도 밖으로만 맴도는 에서가 있었습니다. 부모의 동의도 없이 이방여인과 결혼합니다. 아이까지 낳습니다.

성경에 보면 리브가가 에서 때문에 죽고 싶다고 고백하고 있습니다. 믿음의 가정 삼손역시 부모에게 쓴 짐이었습니다. 큰 문제입니다. 그러나 문제는 축복의 열쇠입니다. 문제를 통해서 주님을 만날 수 있습니다. 문제를 통해서 성장합니다. 문제 가운데 주님의 임재를 경험합니다. 문제가 닥치면 두려워 마십시오. 문제가 몰아치면 문제를 직시하고 문제를 정확하게 파악하고 진단하십시오. 어떤 의사가 훌륭합니까? 무작정 확신을 심어주는 의사가 아니라 정확하게 진단하고 치료하는 의사가 훌륭한 진짜의사입니다.

문제를 직시 하십시오. 그리고 그 문제를 영원한 해결 자이신 주님 앞으로 가져오십시오. 문제 속에 숨겨진 주님의 깊은 섭리를 볼 수 있습니다. 믿음으로 반응하십시오. 믿음으로 해석하십시오. 믿음으로 대처하십시오. 기생 라합은 가족이 다 몰락할 수 있는 절대적 위기가운데 **빠졌습니다**.

자신의 의사와 관계없이 자신이 살고 있는 여리고 성이 몰락할 지경입니다. 가정을 구원하기 위한 절대적 지혜가 필요합니다. 그 때 그에게 기회가 주어졌습니다. 하나님의 정탐꾼이 자신의 집으로 온 것입니다. 준비된 자에게 기회가 옵니다. 사냐. 죽느냐 하는 절박한 문제 앞에 기생 라합은 믿음의 결단의 길을 선택하여 가족을 구원하였습니다.

(약 1:2-4)"내 형제들아 너희가 여러 가지 시험을 당하거든 온전히 기쁘게 여기라 이는 너희 믿음의 시련이 인내를 만들어 내는 줄 너희가 앎이라 인내를 온전히 이루라 이는 너희

로 온전하고 구비하여 조금도 부족함이 없게 하려 함이라."

문제에 잘 대처하면 형통의 축복입니다. 우리 가정에 문제가 많이 있습니다. 날마다 문제 가운데 잇습니다. 앞으로도 수많은 문제들이 우리를 기다리고 있습니다. 믿음의 가정 경건한 가정에도 반드시 문제는 찾아옵니다. 문제를 어떻게 대처하고 준비하느냐가 문제입니다. 문제 속에 함몰되어 문제 가운데 허우적거리며 마귀의 밥이 되느냐, 아니면 철저하게 문제를 직시하고 현실을 받아들이면서 문제를 믿음으로 대처하느냐에 따라, 문제가 축복이 될 수도 있고 저주도 될 수가 있습니다. 사가랴와 엘리사벳은 어떻게 대처하였습니까? 경수가 끊어진 나이에 어떻게 형통한 가문으로 문제를 승화시켰습니까? 무릎으로 해결하였습니다. 하나님에게 기도했다는 것입니다.

2. 무릎으로 키운 자식은 결코 망하지 않는다.

(눅1:8-10)"마침 사가랴가 그 반열의 차례대로 하나님 앞에서 제사장의 직무를 행할새 제사장의 전례를 따라 제비를 뽑아 주의 성전에 들어가 분향하고 모든 백성은 그 분향하는 시간에 밖에서 기도하더니."

부모의 욕심과 세상 방법대로 키우는 자식은 망할 수가 있습니다. 부모의 간절한 기도는 하나님의 마음을 움직입니다. 기도할 때 영적인 상태가 됩니다. 기도할 때 영이신 하나님과 교통할 수 있습니다.

(눅1:11-13)"주의 사자가 그에게 나타나 향단 우편에 선지라. 사가랴가 보고 놀라며 무서워하니 천사가 그에게 이르되 사가랴여 무서워하지 말라 너의 간구함이 들린지라 네 아내 엘리사벳이 네게 아들을 낳아 주리니 그 이름을 요한이라 하라."

사가랴와 엘리사벳은 아이가 없으므로 간절히 간구하였습니다. 주님께서는 간절한 부모의 기도를 응답하십니다. 죽었던 소녀를 예수님은 부모의 기도로 실리십니다. 바로 회당장 야이로의 딸 사건을 보면 잘 알 수가 있습니다(막 5:35-43). 간질에 걸린 소년 역시 부모의 기도로 살립니다(막 9:24-27). 엘리야는 과부 아들도 부모의 간절한 기도로 살립니다. 부모의 간절한 기도는 하나님의 마음을 움직이십니다. 하나님의 백성의 간절한 기도는 하나님의 중심을 움직이게 합니다.

여호수아의 간절한 기도는 하늘의 별과 달을 23시간 30분 동안 멈추게 하는 일류역사상 전후무후한 사건이 일어납니다. 히스기야의 간절한 기도 울부짖는 기도는 15일 밖에 살 수 없는 히스기야를 15년 생명을 연장 시키십니다. 그리고 앗수르의

18만 5천을 송장으로 만드십니다. 모세의 간절한 기도는 홍해의 거친 바다를 일순간에 광풍을 일으켜 바다의 물을 가르게 하고, 이스라엘의 초라한 노예들이 홍해의 거친 바다를 지나 가나안의 축복의 땅으로 인도하게 합니다. 그의 계속된 기도는 홍해의 거친 바다를 불의 광풍으로 뒤에 오는 마병과 기병으로 무장한 이집트 병사를 전몰시키는 무서운 일이 일어납니다. 모세의 기도는 아말렉의 무서운 군대를 전멸시키기도 합니다. 하나님의 자녀들의 기도는 하나님의 마음을 움직이게 하는 축복의 도구입니다. 기적의 재료입니다. 기적의 점화선입니다.

(눅 18:7)"하물며 하나님께서 그 밤낮 부르짖는 택하신 자들의 원한을 풀어 주지 아니하시겠느냐 저희에게 오래 참으시겠느냐"

옥에 갇혀있던 베드로를 위해 기도하던 마가의 다락방 성도의 기도는 하나님의 마음을 움직이시어 직접 천사를 보내셔서 베드로를 옥에서 석방시키십니다(행12:5-9). 하나님이 직접 개입하십니다. 부모들이여! 자식을 위해 기도의 눈물로 자식 농사를 지으십시오. 부모의 기도는 시들어가는 우리 아이들의 영혼에 살아있는 힘을 심어주는 것입니다. 야곱에게 축복의 형통을 상속하기 위해 죽음을 각오하는 기도를 드립니다.

(창 27:12)"아버지께서 나를 만지실진대 내가 아버지께 속이는 자로 뵈일지라 복은 고사하고 저주를 받을까 하나이다."
(창 27:13)"어미가 그에게 이르되 내 아들아 너의 저주는 내게로 돌리리니 내 말만 좇고 가서 가져오라."

6.25사변 때의 일이었습니다. 어떤 미군 소대장이 병사에게 물었습니다. "괜찮다면 지금 정찰하러 나가지 않겠나?" 그 병사는 지금은 나갈 수 없다고 대답했습니다. 그래서 소대장은 그 병사가 겁이 많은 모양이라고 생각했습니다. 그런데 저녁 6시쯤 되어서 그 병사가 다가오더니 "소대장님, 지금 정찰하러 나가겠습니다." 라고 말하는 것이 아니겠습니까? 의아해진 소대장은 아까는 나가지 않겠다고 하고 지금은 나가겠다고 하는 이유가 무엇이냐고 물었습니다. 그러자 병사가 대답하기를 "소대장님! 바로 이 시간이 어머님이 나를 위해서 기도하고 있는 시간입니다." 라고 말하는 것이었습니다. 이렇게 우리는 기도로써 지원하는 형제, 자매들로 인해 위기 속에서도 담대히 나아갈 수 있는 것입니다.

어떤 사람이 빌리그래함 목사님에게 다음과 같은 질문을 하였습니다. "목사님, 목사님의 그 위대한 사역의 비밀은 무엇입니까?" "저에게 그런 비밀은 없습니다. 있다면 일만 오천 명의 성도들이 하루도 빠지지 않고 저를 위해 기도하고 있는 것이라고나 할까요?" 성도들의 승리는 자기의 능력이나 지혜로 인한 것이라기보다는 뒤에서 기도해준 사람들로 인한 것이 많습니다. 특히 목회자의 승리는 교회 교인들의 기도로 이루어집니다. 모든 하나님의 위대한 역사의 배후에는 반드시 하나님의 백성들의 연합된 기도의 지원이 있다는 사실을 잊지 마십시오.

3. 경건한 부모는 자식의 길을 형통한 길로 인도한다.

내가 성공했다면 오직 천사와 같은 어머니의 덕이다. 링컨이 한 말입니다. "사랑하는 아들아 이 성경책은 내 부모님으로부터 물려받은 것이다. 내가 많이 읽어 낡았지만 우리 집안의 값진 보물이란다. 나는 너에게 100에이커의 땅을 물려주는 것보다 이 한 권의 성경책을 물려주는 것을 진심으로 기쁘게 생각한다. 아들아 성경을 부지런히 읽고 성경말씀대로 하나님을 사랑하고 이웃을 사랑하는 사람이 되어다오 이것이 나의 마지막 부탁이다. 약속할 수 있겠니."

"내가 아직 어려 글을 읽지 못할 때부터 어머니께서는 날마다 성경을 읽어주셨고 나를 위해 기도하는 일을 쉬지 않으셨네. 통나무집에서 읽어 주시던 성경말씀과 기도 소리가 지금도 내 마음을 울리고 있네. 나의 오늘 나의 희망 나의 모든 것은 천사와 같은 나의 어머니에게서 물려받은 것이라네."

링컨의 생애는 한마디로 성경을 사랑하고 실천한 생애였습니다. 그는 어린 시절부터 어머니의 무릎에서 성경을 배웠으며 대통령이 되어서도 성경을 통해 인생의 안내를 받았습니다. 그는 앞길이 캄캄할 때는 영혼의 양식인 말씀을 먹고 새 힘을 얻었으며 하나님께서 그의 길에 밝은 빛을 비추어 주시는 것을 경험할 수 있었습니다.

훗날 링컨은 "지금도 어머니가 들려주시던 성경 이야기가 귀에 쟁쟁합니다. 어머니는 나를 성경으로 키워주셨습니다." 링컨의 유일한 교과서는 성경이었고 유일한 교사는 어머니 낸시였으며 유일한 교육내용은 성경이야기였습니다. "링컨은 성경의 사람이었을 뿐만 아니라 기도의 사람이었다. 어려서부터 어머니의 기도 소리에 익숙해 있었던 링컨은 대통령이 되어서도 기도하는 일을 매우 소중하게 생각했다. 그는 아침이면 신선한 공기를 마시기 위해 창문을 열듯 기도로 영혼의 호흡을 시작했으며 저녁이면 커튼을 닫듯이 기도로 하루의 일과를 마감했다. 그는 하나님께 기도하는 일이야말로 다름 어떤 일보다 우선되는 일이며 많은 것을 이룰 수 있는 도구라고 생각하게 되었다."

미국의 한 아파트에서 대형 화재가 발생한 일이 있었습니다. 그 화재로 수많은 사람들이 죽었습니다. 그런데 그 수많은 주검들 가운데 보는 이들의 마음을 유독 안타깝게 하는 것이 있었습니다. 주민들은 그 집에 아기와 엄마가 있다는 사실을 소방대원들에게 알려 주었습니다. 그러나 소방대원들은 그들을 찾을 수가 없었습니다. 불길을 다 잡고 난 소방대원들은 다시 그 집을 샅샅이 뒤졌습니다. 아기와 엄마는 화장실에서 발견되었습니다. 그런데 놀랍게도 아기는 살아 있었습니다. 그 이유는 아기를 변기 속에 집어넣고 엄마 자신이 아기의 방패막이가 되어 타 죽었기 때문이었습니다. 당신을 향한 하나님의 사랑이 이렇습니다.

하나님은 당신의 외모를 보시지 않습니다. 하나님은 당신의 지위나 학력을 보시지 않습니다. 하나님은 아무 조건 없이 당신을 사랑하십니다. 이러한 하나님의 사랑을 느끼고 계십니까?

"주님, 측량할 수 없는 주님의 숭고한 사랑 앞에 겸손히 무릎을 꿇기 원합니다." 하나님께서 당신을 사랑하고 계시다는 사실을 느끼며 사십니까? 우리를 천국으로 안내하는 유일한 사다리는 그리스도'라는 우리에 대한 하나님의 사랑뿐이다. 자녀들에게 꿈을 키워주십시오. 성경에 나오는 영적거인들은 꿈을 듣고 자랐습니다.

하나님이 주신 꿈을 심어주십시오. 하나님이 준비해 두신 엄청난 장래의 비전을 심어주십시오. 파격적인 상상력을 동원하십시오. 자녀의 꿈을 중요하게 여기십시오. 좌절은 없습니다. 믿는 자에게는 실망이란 없습니다. 겨자씨만한 믿음만 있으면 이 산을 여기서 저기로 옮기라 하여도 옮길 것이라고 하셨습니다. 믿는 자 속에 역사합니다. 우리가 믿는 하나님은 전지전능하십니다. 마음만 먹으면 새로운 창조의 역사를 시작하십니다. 바라기는 우리의 자녀를 통해 하나님이 새 역사를 창조하시길 기도하십시오. 자녀의 놀랍고 탁월한 미래를 상상하십시오.

그리고 그대로 되리라 믿고 그 상상력을 현실화하기 위해 기도하십시오. 꿈을 붙잡고 기도하십시오. 요셉이 물이 없는 우물 속에서 기도했듯이, 보디발의 아내의 유혹 앞에서 그 유혹을 꺾기 위해 자신의 욕정을 참으며 기도한 것같이 기도하십시오. 당신 자녀에게 파괴적인 생각을 가지고 있으십니까? 회개하십시오. 당신의 자녀는 가장 존귀한 자들입니다. 당신의 자녀들을 통해 하나님은 위대한일을 계획하시고 준비하고 계십니다. 이 시간 결단하십시오. 자녀의 형통함을 원하신다면 형통을 심는 부모가 되기로 결단하십시오.

경건을 심기로 결심하신다면 결단하십시오 경건하기로, 당신의 자녀가 하나님 앞에 거룩히 쓰임 받는 거룩한 도구로 하나님과 사람과 사회와 교회에 쓰임받기를 원하신다면 거룩하기로 결심하십시오. 다르게 살기로 결심하십시오. 술을 끊으십시오. 담배를 멀리하십시오. 하나님 앞에 성실하십시오. 적극적으로 말씀을 사모하십시오. 불성실한 예배 생활을 청산하십시오. 불성실한 믿음의 자세를 버리십시오. 어기적거리는 삶의 태도를 버리십시오. 믿음에 대해 진지하십시오. 하나님의 예배를 멸시하지 마십시오. 하나님을 가장 존귀하게 여기십시오.

그러기 위해서 가정 예배를 회복하십시오. 한주에 한번 아니면 이주에 한번 아니면 한 달에 한번 하나님께 가족들이 모여서 가정예배를 드리십시오. 나를 존귀하게 여기는 자는 내가 존귀하게 여기고 나를 멸시하는 자를 내가 멸시하리라. 주님을 존귀하게 여기십시오. 소중히 여기십시오. 예배 시간을 값지게 여기십시오.

> (삼상 2:30)"그러므로 이스라엘의 하나님 나 여호와가 말하노라 내가 전에 네 집과 네 조상의 집이 내 앞에 영영히 행하리라 하였으나 이제 나 여호와가 말하노니 결단코 그렇게 아니하리라 나를 존중히 여기는 자를 내가 존중히 여기고 나를 멸시하는 자를 내가 경멸히 여기리라"

부모의 신앙의 태도가 당신 자녀의 앞날이 달려있습니다. 주님은 우리의 중심을 보십니다. 하나님은 하나님 말씀에 순종하는 사람에게 복을 주십니다. 그 후손 천대까지도 복을 주십니다. 그러므로 우리는 어려워도 순종해야 합니다. 어려워도 헌신해야 합니다.

시 112편 1-3절을 보면 우리가 하나님께 잘 보이기만 하면 당대가 복을 받고 후대가 복을 받는다고 말씀하셨습니다. 떠돌이 이브라함도 하나님이 복을 주시므로 부자가 되었습니다(창24:35). 그 아들이삭도 하나님이 복을 주시므로 형통한 자가 되었습니다(창26:12-13). 고통의 사람 야베스도 하나님이 복을 주시므로 부자가 되었습니다(대상4:10). 복을 받으려면 우리는 레위인들 같이 하나님 편에 서야 합니다. 복을 받으려면 레위인들 같이 하나님께 헌신해야 합니다.

하나님은 우리에게 십계명을 주셨는데 가장 중요한 첫째 계명이 "너는 나 외에는 다른 신들을 네게 있게 말지니라."(출 20:3)입니다. 이 말씀은 하나님을 첫 번째 자리에 모시라는 것입니다. 나의 개인의 삶에서나 가정에서 하나님을 첫 번째 자리에 모시라는 것입니다.

미국에서 의사로, 변호사로, 박사로, 사장으로 사회에서 성공한 사람들의 85%가 교회에서 충성스럽게 봉사했던 부모들의 자녀였고, 성공한 사람들 중 55%가 어려서부터 교회에 다녔다고 하는 조사가 나왔습니다.

미국의 링컨 대통령은 학교교육을 제대로 받지 못했지만, 어렸을 때 어머니로부터 물려받은 성경 말씀을 부지런히 읽고 믿음을 지키며 자라난 결과 모든 어려움을 극복하고 가장 존경받는 역대 대통령이 되었습니다. 모두 가문에 형통의 축복이 임하기를 소원합니다.

16장 물질에 임한 형통의 복

(갈라디아서 6:7~10) "스스로 속이지 말라 하나님은 만홀히 여김을 받지 아니하시나니 사람이 무엇으로 심든지 그대로 거두리라. 자기의 육체를 위하여 심는 자는 육체로부터 썩어진 것을 거두고 성령을 위하여 심는 자는 성령으로부터 영생을 거두리라. 우리가 선을 행하되 낙심하지 말지니 피곤하지 아니하면 때가 이르매 거두리라. 그러므로 우리는 기회 있는 대로 모든 이에게 착한 일을 하되 더욱 믿음의 가정들에게 할지니라"

하나님은 모든 성도들이 아브라함과 같은 믿음으로 물질에 형통의 복을 받기를 원하십니다. 아브라함은 하버드대학이나 프린스턴대학 출신이 아닙니다. 더구나 동경대학이나 서울대학교 출신도 아니었습니다. 그렇다고 해서 그가 명문대가의 집 자손도 아니었습니다. 미약하게도 그 아버지 데라는 갈대아 우르에서 우상을 만들어 파는 상인이었다고 전해지고 있습니다. 아브라함은 평범한 초등학교도 나오지 못한 목동이었습니다. 그렇다고 해서 그가 IQ가 높은 천재는 더욱 아니었습니다.

그러함에도 불구하고 아브라함만큼 인류문명에 막대한 영향을 미친 사람은 없습니다. 아브라함은 유대교, 기독교, 이슬람교 문명의 조상이며 현대 서구 문명의 기원이기도 합니다. 우리에게 왜 하나님께서 아브라함을 그처럼 사랑하시고 형통의 복을 주셨는지 그 이유를 찾아보는 것은 의미 깊은 일입니다.

1. 육적인(아담) 과거를 정리하라.

아브라함이 복을 받은 것은 과감하게 과거 육신적인 생활에서 탈출하여 하나님과 영적인 관계를 맺고 살겠다고, 위대한 선택을 한 것입니다. 그리고 아브라함의 믿음이 위대한 것은 아브라함은 참된 말 즉 하나님의 말씀을 믿었던 것입니다. 아브라함이 나이 75세가 되었을 때 영광의 하나님이 아브라함에게 나타나셔서 말씀하셨습니다. "아브라함아, 네 고향, 부모, 형제를 떠나서 내가 네게 지시할 땅으로 가라, 그리하면 내가 너로 큰 민족을 이루게 하고 너로 온 세상에 복의 원천이 되게 하겠다. 너에게 복 주는 자는 내가 복을 내리고 너를 저주하는 자는 내가 저주를 내리겠다" 그렇게 말씀하셨습니다.

아브라함은 바로 75세에 하나님의 그 참된 말씀을 믿고, 그는 오래 살아온 고향을 떠나고, 부모가 살던 곳을 떠나서, 자기 아내를 데리고, 조카와 함께 갈대아 우르를 떠나서, 하란을 지나 가나안 땅으로 향해서 걸어가게 된 것입니다. 고향 친척 아버지의 집을 떠나 아담의 과거를 정리했다는 것입니다. 아브라함은 하나님의 말씀을 믿고, 원대한 꿈을 가지고 육적인 고향을 떠나 하나님이 지시한 땅으로 출발했습니다. 그러나 가나안 땅에 들어가니까 가나안 땅에 젖과 꿀이 흐르는 것이 아니라, 굉장한 가뭄이 다가와서 모든 것이 다 불타고 물은 한 방울도 구할 수 없었습니다.

우리가 하나님의 말씀을 따라 가는 신앙에 반드시 시련은 다가오는 것입니다. 하나님의 말씀을 따라 나온 사람이라 할지라도 그 환경이 언제나 젖과 꿀이 흐르는 환경으로 변하여 있지는 않습니다. 그러나 우리는 마음에 하나님 말씀을 믿었으면, 그 말씀을 신념으로 해서, 운명과 환경과 대결해서 믿음으로 정복해 나가야 되는 것입니다. 환경으로 다가오는 문제를 믿음으로 이길 때 하나님이 형통으로 역사하십니다.

눈에는 아무 증거 안 보이고 귀에는 아무 소리 안 들리고 손에는 잡히는 것 없어도 말씀에 선 신앙으로 운명과 환경을 대적해서 우리는 승리로 나가야 되는 것입니다. 우리가 하나님의 말씀을 믿었으면 그것은 참된 진리의 말씀이기 때문에 어떠한 환경의 역경이 다가와도 그 말씀에 대한 신앙을 포기하면 안 됩니다. 환경에 굴복하지 않고, 환경에 적응하지도 말고, 믿음으로 나가면 종국적으로 환경은 우리의 신앙에 정복당하고 맙니다. 아브라함이 받는 형통의 축복을 받기 위하여 하나님의 말씀으로 옛 사람을 벗어버리시기를 바랍니다. 옛 사람은 마귀의 종입니다. 마귀의 종 되었던 옛 사람을 벗어야 하나님에게 기도하며 형통의 복을 받을 수 있는 것입니다.

2. 원대한 꿈을 가지라.

우리가 하나님께서 주신 꿈을 가슴에 품고 꿈을 먹고 살아가면 그 꿈이 우리를 이끌어 가고, 그 꿈이 새로운 삶을 가져다주는 것입니다. 이 세상을 바꾸어 놓은 사람들은 모두 다 꿈꾸는 사람들이었습니다. 꿈을 꾸고 꿈을 품고 꿈을 먹고사는 사람은 결국에 하나님의 성령의 능력으로 개인과 국가와 세계를 변화시켜 놓은 사람인 것입니다. 오늘날 우리에게 필요한 것은 꿈이 필요한 것입니다. 우리 개인적인, 가정적인, 교회적인, 민족적인 꿈이 필요한 것입니다. 우리에게 꿈을 심어줄 수 있는 지도자가 필요한 것입니다. 우리가 세상에서 살아남기 위해서는 꿈을 품어야 됩니다. "하나님이 나에게 형통의 복을 주셨다."

이렇게 시인히며 꿈을 먹어야 되는 것입니다. 꿈을 가져야 되는 것입니다. 우리가 꿈을 잃어버리고 허랑 방탕하고 불신앙하면은 마귀에게 파멸당하고 맙니다. 우리에게 가장 영롱한 꿈을 심어줄 자는 우리 주 예수 그리스도 밖에 없는 것입니다. 우리를 위해서 하나님의 꿈을 한 몸에 싣고 오셔서, 십자가에 몸 찢고 피를 흘려 우리를 위해서 구원과 축복의 꿈을 허락해 주신, 이 예수 그리스도를 주인으로 모셔들이고, 그리스도 안에 있는 하나님의 꿈을 받아들여서, 자나 깨나 그 꿈을 꾸고, 그 꿈을 먹고, 그 꿈을 마시고, 그 꿈 가운데 살면, 하나님의 성령께서 요셉의 생애에 꿈을 이루어 준 것처럼, 우리의 생애 속에 이 꿈이 반드시 이루어지게 만들어 주시는 것입니다.

에베소서 3장 20절에 "우리 가운데서 역사하시는 능력대로 우리가 구하거나 생각하는 모든 것에 더 넘치도록 능히 하실 하나님이라"것입니다. 생각하고 꿈꾸는 것이 넘치도록 능히 하시는 것입니다. 얻어먹으러 가도 그릇이 있어야 얻어먹지 담을 그릇이 없으면 못 얻어먹습니다. 하나님께 은혜를 받는 그릇이 바로 생각이요, 꿈이 그릇이라는 것을 알아야 되는 것입니다. 그러므로 기왕 마음속에 꿈을 그릴 바에는 긍정적인 꿈을 그리라는 것입니다. 나는 영혼이 잘됨같이 범사에 잘되며 강건하고 생명을 얻되 풍성히 얻는다는 긍정적인 꿈을 십자가를 통해서 꿀 수가 있는 것입니다. 하나님은 꿈이 있는 성도에게 형통의 복으로 역사를 하십니다.

3. 하나님이 형통으로 역사한다는 믿음이 있어야 한다.

하나님은 믿는 우리를 형통으로 축복하셔서 이 땅에 하나님의 나라를 이루기를 소원하십니다. 하나님은 아브라함에게 나타나셔서 바로 생각과 꿈과 믿음과 말을 통하여, 그 촌 영감을 변화시켜 놓은 것입니다. 아브라함은 정말 초등학교도 못나온 낫 놓고 기억자도 모르는 촌 영감입니다. 갈디아우르에서 목장의 목동으로써 자란 촌사람인 것입니다. 이 아브라함이 기독교의 조상도 되고, 유대교의 조상도 되고, 이슬람교의 조상도 되고, 요사이 정신문화를 뒤흔드는 위대한 분이 된 것입니다.

학교도 못나왔는데 하버드도 못나오고, 예일도 못나오고, 고려대학도 못나오고, 조금 전에는 고려대학을 나와야 했는데 요사이는 서강대학 나와야 어깨에 힘을 주는데, 고려대학도 못나오고, 서울대학도 못나오고, 연세대학도 못나온 사람인데… 그런데 이런 촌 영감이 어떻게 위대하게 되었느냐. 단순하게 인생을 변화시키는 법칙을 사용했기 때문인 것입니다. 하나님께서 그를 불러 내셔서 하룻밤에 하늘을 쳐다보고 별들을 헤아렸었습니다. 별들을 헤아리고 난 다음에 하나님이 말씀하기를 "네 후손이 하늘의 저 별들같이 많으리라. 너는 반드시 하나님의 축복을 받는 그릇이 된다." 이 꿈을 통해서 아브라함이 인생을 살아가는 법칙을 하나님이 깨닫게 한 것입니다.

아브라함에게 나타나신 하나님은 없는 아들을 있는 것같이 많은 자식의 아비같이 생각하라는 것입니다. 자식도 없이 나이가 100살이 가까워지고 아내는 아흔 살이 가까워 오는데 빈손 들고 인생을 떠나게 되는데 어떻게 할까요, 탄식하는 그에게 자식을 준 것이 아니라 생각을 바꿔 놓은 것입니다. 하늘을 쳐다보고 별들을 헤아려보고 네 자손들이 별들처럼 많을 것으로 생각하라. 우리보고 십자가를 쳐다보라는 것과 같은 것입니다. 모세가 광야에서 뱀을 든 것 같이 인자도 들려야 하리니 누구든지 저를 바라보고 믿는 자마다 구원을 얻게 하려 하심이니라.

쳐다보고 바라보는 것 얼마나 중요합니까? 바라보고 생각이 바뀌지는 것이니까 아브라함이 하늘에 별들을 헤아리기 시작하자, 그 마음속에 자기 자손들이 별들처럼 많은 것을 생각하게 되고, 생각이 달라지고, 슬픔이 사라지고, 마음이 기뻐지고 긍정적이 된 것입니다. 그리고 별들같이 많은 자식을 상상하게 된 것입니다. 자기가 눈만 감으면 별들이 하늘에 꽉 찬 것처럼 자식들이 온 세계 퍼져가서 아버지 아브라함이여라고 고함치는 소리가 귀에 들리는 것 같습니다. 아브라함은 이것을 믿음으로 혈통의 복을 받아 축복의 조상이 되었던 것입니다. 우리도 간접적으로 영적인 아브라함의 자손 아닙니까? 유대인은 육의 자손들이고, 우리 예수 믿는 사람은 영적인 아브라함의 자손들인 것입니다. 우리도 아브라함과같이 형통의 복을 받아야 합니다.

아브라함의 후손으로 예수님이 오셨고 예수님을 통해서 우리가 구원 받았으니 아브라함은 우리에게도 할아버지가 되는 것입니다. 이 촌 영감이 복을 받았어요. 평범한 복을 받은 것이 아닙니다. 전인적인 형통의 축복을 받은 것입니다. 전후 무후한 복을 받은 것입니다. 그것은 하나님이 나타나서 믿음의 법칙을 가르쳐 주셨기 때문에 그런 것입니다. 그는 없는 것을 있는 것같이 생각하고 없는 것을 있는 것같이 바라보는 그러한 바라봄의 법칙을 깨달아 알았기 때문인 것입니다.

창세기 15장 5절에 "그를 이끌고 밖으로 나가 이르시되 하늘을 우러러 뭇별을 셀 수 있나 보라 또 그에게 이르시되 네 자손이 이와 같으리라"고 말씀하신 것입니다. 그리고 아브람은 하나님의 기적을 믿은 것입니다. 그는 생각이 달라지고 꿈이 달라지고 믿음이 달라진 것입니다. 기적을 믿었습니다. 하나님은 믿는 우리를 형통으로 축복하십니다. 반드시 형통으로 축복한다는 것을 믿으시기를 바랍니다. 하나님은 믿음대로 역사하십니다.

4. 긍정의 사람이 되어야 한다.

우리가 삶을 올바르게 운전해 나가기 위해서는 생각이 긍정적이고 복된 생각을 해야 되는 것입니다. "오늘부터 긍정적이고 복된 생활을 하려고 하는데 무슨 긍정적이고 복된 생각을 할 거리가 있어야 하지요. 내 환경이 부정적이고 불행한데요." 그렇게 말할 사람이 있습니다. 우리 예수 믿는 사람은 갈보리 십자가를 바라보면 생각을 바꿀 수가 있기 때문인 것입니다.

예수님이 나를 걸머지고 십자가에 청산했습니다. 누구든지 그리스도 안에 있으면 새로운 피조물이라 이전 것은 지나갔으니 보라 새것이 되었도다. 어떻게 새것이 되었어요. 용서받은 의인이 되고, 거룩하고 성령 충만한 사람이 되고, 치료받고 건강한 사람이 되고, 축복받고 형통한 사람이 되고, 부활 영생 천국인이 되는 은총을 갈보리 십자가에서 주님이 주셨기 때문인 것입니다.

몸 찢고 피 흘려서 우리에게 새로운 인생을 주셨기 때문에 그리스도를 쳐다보고 생각이 달라져야만 되는 것입니다. 달라질 수 있습니다. 내 영혼이 잘됨같이 범사에 잘되며 강건하고 생명을 얻되 풍성하게 얻는 내가 된 것을 생각할 수가 있는 것입니다. 생각이 나를 만들어 가기 때문에 생각을 바꿔야 되는 것입니다. 말을 바꾸어야 합니다. 지킬만한 것보다 내 마음을 지켜라. 생명의 근원이 이에서 나온다고 말했기 때문에 마음에 생각을 지켜야 되는 것입니다. 십자가를 바라보고 생각을 바꿔야 되는 것입니다.

고린도후서 4장 10절을 읽어 보겠습니다. "우리가 항상 예수의 죽음을 몸에 짊어짐은 예수의 생명이 또한 우리 몸에 나타나게 하려 함이라" 예수님 십자가에 죽은 것을 몸이 짊어지라는 것입니다. 아예 아침부터 저녁까지 짊어지고 예수를 통해서 내 옛사람이 청산되고 새사람이 되었다는 것을 늘 생각하라는 것입니다. 그러므로 "나는 형통의 복을 많은 사람이다. 예수님 믿었기 때문에 인생에 좋은 일이 생겨난다. 나는 성공한다. 나는 하나님이 함께 계셔서 도움을 받는다. 나는 하나님이 반드시 축복하신다" 생각이 그렇게 되어야 그대로 되는 것입니다.

로마서 8장 28절에 "우리가 알거니와 하나님을 사랑하는 자 곧 그의 뜻대로 부르심을 입은 자들에게는 모든 것이 합력하여 선을 이루느니라" 모든 것이 합력한다. 좋은 것은 좋아서 좋고, 좋지 않은 것은 좋게 만들어 주실 것이 좋고, 모든 것이 좋아진다는 생각을 하는 것이 긍정적인 생각을 할 수 있는 것입니다. 삶을 올바르게 다스리는 사람은 긍정적인 생각을 가지는 사람인 것입니다. 긍정적인 생각을 하여 아브라함과 같이 형통의 전인적인 복을 모두 받으시기를 축원합니다.

5. 모방을 잘해야 한다.

창세기 14장 말씀 가운데 보면 아브라함이 자기 집에서 기른 삼백 십팔명의 군인을 거느리고 조카 롯을 구하기 위해서 출전을 했었습니다. 그 당시에 그돌라오멜이라는 아주 폭군이 있어서 그가 연합군과 더불어서 소돔 고모라왕과 일전을 하여서 소돔 고모라왕과 그 연합군이 참패를 당했었습니다.

그 결과로 소돔과 고모라에 있는 모든 백성과 재산을 다 탈취해가지고 돌아갈 때 소돔에서 살고 있던 아브라함의 조카 롯도 그 처지와 함께 잡혀가고 말은 것입니다. 아저씨된 아브라함이 삼백십팔명의 군대를 거느리고 출전해서 야음을 타서 그돌라오멜왕과 그 연합군을 공격해서 그들을 격파하고 대승리를 거두었었습니다.

그래서 재산을 도로다 찾고 사람들을 도로다 찾아서 승승장구하여 기고만장으로 돌아오고 있는데 소돔왕이 마중을 나오고, 특별히 그곳에 마중을 나온 사람 중에 누가 있냐 하면 살렘왕 멜기세덱이 떡과 포도주를 가지고 마중을 나왔습니다. 살렘왕 멜기세덱은 오늘 신약에서 하나님의 아들 예수 그리스도를 상징합니다. 히브리서에는 분명히 멜기세덱은 예수 그리스도를 상징한다고 말했었습니다. 그래서 그가 주는 떡과 포도주를 받고 아브라함은 그가 얻은 것 중에 십일조를 하나님의 제사장 멜기세덱에게 드렸었습니다. (창14:19)"그가 아브람에게 축복하여 이르되 천지의 주재이시요 지극히 높으신 하나님이여 아브람에게 복을 주옵소서"멜기세덱은 손을 들어 지극히 높으신 천지의 대주재 하나님의 이름으로 아브라함을 축복해 주었었습니다.

그리고 아브라함이 소돔 왕에게 재산과 사람들을 다 돌려줍니다. 그러자 소돔 왕이 말하기를 백성들만 내게 돌려주고 재산은 당신이 다 가지라고 말했었습니다. 그럴 때 아브라함이 손을 들어 멜기세덱에게 배운 말씀을 사용하여 소돔왕의 제의를 거부합니다. (창14:22)"아브람이 소돔 왕에게 이르되 천지의 주재이시요 지극히 높으신 하나님 여호와께 내가 손을 들어 맹세하노니"천지의 주재이시여 지극히 높으신 하나님을 가리켜 말하기를 나는 너희에게 시인한 바다 신들메 하나라도 취하지 않겠다, 이는 왜냐하면 나는 사람에게 도움을 받아 부자가 되지 않겠다는 것입니다. 더러운 소돔 땅의 제물을 받아서 자신을 더럽히지 않겠다는 것입니다. 그리고 나중에 아브라함이 복을 받았을 때 소돔왕이 말하기를 자신이 아브라함을 부자 되게 했다고 하여 하나님의 영광을 가리는 행동을 하지 않겠다는 것입니다. 자신은 하나님에게 복을 받아서 부자가 되겠다는 것입니다. 당신도 사람을 의지하지 마시기를 바랍니다. 더러운 세상의 물질을 탐하지 마시기를 바랍니다.

 아브라함이 돌아와서 기도할 때 하나님께서 환상 가운데 나타나셔서 아브라함아 아브라함아 두려워말라 내가 너의 방패요 지극히 큰 상급이라는 축복을 주신 것입니다. 이 말씀을 통하여 우리는 중대한 교훈을 배울 수가 있는 것입니다. 엘리사는 엘리야를 모방했습니다. 베드로는 예수님을 모방했습니다. 좋은 것을 모방하시기를 바랍니다. 내 것으로 완전하게 만드시기를 바랍니다. 어설프게 모방하면 도리어 해약을 가지고 오게 됩니다. 아브라함같이 좋은 것은 완벽하게 모방하여 형통의 복을 받으시기를 바랍니다.

6. 생각이 넓고 깊고 창의적 이어야 한다.

 문제가 있을 때 두려워하거나 불안해하지 말고, 안정된 심령을 가지고 하나님에게 해답을 구하라는 것입니다. 모세가 이스라엘 백성을 데리고서 수르 광야에 나가서 사흘 동안 걸으매 물이 없어 목마르다가 갑자기 우물 연못물을 발견한데 뛰어가서 먹어보니 물이 썼습니다. 그러니 온 백성이 물을 토하고 앉아가 다리를 뻗고 통곡하고 웁니다. 우리가 무엇을 마실꼬! 애굽에 무덤이 없어 우리를 데려왔느냐? 아 문제가 다가왔으면 창조적인 생각을 가지고 이 물을 어떻게 달게 만들까, 생각 안하고서 그냥 마셔 보고 물이 쓰니깐 두 다리 뻗고 원망하고 불평합니다. 그때 모세는 인간적인 사고가 아니라 초자연적인 사고를 가지고 하나님께 기도했습니다.

모세가 기도하자 하나님께서 아이디어를 주셨습니다. 그 물을 달게 하는 성분의 나무가 있어 그 나무를 꺾어가지고 물에 던지니 물이 달아졌습니다. 그래 다 마셔서 살았습니다. 모세가 영적인 사고방식으로 하나님에게 기도하여 아이디어를 받지 않았으면 모두 다 그 자리에서 죽었을 것입니다. 저는 신약성경에 보면 아주 재미있는 것을 봅니다. 예수님께서 가버나움에 들어가서 집에 들었는데 사람이 인산인해로 와서 그만 마당까지 입추의 여지없이 사람이 들어갈 수 없습니다. 그런데 한 중풍병자가 네 사람의 친구에게 들것에 들려와서 자 수평적인 사고방식으로 일반적으로 생각하면 사람의 집에는 대문으로 들어가고 방문으로 들어가야 될 것 아닙니까?

대문으로 아무리 좀 들어갑시다. 방문으로 들어갑시다. 해도 뭐 사람이 꽉 들어차서 용신할 수가 있어야지 들어갈 수가 없습니다. 그럼 보통으로 생각하는 사람은 아무리 들어가려도 들어갈 수 없으니 그는 집으로 돌아가자. 그랬을 것인데 여기 있는 사람들은 이 문제에 대한 창조적인 태도를 취했었습니다. 창조적이고, 5차원 이상적인 아이디어를 개발했었어요. 이건 뭐 반드시 대문으로 들어갈 수가 필요가 있느냐? 대문으로 못 들어가고 방문으로 못 들어가면 천장으로라도 들어가자. 그래서 이 사람들은 3차원적인 사고가 아니라 5차원 이상적인 기발한 아이디어를 개발해서, 그만 그 들 것을 들고 지붕에 올라가서 기왓장을 드러내고 구멍을 뚫어 가지고서 중풍병자가 누워있는 들 것을 예수 앞에 내려놓았어요.

예수님이 그 믿음을 보고 죄를 용서하고 병을 고쳐줌으로 말미암아 건강하게 되어 나갔습니다. 이 문제에 대한 창조적인 아이디어가 아니었으면 이 사람은 평생에 중풍 병으로 앓다가 죽고 말았을 것입니다. 반드시 우리 할아버지가 이 길을 택했다. 우리 아버지도 이 길을 택했다. 그러므로 나도 이 길을 택한다. 그런 법이 없어요. 언제나 문제에 대하면 하나님에게 기도하여 비상하고도 기발한 아이디어를 받아서 창조적으로 대처해야 되는 것입니다. 그래야 형통의 복을 받을 수 있습니다.

그러기 때문에 무슨 문제를 당하던지 안 된다고 하지 말고, 문제가 있는 곳에는 반드시 해결책이 있다. 하나님이 해결책을 가지고 계신다. 하나님에게 기도하여 5차원 이상적인 아이디어를 발견하십시오. 인간이 자본고갈로 절대로 멸망하지 않습니다. 인간의 아이디어가 고갈할 때 인간은 멸망하고 마는 것입니다. 이 세상에 하나님의 5차원 이상적인 아이디어가 살아있는 이상, 창조적으로 모든 일에 대하는 이상, 인간은 절대로 자연고갈로 죽지는 않을 것입니다.

이러므로 오늘 이 시간에 우리 예수 믿는 사람들은 모두 다 모든 일을 당할 때 창조적인 사고를 얻으십시오. 성경은 뭐라고 말합니까? 누구든지 지혜가 부족하거든 꾸짖지 아니하시고 후히 주시는 하나님께 구하라. 그리하면 저가 주시리라. 지혜가 바로 아이디어인 것입니다.

오늘 예수 믿는 사람만큼 위대한 창조적인 아이디어를 얻을 수 있는 사람은 없습니다. 세상 사람은 세상적인 지혜로서 아이디어를 개발하지만은 우리 예수 믿는 사람은 하나님께 나오면 하나님께서 지혜를 주시겠다고 말씀하신 것입니다. 창조의 근원되시는 하나님께 기도하면 하나님께서 새로운 아이디어를 주셔서 위대한 수직적인 하늘에서 내려온 아이디어로서 문제를 해결할 수 있는 것입니다. 문제가 있으면 반드시 하나님이 가지고 계시는 답이 있다고 생각하시고 하나님에게 기도하여 5차원 이상의 지혜를 받아, 모든 사람의 머리가 되시기를 바랍니다. 그리고 하나님에게 형통의 복을 받아서 누리기를 축원합니다.

7. 하나님이 기뻐하는 일을 하라.

소돔 왕이 와서 말하기를 아브라함아! 백성들은 당신이 내게 돌려주지만은 우리 물질은 그돌라오멜이 다 훔쳐간 것인데 당신이 빼앗았으므로 당신이 다 가지라 했습니다. 그럴 때 여기 아브라함의 신앙고백을 보십시오. 아브라함은 천지의 주재시오, 지극히 높으신 하나님께 손을 들어 그는 말했었습니다. 나는 소돔 고모라에서 취한 물질의 실오라기 하나 신들메 하나도 취하지 않겠다.

아브라함이 왜 이런 말을 했을 까요? 아브라함은 우상숭배가 난무하고 음란이 판을 치는 소돔 땅의 더러운 재물을 받아 자신을 더럽힐 수가 없다는 것입니다. 나는 반드시 하나님이 주시는 깨끗한 재물을 받아 축복을 받아 하나님에게 영광을 돌리겠다는 것입니다. 여기에서 아브라함이 소돔 왕에게 말한 것이 뭡니까? 나는 지극히 높으신 천지의 주재이신 하나님이 내 복의 근원이 되시고, 내 삶의 원천이고, 내 자원이 되지, 나는 결코 세상 소돔과 고모라 땅의 더러운 재물에 손대지 않겠다는 것입니다. 하나님은 행실이 깨끗한 자에게 형통의 복을 주십니다.

이렇게 아브라함이 신앙고백을 한 것은 하나님께서는 지극히 높으시고 천지의 주재이시므로 하늘과 땅을 만드시고 소유하시고 다스리는 하나님께서 나에게 먹을 것 입을 것 마실 것 부하게 살아갈 것을 하나님이 다 돌보아 주신다는 것입니다. 하나님을 축복의 하나님으로 믿었다는 것입니다. 너 소돔 고모라왕의 도움을 안 받아도, 나는 나를 돌보시는 하나님이 나를 돌보아주셔서, 내가 머리가 되고 꼬리 되지 않고, 위에 있고 아래 내려가지 않고 남에게 꾸어줄지라도 꾸지 않게 된다는 것을 확증한 것입니다.

이러므로 여기에 아브라함은 하나님을 자기의 삶의 자원으로 삼은 것입니다. 여기에서 아브라함의 신앙고백은 놀라운 능력이 있습니다. 오늘날 우리는 끊임없이 신앙고백을 해야 되는 것입니다. 절대 세상과 사람에게 소망을 두지 마시기를 바랍니다. 하나님만이 우리의 모든 문제를 해결하실 분입니다. 하나님을 믿고 하나님 제일주의로 사시기를 바랍니다. 그리하여 하나님의 마음을 기쁘시게 하고 하나님의 마음에 합한 성도가 되시어 아브라함이 받는 형통과 전인적인 복을 받으시기를 바랍니다.

8.자신의 능력 범위 안에서 하라.

하나님은 절대 남에게 꾸어서 하라고 하지 않습니다. 너 있는 것이 무엇이냐 하십니다. 자신의 능력 범위 안에서 사업을 하시기를 바랍니다. 자신의 능력을 벗어나면 인간방법이 나오기 때문입니다. 인간 방법을 강구하다가 보면 하나님과 영적인 관계를 갖지 못하게 되므로 자신의 능력을 동원하여 일을 해야 합니다. 자신의 능력을 동원하면 육적인 상태에서 일을 하게 되는 것이므로 마귀가 역사하게 됩니다. 마귀는 옛사람의 주인입니다. 그래서 우리는 항상 성령으로 충만하여 영적인 상태가 되어야 마귀의 영향을 받지 않고 하나님의 지혜와 권세를 받으면서 사업을 할 수가 있는 것입니다. 인간적인 욕심은 금물입니다. 하와가 선악과 하나먹고 하나님 되려다가 하나님과 원수가 되고 마귀의 종이 되었습니다. 절대 인간적인 욕심 부리지 마시기를 바랍니다. 모든 것을 하나님이 열어주시는 만큼씩 하려고 노력하시기를 바랍니다. 영안도, 분별력도, 능력도, 은사도, 모든 것을 하나님이 열어주시는 만큼씩만 하려는 습관을 드리시기를 바랍니다. 그것이 예수님의 인생을 살면서 형통의 복을 받은 성도가 해야 하는 기본적인 원리입니다. 분별력을 가지고 자신을 보시면서 자신의 능력만큼씩 열어 가셔서 모두 하나님에게 형통의 복을 받으시기를 바랍니다.

9. 구하지 말고 선포하라.

누가복음 6장 38절에 "주라 그리하면 너희에게 줄 것이니 곧 후히 되어 누르고 흔들어 넘치도록 하여 너희에게 안겨 주리라 너희가 헤아리는 그 헤아림으로 너희도 헤아림을 도로 받을 것이니라"고 했습니다. 우리는 자꾸 하나님께 나오면 "주시옵소서. 주시옵소서. 주시옵소서"합니다. 달라고 하지 말고 명령하세요. 하나님이 주신 권세로 선포하고 명령하십시오.

예수 이름으로 명하노니 우리 가정에 물질에 축복이 임할지어다. 나의 손에 물질을 얻는 능력이 임할지어다. 가난의 영은 떠나갈지어다. 부귀의 영이 임할지어다. 내가 원하는 직장이 생겨날지어다. 우리 가정은 평안한 가정이 될지어다. 예수 이름으로 명하노니 형통의 축복이 임할지어다. 우리 집안의 환란과 풍파의 영은 물러갈지어다. 우리 남편의 손에 돈을 버는 능력이 임할지어다. 만약 아이들이 공부를 못한다면 우리 아들의 머리가 좋아질지어다. 이렇게 선포하고 명령하시기를 바랍니다.

4부 형통의 복을 누리라.

17장 평상시에 받는 형통의 복

(시23:1-3) "여호와는 나의 목자시니 내게 부족함이 없으리로다. 그가 나를 푸른 풀밭에 누이시며 쉴 만한 물 가로 인도하시는도다. 내 영혼을 소생시키시고 자기 이름을 위하여 의의 길로 인도하시는도다"

모든 사람들은 자기의 생애 속에 모든 것이 형통하게 되기를 원합니다. 자기가 살아가는 길이 멸망하게 되기를 원하는 사람은 이 세상에 한 사람도 없습니다. 그러나 참된 형통은 형통의 근원 되시는 만군의 여호와 하나님께 있다는 사실을 인정하고 아는 사람들은 별로 많지 않습니다. 하나님이 첫 사람 아담을 지었을 때 아담은 모든 생활에 완전히 형통했습니다. 왜냐하면 그는 하나님을 섬기고 하나님 중심으로 살고 하나님을 의지하고 살았기 때문에 은혜가 임하여서 저들을 만사에 형통하게 만들어 준 것입니다.

그러나 그가 하나님을 반역하고 하나님의 은혜를 벗어 던져 버리고 인간의 힘으로 살고 인본주의로 살겠다고 할 때 그때부터 형통의 길은 떠났습니다. 그 다음부터 피땀을 흘려야 되고 진땀을 흘려야 되고 고생과 눈물로 인생을 살아야만 된 것입니다. 다윗은 구약성경에 가장 형통한 왕이었는데 다윗은 자기의 신앙고백을 여호와는 나의 목자시니 내가 부족함이 없다고 그렇게 외쳤습니다. 여기에 다윗은 여호와 하나님을 완전히 자기의 삶의 중심으로 삼고 자기의 목자로 삼았기 때문에 다윗의 생애 속에는 형통이 충만했던 것입니다. 여호와 하나님은 창조주이신 것입니다.

창조주 하나님은 온 우주만물을 지으셨습니다. 이 하나님께서 목자가 되었으니 그 하나님의 양 무리들이 형통하지 않을 수가 없습니다. 목자는 양을 정성껏 돌봅니다. 아침 일찍 일어나서 양의 앞에 서서 푸른 풀밭을 찾아 나갑니다. 양들을 푸른 풀밭에 뉘어 놓고 풀을 뜯게 하고 난 다음에는 그는 양무리에게서 경계의 눈초리를 조금도 떼지 않습니다. 악한 짐승, 흉악한 짐승이 와서 양 무리들을 해칠까 그는 지팡이와 막대기로 양 무리를 지켜야 되는 것입니다. 오후에 서늘할 때면 양 무리를 끌어다가 물을 마시게 하고 쉬게 하고는 우리에 안전하게 인도해 오는 것입니다. 그리고 그 대신 양은 목자를 절대 신뢰하고 절대 순종합니다.

그리고 목자에게 양털을 주고 젖을 주고 필요하다면 나중에 자기 고기도 바치는 것입니다.

오늘날 하나님께서 우리의 목자가 되신다고 했습니다. 성경에 말씀하기를 "나는 선한 목자다. 선한 목자는 자기 양을 위하여 자기 목숨을 버린다"고 말씀을 하셨습니다. 그러므로 예수님께서 자기 목숨을 버리시기까지 우리를 돌보시는데 우리가 만일 예수를 진실로 목자로 모셨으면 우리는 예수님께 절대로 순종하고 절대 복종해야 합니다. 그리고 시간과 노력과 물질을 드려 헌신하며 따라갈 때 하나님께서는 필연적으로 우리 각자를 형통의 길로 이끌어주게 되어 있는 것입니다. 우리 하나님은 형통의 하나님이신 것입니다.

하나님께서 실패한 적이 없습니다. 하나님께서 가난한 적이 없습니다. 하나님께서 병든 적이 없습니다. 하나님께서 낭패를 당한 적이 없습니다. 하나님은 성공이십니다. 하나님은 승리이십니다. 하나님은 부요이십니다. 하나님은 모든 일에 형통하지 않는 것이 없습니다. 이 형통한 하나님의 집에서 살고 이 하나님이 우리의 목자가 되어서 우리가 따라간다면 우리의 삶 속에 저주가 따라올 수가 없습니다.

1. 의식주 생활에 형통의 복을 주신다.

성경은 의식주 생활에 하나님이 형통을 주실 것을 분명하게 약속해 놓았습니다. 그가 나를 푸른 초장에 누이신다고 말하고 있습니다. 양에게 푸른 초장은 삶의 터전입니다. 초장에 풀이 말라버리고 노랗게 불타 버린다면 양은 가서 먹을 것이 없기 때문에 굶어죽을 수밖에 없습니다. 아브라함이 양 무리를 끌고서 갈대아 우르를 떠나 가나안에 왔을 때 가나안에 크게 기근이 들어와서 모든 초목이 다 불타버리고 우물에 물이 다 말라버렸습니다.

그러므로 양 무리들이 다 굶어죽고 아브라함이 빈손이 되자 자기 아내와 조카를 데리고 애굽으로 내려간 사실을 우리는 잘 알고 있는 것입니다. 초장이 없으면 양들이 살아갈 수 없습니다. 그런데 우리가 하나님의 양인데 하나님께서 우리의 목자면 하나님께서 당연히 우리를 푸른 초장으로 이끄는 것은 마땅한 것입니다. 우리가 무엇을 입을까 무엇을 먹을까 무엇을 마실까 우리 힘으로 해결해야 할 문제가 아닙니다. 오늘 주를 믿는 사람들은 우리가 우리를 위해서 일하는 것이 아니라 하나님께서 우리를 위해서 일하여 주시는 것입니다.

율법은 자기의 노력으로 살아가는 것이지만 은혜는 우리를 위해서 일해주시는 은덕으로 살아가는 것입니다. 하나님이 우리의 목자가 되시므로 하나님께서 우리를 위해서 초장을 찾으시는 것입니다. 그러므로 우리는 우리의 생활에서 우리의 직업이나 우리의 직장을 우리 힘으로 찾으려고 하지 말아야 합니다. 전능하시고 영원하시고 무소부재하신 우리 목자 되신 하나님께 간절히 구해야만 되는 것입니다. 하나님은 우리의 목자가 되시기 때문에 우리의 직업이나 우리의 직장을 마련해 줄 책임이 있는 것입니다. 왜냐하면 우리의 직장이나 우리의 직업이 바로 푸른 초장이 되는 것입니다.

성경에는 푸르다는 말을 썼는데 푸르다는 말은 형통을 의미하는 것입니다. 누렇다는 말, 바싹 말랐다는 말은 죽었다는 말이겠지만 푸르다는 말은 생기가 왕성하고 형통하다는 말입니다. 하나님께서 마른 목장으로 인도하겠다. 모래밭으로 인도하겠다. 그렇게 말하지 않았습니다. 푸른 초장이라고 말했습니다.

하나님께서 새벽에 풀이 많고 왕성한 초장으로 인도하겠다. 우리 하나님께서 우리와 같이 계시면 우리의 직장이나 사업장이 푸른 초장이 되는 것입니다. 여기에 목자는 양을 데리고 와서 누인다고 말했습니다.

풀을 찾아서 동으로 뛰고 서로 뛰고 남으로 뛰고 북으로 뛰는 것이 아니라, 하도 풀이 많기 때문에 그 자리에 덥석 누워서도 얼마든지 풀을 먹을 수가 있다는 것입니다. 이러므로 풀을 찾아 방황하는 것이 아니라, 풀이 많아 그곳에 누워서 먹을 수 있는 처소라면 그 얼마나 형통한 것입니까. 우리말에도 누워서 떡 먹기라는 말이 있습니다. 쉬우면 누워서 떡 먹기라고 말했습니다. 오늘날 하나님께서 우리의 인생을 사는데 누워 떡 먹기를 원하시고 계시는 것입니다.

하나님이 우리를 위해서 일해 주시는데 우리가 하나님을 믿고 순종하고 따라가야 합니다. 그러면 하나님께서 누워 떡 먹기로 푸른 초장에 누워서 땀 흘리지 아니하고 고통을 당하지 아니하고 하나님의 축복으로 살 수 있게 만들어 주시는 것입니다.

하나님께서는 우리의 삶을 형통으로 이끌어 부족함이 없게 하시기를 원하시는 것입니다. 그렇기 때문에 요한 삼서 이절에도 "사랑하는 자여 네 영혼이 잘 됨 같이 네가 범사에 잘 되고 강건하기를 내가 간구하노라."고 말씀하셨습니다.

요한복음 10장 10절에는 "도적이 오는 것은 도적질하고 죽이고 멸망시키는 것뿐이요. 인자가 온 것은 양으로 생명을 얻게 하되 더 풍성히 얻게 하려 왔느니라."고 말씀하신 것입니다. 이러므로 하나님은 좋은 하나님이신 것입니다. 하나님은 우리의 행복을 바라보고 계시는 것입니다. 우리의 형통을 소원하고 계시는 것입니다. 그러므로 우리가 진실로 형통의 삶을 살기 위해서는 여호와를 목자로 삼았다는 신앙의 증서를 우리의 삶 속에 가지고 있어야 되는 것입니다.

오늘 어떻습니까. 하늘과 땅을 지으신 여호와께서 진실로 당신의 목자가 되어 있습니까. 우리 여호와가 우리의 목자라는 것을 확실히 시인하려면 하나님을 순종하고 믿는다는 증거로써 성수주일해서 하나님을 찬미하고 예배드리는 것입니다. 이것은 여호와가 우리의 목자가 되었다는 증거입니다. 왜냐하면 여호와 하나님은 주일날 모든 양의 무리들을 당신의 교회에 불러와서 교회에서 말씀을 주시고 성령을 주시고 은혜를 베풉니다.

그런데 여호와가 나의 목자라고 말하면서 목자가 매 주일 교회에서 오라고 부르짖는데, 그 교회도 찾아 안 가고 자기 마음대로 생활하면서 여호와가 나의 목자라고 한들 그것은 거짓된 것입니다. 그것은 여호와가 나의 목자라는 것을 시인하지 않는 것이 되고 마는 것입니다. 여호와가 나의 목자면 엿새 동안 일하고 이레째는 하나님 성전에 앉아서 우리의 목자 되신 그리스도의 말씀을 듣고 은혜를 받아야만 되는 것입니다.

또 여호와가 우리 목자이시면 우리는 여호와에게 우리의 털과 우리의 젖을 바쳐서 목자를 즐겁게 하는 것입니다. 우리의 털과 우리의 젖은 십일조와 헌금인 것입니다. 목자의 도움을 받아 잘 먹고 지내면서 양은 그 털을 목자에게 드립니다. 양은 그 젖을 짜서 그 목자에게 드립니다. 우리는 하나님의 양 무리로서 우리의 십일조와 우리의 헌물을 하나님께 드려서 목자가 하나님의 사업을 하도록 해야 하는 것입니다. 그렇기 때문에 오늘 우리가 여호와가 우리 목자라고 하면서 우리가 십일조도 도적질하고 헌물도 도적질하고 하나님께 제물 드리기를 꺼려하면 그것은 하나님을 목자로 믿은 것이 아닙니다. 하나님을 목자로 삼은 것이 아닙니다.

사자나 이리나 사나운 짐승들은 목자를 가지고 있지 않습니다. 그러나 양은 목자를 가지고 있습니다. 사나운 짐승들은 그들의 운명대로 사는 것입니다. 그들은 들에서 살지 못합니다.

높은 산 벼랑길을 걸어가면서 늘 포수의 눈을 피해서 살고 어두움에만 사는 것입니다. 그러나 양들은 목자가 있기 때문에 넓은 들판에서 살 수 있습니다. 그리고 편안하게 살고 목자의 사랑과 보호를 받으면서 사는 것입니다. 오늘 예수 그리스도를 믿지 않고 하나님을 목자로 삼지 않는 사람은 험한 세상에서 인간의 노력과 수단과 방법으로 살되 고생과 수고의 떡과 물을 먹고사는 것입니다.

그들이 넘어지고 자빠져도 아무도 그들을 일으켜 주는 자가 없습니다. 그러나 예수를 구주로 모시고 하나님을 목자로 삼은 사람은 목자가 우리를 편안한 들판으로 이끌어주는 것입니다. 우리의 삶을 평탄하게 이끌어 주시는 것입니다. 그리고 우리를 보호해 주시는 것입니다. 그렇기 때문에 우리는 목자에게 우리의 털과 우리의 젖을 바쳐야 되는 것입니다. 십일조와 헌물을 아끼지 않고 드림으로 말미암아 하나님께서 우리의 진실한 목자인 것을 우리의 생활 속에 증명할 수가 있는 것입니다.

그리고 하나님을 믿고 따라야 하는 것입니다. 눈에는 아무 증거 안보이고 귀에는 아무 소리 안 들리고 손에는 잡히는 것 없어도 하나님 아버지께서 우리를 성령으로 이끄시면 두 말 하지 않고 따라가야 하는 것입니다. 하늘에 저 무수한 별들을 그 길을 따라 인도하시는 하나님께서 우리 한 사람 한 사람을 인도 못할 리가 없습니다. 하나님께서 우리의 속에 성령을 주신 것은 성령을 통해서 우리가 기도할 때 찬미할 때, 말씀 읽을 때, 하나님의 지혜를 주시고 총명을 주시고 깨달음을 주셔서 하나님의 길로 우리를 이끌어 가는 것입니다.

하나님의 성령이 우리 속에 말할 수 없는 탄식으로 기도하십니다. 하나님의 성령이 우리의 속에서 뜨거운 소원을 일으켜서 우리를 이끌어 주시는 것입니다. 하나님은 당신이 우리를 위해서 예비한 그 아름다운 초원으로 인도하십니다. 하나님이 자기를 사랑한 자를 위해서 예비해 놓은 모든 것은 눈으로 보지 못하고 귀로도 듣지 못하고 마음으로도 생각지 못했으나, 이 모든 것을 성령으로 우리에게 보여주셨으니 성령은 하나님의 깊은 것이라도 통달하신다고 말씀하고 계십니다.

성령은 하나님의 깊은 것, 하나님이 우리를 위해 예비한 곳으로 우리를 인도해 주시는 것입니다. 이러므로 우리는 양 무리로서 우리 속에 와 계시는 보혜사 성령님을 항상 인정하고 환영하고 모시어 드려야 합니다. 항상 성령께 의지하며 성령으로 충만해서 살 때 하나님은 성령을 통하여 우리를 하나님이 예비한 깊고 살찐 곳으로 이끌어 주시는 것입니다. 이러므로 여호와는 나의 목자시니 내게 부족함이 없으리로다. 저가 나를 푸른 초장에 누이신다고 했으니 우리의 삶이 메마른 초장이 아닙니다. 사막이 아닙니다. 광야가 아닙니다. 푸른 초장입니다.

하나님께서는 우리를 푸른 초장으로 항상 이끌어서 우리 삶의 형통함을 주기를 원하시고 계시는 것입니다. 당신의 삶은 지금 어떠한 곳에 놓여있는 것입니까? 광야에 놓여 있습니까? 메마른 땅에 놓여 있습니까? 풀이 다 말라버린 곳에 있습니까? 이것은 하나님의 뜻이 아닙니다. 이것은 무엇인가 잘못 되었습니다. 이것은 당신이 진실로 하나님을 목자로 삼지 않고 있는 것이 아니지 않느냐 하는 생각이 듭니다. 이러므로 진실로 내가 하나님을 목자 삼고 성수주일하고 십일조와 헌물을 도둑질하지 않고, 하나님을 믿고 순종하는 삶을 사는가 한번 살펴보시기를 바랍니다.

　만약에 잘못되었다면 당신의 생각을 단호하게 바꾸십시오. 현실적인 광야나 메마른 들판이나 사막의 삶은 하나님의 뜻이 아니라는 것을 알고 올바르게 믿으십시오. 성경은 말씀하시기를 우리의 온갖 구하는 것이나 생각하는 것에 넘치도록 능히 하시겠다고 말씀하신 것입니다. 하나님의 역사는 우리의 생각을 통해 들어오시는 것입니다. 우리의 생각이 잘못되어 있으면 우리의 믿음도 잘못되어 있는 것입니다.
　생각을 말씀으로 올바르게 가지면 그를 통해서 하나님께서 역사하는 것입니다.
　그러므로 당신의 생각은 어떻게 할까요? 이제는 하나님이 은혜로 말미암아 푸른 초장에서 나는 산다는 생각을 하시고 날마다 형통의 복을 누리며 살기를 바랍니다.

2. 우리의 마음에 형통함을 주신다.

우리 주님께서 우리의 마음에 형통함을 주십니다. 성경에는 쉴만한 물가로 인도하시는 도다. 라고 말씀하신 것입니다. 쉰다는 것과 물가로 간다는 것, 참 좋습니다. 이 요란하고 복잡한 도시 생활을 하다가 시원한 바다나 시원한 호수가로 가면 마음이 안정되고 평안한 것은 말로 다 할 수가 없는 것입니다. 이 세상에서 가장 무서운 것이 목마름입니다. 사람이 물을 마시지 못하고 목마를 때 괴롭습니다.

제2차 세계대전 당시의 이야기를 읽어보면 사하라 사막에서 연합군과 독일군이 서로 싸우다가 길을 잃어버리고 가도 가도 끝이 없는 사막에 태양 밑에서 그만 목이 말라 견딜 수가 없어서 신기루를 보기 시작했던 것입니다. 갑자기 물이 흐릅니다. 물이 넘실거립니다. 그래서 미국 병사나 독일 병사 할 것 없이 그 출렁거리는 물에 바지를 걷고 처벅, 처벅 들어가서 그들이 물을 벌컥벌컥 마십니다. 그러나 그들이 마신 것은 물이 아니라 메마른 뜨거운 모래였습니다.

그때에 죽은 독일병사나 이 연합군 병사들은 모두다 목 속에 모래가 가득가득 들어서 죽었다는 것입니다. 얼마나 목이 말랐던지 신기루를 보고 물이 없는데 모래가 물인 줄 알고 모래를 마시고 목에 모래가 가득가득해서 죽고 말았다는 것입니다. 현재 문명이 극도로 발달했으나 목마름은 여전한 것입니다. 사람들은 먹을 것도 있고 입을 것도 있고 마실 것도 있고 살 것도 있고 생활이 좋아지지만, 하나님을 떠난 그 영혼은 그 마음속에 목마름이 끝이 없습니다. 성경에는 내 백성이 두 가지 악을 행하였느니, 첫째, 저가 생수의 근원 되시는 여호와를 버린 것과 둘째로 저들이 우물을 팠으나 물을 담아 놓을 수 없는 터진 우물이라고 성경에는 말하고 있습니다.

오늘날 사람들은 여호와를 떠나고 난 다음에 터진 우물을 잔뜩 팠습니다. 그러나 그곳에 물을 담아 놓을 수가 없습니다. 사람들은 알코올을 가지고서 마음의 목마름을 채우려고 합니다. 술주정뱅이가 되고 나면 그 영혼도 파괴되고 그 가정도 피멸됩니다. 오늘날 미국이나 일본이나 한국도 그러한 해독이 들어왔지만, 그보다도 마약 중독이란 무서운 해독이 들어왔습니다. 사람들이 생활이 좀 편안해 지니까, 그 마음에 목마름을 채우기 위해서 마약을 찾아갑니다. 그 마약은 순식간에 일시적으로 마음의 목마름을 채워주는 것 같습니다.

다음 순서에는 정신적인 파멸과 가정과 생활에 파탄을 가져오는 마귀의 도적질하고 죽이고 멸망시키는 할퀴는 손톱인 것입니다. 이러므로 아무리 문명이 발달되었다고 할지라도 예수 그리스도를 모시고 생수의 근원 되시는 하나님께 나오기 전에는 인간의 목마름은 말로 다 할 수 없습니다. 술이나 마약이나 세상 어떤 쾌락이라도 전부 다 모래에 불과한 것입니다. 그것을 마시고 난 다음 모래가 가득 차서 파멸되어 버리고 말 것입니다. 그러나 예수님께서는 무엇이라고 말합니까? 누구든지 목마르거든 내게로 와서 마셔라. 그리하면 너희 뱃속에서 생수의 강이 넘쳐나리라고 말씀하신 것입니다.

오늘 예수님만이 우리의 생수의 근원이 되시는 것입니다. 예수님께 나와서 마시면 우리의 영혼의 목마름이 하나도 없이 다 채워지고 마는 것입니다.

예수님이 주시는 물은 무엇일까요? 영생의 물인 것입니다. 예수님은 우리의 삶에 의미를 주십니다. 어디서 와서 왜 살며 어디로 가는가를 예수님은 알게 해 주시므로 이 세상에 살면서 방황하지 않게 해 주시는 것입니다. 예수님께서는 오늘 우리를 충만하게 해 주셔서 평안과 기쁨과 활기가 우리 속에 넘쳐나게 해 주시는 것입니다.

하나님을 믿는 믿음을 주심으로 말미암아 우리가 범사에 염려 근심을 하나님께 다 내어 맡기고 마음속에 은혜가 충만해서 우리가 살아갈 수 있는 것입니다. 오늘날 마음이 황량하고 황폐해졌기 때문에 이렇게 무서운 사회적인 분위기가 되어가고 있는 것입니다. 요사이 신문 보기가 두렵습니다. 사람들은 쉽게 자살하고 그리고 도적들은 옛날과 달라서 사람을 만나면 찌르고 죽입니다. 사람들은 조금도 가책이 없이 자기 부모 형제까지도 죽입니다. 이와 같은 황량한 마음이 든 것은 사람의 마음이 사막이 되어 버리고 말았기 때문인 것입니다.

마음에 휴식을 얻지 못하고 있습니다. 마음에 생명수를 갖지 못하고 있습니다. 그러나 성경에는 우리의 목자 되신 하나님은 우리를 쉴만한 물가로 인도하십니다. 쉴만한 물가에서 마음에 충만하게 물을 마시고, 마음에 휴식을 가지고, 여유를 가지고, 인생을 살게 해 주겠다고 말씀하신 것입니다. 그러므로 오늘날 강풍에 밀려서 고통당하며 뜨거운 태양 빛 아래서 지치고 피곤한 사람들은 예수께로 나와야 됩니다. 수고하고 무거운 짐진자들은 다 내게로 오라. 내가 너희를 쉬게 하겠나고 말씀하신 것입니다.

주님께서 말씀과 성령으로 우리의 마음속에 충만하게 채워 주시는 것입니다. 그래서 우리에게 휴식을 주시고 안식을 주시는 것입니다. 마음의 형통, 이것은 물질의 형통보다 더 중요한 것인데, 마음의 형통은 이 세상 어느 곳에 가도 얻을 수가 없는 것입니다. 반드시 성령으로 충만해야 얻을 수 있는 것입니다. 그렇기 때문에 모든 사람들이 행인과 나그네가 되어서 마음에 목마름을 채우기 위해서 몸부림을 치고 있는 것입니다. 그러나 결국에는 예수께로 나와서 우리 목자이신 하나님을 찾기 전에는 그 쉴만한 물가로 찾아갈 수가 없는 것입니다.

3.예수님은 영원한 형통함을 주신다.

주님께서는 우리에게 영원한 형통함을 주십니다. 내 영혼을 소생시키신다고 말합니다. 죄와 허물로 우리는 죽은 것이었습니다. 아담과 하와 이후로 죄와 허물로 우리 영혼은 완전히 죽었습니다. 죽는다는 것은 없어진 것이 아니라 교통이 끊어진다는 것입니다. 한 가정에 결혼이 죽었다는 것은 남편과 아내의 교통이 끊어진 것을 말합니다. 눈이 있어도 신경이 죽으면 눈은 겉과 교통이 끊어져서 안 보입니다. 귀가 있어도 청신경이 죽으면 음성과 교통이 끊어지고 마는 것입니다.

그래서 죽었다는 것입니다. 오늘날 영혼이 죽었다는 것은 영혼이 있어도 하나님과 교통이 끊어져 버렸다는 것입니다. 그때로 말미암아 하나님과 원수가 되어 버리고 하나님과 분리되어 버리고 마는 것입니다. 그래서 죄와 허물로 우리는 완전히 죽어버리고 만 것입니다. 그리고 하나님께 버림당하고 인간은 고통 속에서 홀로 살게 됩니다. 그런데 하나님께서는 이러한 영혼을 소생시키기 위해서 그 아들 예수님을 보내 주셨습니다. 예수님께서 우리가 지은 죄악을 다 짊어지고 십자가에 못 박혀 몸을 찢고 피를 흘리셨습니다.

이로 말미암아 우리의 죄악을 다 갚았을 때 하나님과 우리 사이에 막힌 담이 무너집니다. 하나님과 가려진 커튼이 찢어지고 열리고 만 것입니다. 하나님과 사람 사이에 막힌 모든 것은 다 없어져 버립니다. 우리 사람들은 예수 그리스도의 이름과 그 보배로운 피로 인해서 남녀노소 빈부귀천 할 것 없이 하나님의 보좌 앞에 마음대로 나가 설 수 있게 되는 것입니다. 이러므로 우리 영혼이 죽었다가 예수를 통해서 소생되는 것입니다. 보혈로 씻고 성령이 오셔서 우리의 영혼을 소생시켜 주시는 것입니다. 그래서 이 소생된 영혼 속에 하나님께서 양식인 말씀으로 살찌게 해 주십니다.

이 양식 즉, 하나님 말씀을 먹으므로 영혼이 소망과 기쁨으로 가득하고 영혼이 즐거움에 뛰는 것입니다. 이와 같은 위대한 은혜를 하나님께서 베풀었으므로 우리의 영혼을 소생시키고 형통하게 만들어 주시는 것입니다. 오늘 아무리 종교를 믿고 윤리나 도덕적인 생활을 한다고 해도 죽은 영혼을 살릴 수 없습니다. 그러나 성경에는 분명히 말하기를 죄와 허물로 죽은 너희를 하나님께서 살리셨다고 말하고 계십니다. 예수 그리스도와 함께 우리를 살리셔서 하나님의 영광스러운 보좌에 앉혀 주신 것입니다.

그리고는 성경은 말합니다. 자기 이름을 위하여 우리를 의의 길로 인도하시는도다. 오늘 예수를 믿고 죄사함을 받고 구원을 얻었으니, 하나님은 성령을 주셔서 우리를 의롭게 만드시고,

우리를 거룩하게 만들어 주시는 것입니다. 의의 영 되신 성령은 우리로 하여금 하나님의 말씀을 어기지 않고 하나님 뜻대로 살도록 합니다. 하나님 말씀을 어기고 범죄를 해도 성령은 곧장 예수 그리스도의 보혈의 샘으로 인도하셔서 회개하게 해주십니다. 그래서 예수 그리스도의 보혈로 씻어 정결함을 얻도록 만들어 주시는 것입니다.

하나님께서는 우리가 당신의 백성이 되었은즉, 하나님은 당신의 백성을 세상에 내어 던져버리지 아니합니다. 당신의 백성답게 살 수 있도록 보혈로 씻으시고 말씀으로 기르시고 성령으로 새롭게 하십니다. 그리고 진리로 이끌어 주시는 것입니다. 이래서 우리 영혼이 소생되고 이 험악하고 죄악이 많은 세상 가운데서 의의 길을 걸어갈 수 있도록 하나님께서 섭리하고 역사하여 주시는 것입니다. 그러므로 오늘 이 말씀을 통해서 보게 될 때 하나님은 평상시 우리의 생활을 하루하루 현실적인 삶에서 형통하도록 이끌어 주십니다. 우리의 마음에 형통함이 있어 마음에 여유를 가지고 하나님을 찬미하고 승리로 살 수 있도록 해 주십니다.

우리의 영혼을 살려 주셔서 하나님의 말씀과 성령으로 물 댄 동산같이 가득하게 만들어 주십니다. 그래서 우리의 영혼이 잘됨과 같이 범사에 잘되며 강건하고 생명을 얻되 풍성히 얻도록 이렇게 만들어서 하나님께서 우리 가운데 즐겁게 만들어 주시는 것입니다.

보십시오. 하나님은 한 번도 실패한 적이 없었습니다. 하나님이 패배한 적이 성경에 있습니까? 그러므로 우리는 하나님을 따라가며 살 때 극히 담대하고 긍정적이며 적극적이고 창조적인 삶의 태도를 가지고 살아야 되는 것입니다.

하나님의 우리에 대한 뜻은 패망이 아니라 흥하는 것이요, 절망이 아니라 소망이요, 낭패가 아니라 모든 일에 형통하는 것이 하나님의 뜻인 것입니다. 이 하나님께서는 우리를 떠나 구만리 장천 멀리 계시지 않습니다. 구약의 하나님도 이스라엘 백성 가운데에 거하기를 원하셔서 모세에게 명령하여 성막을 짓게 하셨습니다. 백성 가운데 성막을 짓고 오른편에 세 지파, 왼편의 세 지파, 앞에 세 지파, 뒤에 세 지파, 그래서 이스라엘 백성 가운데 진을 치고 계시기를 하나님은 원하셨습니다. 오늘날도 하나님은 우리를 떠나 구만리징친 멀리 계시지 않습니다.

성경에 말씀하기를 그 날에는 내가 아버지 안에 너희가 내 안에 내가 너희 안에 있는 것을 너희가 안다고 말씀하셨습니다. 예수님께서 내가 친히 아버지와 함께 너희와 거처를 같이 하리라고 말씀하셨습니다. 성경에는 말씀하시기를 너희 몸이 하나님의 성전인 것과 하나님의 성령이 너희 몸에 거하는 것을 알지 못하느냐고 말씀하셨습니다. 그러므로 하나님께서는 멀리 계시지 아니하십니다. 우리 안에 들어와 계시며 오늘 모임에 같이 와서 계시는 것입니다. 이 하나님께서 우리의 목자가 되신 것입니다. 이 하나님께서 우리를 평상시에 형통으로 이끌어 주시는 것입니다.

하나님은 형통의 하나님이신 것입니다. 하나님은 좋은 하나님이신 것입니다. 이 하나님 품안에 뛰어 들어가고 이 하나님의 은혜를 우리가 받아서 우리의 생활 속에 위대한 형통한 삶을 살게 되시기를 바랍니다. 형통의 복을 받아 날마다 하나님에게 영광과 찬송을 올리기를 바랍니다.

18장 환난 통해 받는 형통의 복

(시 23:4-6)"내가 사망의 음침한 골짜기로 다닐지라도 해를 두려워하지 않을 것은 주께서 나와 함께 하심이라 주의 지팡이와 막대기가 나를 안위하시나이다 주께서 내 원수의 목전에서 내게 상을 차려 주시고 기름을 내 머리에 부으셨으니 내 잔이 넘치나이다 내 평생에 선하심과 인자하심이 반드시 나를 따르리니 내가 여호와의 집에 영원히 살리로다"

예수님을 믿고 섬기는데 왜 환난이 다가옵니까? 내게 환난이 다가오는 것을 보니 예수님이 나를 사랑하지 않고 이제 나를 버리신 것이 틀림없습니다. 혹은 하나님께서 나를 사랑하신다면 어떻게 이런 시련을 겪게 하실까요? 이런 질문들이 수없이 들어가면서 지난 세월 동안 목회를 해 오고 있습니다. 실제적으로 환난과 시련은 괴로운 것입니다. 환난과 시련을 경험할 때면 천지가 아득하고 정말 버림받은 심정이 될 때가 많습니다. 그러나 실상 알고 보면 그것은 환난과 시련의 가면을 쓰고 온 하나님의 사자입니다. 이리와 사자처럼 우리를 물고 찢는 것 같지만 환난과 시험을 견디고 나면 그 가면이 벗겨지자 마자 우리에게 놀라운 하나님의 축복을 가져오는 천사로 변화되어 버리고 마는 것입니다.

우리 하나님은 환난을 통하여 더욱 큰 형통을 우리에게 가져다주시겠다고 약속해 주셨기 때문인 것입니다. 그러면 오늘 다윗이 우리에게 계시로써 보여준 환난중의 형통은 어떤 것인지 한번 알아 봐야 되겠습니다.

1.다윗의 노래

다윗은 이렇게 노래했습니다. "내가 사망의 음침한 골짜기로 다닐 찌라도 해를 두려워하지 않는 것은 주께서 나와 함께 계심이라 주의 지팡이와 막대기가 나를 안위하시나이다" 왜 우리는 사망의 음침한 골짜기를 다녀야 할까요? 우리의 생활 속에 크고 작은 사망의 음침한 골짜기를 우리는 통하게 됩니다. 왜 사망의 음침한 골짜기를 통해야 할까요? 그것은 우리가 신앙생활 하면서 불순종이나 불신앙의 죄를 지을 때 하나님의 징계를 받기 때문에 그런 것입니다. 우리가 불순종하거나 불신앙하고, 또 하나님의 일에 반역하면 하나님께서 그대로 내버려두면 안 되는 것입니다.

왜냐하면, 어느 부모가 자식을 징계하지 않겠습니까. 하물며 영의 아버지께서 어찌 우리가 잘못된 길을 가는 것을 보시고도 징계하지 않고 내버려두겠습니까. 징계를 안 하면 그는 참 아버지도 아니요. 징계를 받지 아니하면 사생자지 참 아들이 아닌 것입니다. 이러므로, 하나님께서 우리를 참 자녀로 받아주신 이상 우리에게 징계하십니다. 이러므로 우리는 완전한 인간이 못되기 때문에 불순종과 불신앙을 가지고 하나님을 반역할 때, 하나님은 사망의 음침한 골짜기로 통하게 하십니다. 이로 말미암아 고난을 통해서 우리가 깨어지고 회개하고 자복하게 만들어 주시는 것입니다.

그러므로 우리가 환난과 시련의 풍파를 당했을 때 먼저 해야 될 것은 하나님 앞에 엎드려 회개하고 자복하는 일인 것입니다. 성경에는 "너희 중에 고난당하는 자가 있느냐 저는 기도할 것이라"고 했습니다. 환난과 고난의 풍파가 다가오면 그때 엎드려서 회개하고 자복하고 하나님께 기도해서 성령이여 감춰진 죄악이 있으면 다 드러나게 하여 주시옵소서. 그리고 그 죄를 다 고백하고 자백하고 씻고 올바른 길로 돌아와야만 되는 것입니다.

이스라엘 백성을 보십시오. 가나안 땅에 들어와서 젖과 꿀이 흐르는 곳에서 잘 먹고 잘 입고 잘살게 될 때 그들이 하나님을 버립니다. 하나님 대신 우상과 사신을 섬기고 하나님께 반역하자, 하나님은 그들을 사망의 음침한 골짜기로 국가적으로 민족적으로 통하게 했습니다. 북방 이스라엘은 앗수르에 포로로 잡혀가게 했습니다. 남방 유다는 바벨론의 포로로 잡혀가서 민족적인 수난을 겪게 했습니다. 그들은 그곳에서 정결하게 되고 깨어져서 나중에 고향 땅에 되돌아 왔을 때는 우상과 사신을 버리고, 하나님을 섬기는 정결한 신앙인들이 되었던 것입니다.

그러므로 하나님께서는 우리를 정결케 하고 순종하고 신실한 믿음을 가진 신자를 만들기 위해서 크고 작은 환난과 시험을 겪게 하는 것입니다.

또한 환난과 시험은 마귀의 영을 통해서 다가오기도 합니다. 마귀가 오는 것은 도적질하고 죽이고 멸망시키는 것인데 우리의 약점을 바라보고 마귀가 총 공세를 가해서 우리에게 환난과 시험을 가져다 줄 때가 있습니다.

요한계시록 2장 10절에 보면 "네가 장차 받을 고난을 두려워 말라 볼지어다 마귀가 장차 너희 가운데서 몇 사람을 옥에 던져 시험을 받게 하리니 너희가 십일 동안 환난을 받으리라 네가 죽도록 충성하라 그리하면 내가 생명의 면류관을 네게 주리라"고 말한 것입니다.

욥의 시험을 보십시오. 욥은 정말 아들 딸 잘 낳고 사업 잘하고 부부간의 금슬 좋게 잘 살았는데 마귀의 공격이 시작되었습니다. 마귀가 그들을 시험하여 그 모든 재산 다 잃어버리고 자식들은 다 환난 맞아서 모두 죽었습니다. 자기 몸은 동양성 문둥병에 걸려서 그는 잿더미에 앉아 기왓장으로 몸을 털고 있었습니다. 그럴 때 자기 부인이 와서 하는 말이 하나님을 저주하고 죽으라고 저주한 다음 떠났습니다.

그는 말로 다 할 수 없는 처절한 고난 속에 처했습니다. 그러나 그럴 때 욥은 어리석게 하나님을 원망하거나 저주하지 않습니다. 욥이 인내하고 참으며 끝까지 기도했을 때 나중에 마귀는 물러갔습니다.

하나님이 욥을 오히려 치료해주시고 복을 주셨습니다. 복을 주시되 전보다 갑절의 재산과 전과 같은 수의 아들과 딸들과 그리고 좋은 가정을 허락해 주신 것입니다. 도적이 오는 것은 도적질하고 죽이고 멸망시키는 것뿐이요, 내가 온 것은 양으로 생명을 얻게 하되 풍성히 얻게 하려고 왔다고 예수께서 말씀하신 것입니다. 이러므로 마귀가 가져온 시험과 환난도 그때 원망하고 불평하고 탄식하고 신앙을 버리면 마귀에게 파멸 당하고 마는 것입니다. 그럴수록 하나님을 더 가까이 하고 더 기도하고 더 찬미하고 더 긍정적인 태도를 취하고 인내하면 마귀는 물러가게 됩니다.

우리의 삶에 환난과 시험이 다가오는 것은 더욱 깨어지고 겸손하게 하기 위해서 하나님은 그렇게 하시는 것입니다. 사람은 환란과 시험이 올 때 기도합니다. 그래서 성령으로 충만하게 됩니다. 성령으로 충만해지니 형통의 복이 오는 것입니다.

신명기 8장 14절에서 16절을 보면 "두렵건대 네 마음이 교만하여 네 하나님 여호와를 잊어버릴까 하노라 여호와는 너를 애굽 땅 종 되었던 집에서 이끌어 내시고 너를 인도하여 그 광대하고 위험한 광야 곧 불 뱀과 전갈이 있고 물이 없는 건조한 땅을 지나게 하셨으며 또 너를 위하여 물을 굳은 반석에서 내셨으며 네 열조도 알지 못하던 만나를 광야에서 네게 먹이셨나니 이는 다 너를 낮추시며 너를 시험하사 마침내 네게 복을 주려 하심이었느니라"

하나님께서 우리에게 복을 주시려 할 때 우리를 깨뜨려서 복을 받을만한 그릇을 준비하려고 할 때 시험과 환난을 통하게 하는 것입니다. 왜냐하면 그릇이 준비 안 되었는데 하나님이 복을 주실 수가 없습니다. 우리 그릇을 크게 하고 정결케 하려고 하니까 우리를 불을 통하고 물을 통하게 하는 것입니다. 불을 통하고 물을 통할 때 우리의 찌꺼기가 정하게 되고 그릇이 커지고 그래서 하나님이 복을 주시는 것입니다. 예수님 말씀에 이스라엘 백성을 시험과 환난을 통하게 한 것은 하나님께서 저들을 낮추시고 시험에서 마침내 저들에게 복을 주기 위해서 그렇게 한다고 말씀하셨습니다.

우리에게 시험과 환난이 다가오면 우리가 깨달아야 할 것은 시험과 환난을 잘 견뎌내면 그 차후에는 시험과 환난과 동등 혹은 그 이상의 복이 반드시 다가오게 되는 것입니다.

그러므로 시험 환난 당할 때 당신은 죽는 시늉을 하지 마십시오. 그것은 결국 우리를 연단하고 깨뜨려서 하나님께 복을 받는 자격을 주기 때문에 시험과 환난을 당하거든 온전히 기쁘게 여기라고 성경에는 말하고 있습니다. 또한 우리 하나님께서는 시험과 환난을 우리에게 밥으로 주셔서 시험과 환난을 통해서 우리의 신앙이 굳세게 되는 것입니다. 몸은 운동을 해야 근육이 튼튼해집니다. 우리 영혼은 시험과 환난의 밥을 많이 먹어야 튼튼해지는 것입니다. 여호수아와 갈렙이 무엇이라고 말씀하셨습니까?

가나안의 원수들은 모두 우리의 먹이라고 말했습니다. 누구든지 밥상 앞에서 불평 많은 사람은 건강이 좋지 못합니다. 건강이 좋은 사람은 무슨 음식이든지 잘 먹고 편식하지 않습니다. 우리도 시험과 환난이 다가오면 이를 받아들여서 소화해 버리고 감사하고 나가면 시험과 환난은 우리의 영양분이 되지 우리에게 해독이 되지 않습니다. 그러나 시험과 환난을 받아 가지고서 원망하고 불평하고 발버둥을 치면, 이것은 우리에게 영양분도 되지 못합니다. 오히려 우리를 도적질하고 죽이고 멸망시키는 마귀의 무기가 되어 버리고 마는 것입니다. 이러므로 갈렙은 환난과 시험을 영양분으로 먹었기 때문에 자기와 같이 애굽에서 나온 사람들이 다 광야에서 죽을 때라도 여호수아와 갈렙은 죽지 않았습니다.

팔십에 이스라엘 백성을 이끌고 젖과 꿀이 흐르는 가나안 땅으로 들어갈 수 있었던 것입니다. 그런데 이 성경은 말씀하기를 우리가 사망의 음침한 골짜기 시험과 환난을 통할 때 주께서 함께 하시는 것입니다. 시험과 환난 당할 때는 하나님께 버림받은 심정입니다.

그러나 구름이 가려도 그 뒤에 태양이 있는 것처럼, 하나님은 숨어서 잠잠하게 우리와 같이 하시면서 우리를 보시고, 우리가 해를 받지 않게 만들어 주시는 것입니다. 다윗은 여기서 말하기를 환난과 시험을 통해 우리가 형통하게 되는 이유는 주의 지팡이가 우리를 인도한다는 것입니다. 환난과 시험인줄 아는데 실상은 그 가운데 주께서 같이 가셔서 주께서 환난과 시험을 우리의 지팡이로 삼으셔서 우리를 큰 형통으로 인도해 주신다는 것입니다.

무슨 환난과 시험이 우리를 이끌어 가느냐. 요셉 보십시오. 요셉이 만일 환난과 시험을 안 당했으면 목동으로 일생을 보내고 말았을 것입니다. 그러나 하나님께서는 환난과 시련을 요셉을 인도하는 지팡이로 삼으신 것입니다. 지팡이로 인도해 주시는 것입니다.

그래서 요셉은 형들에게 미움을 받아서 가나안 대상들에게 팔려서 애굽의 종으로 팔려갔습니다. 애굽의 종으로 있다가 보디발의 아내에게 참소를 받아서 시위대 뜰에 갇혀졌고 거기에서 기약 없는 감옥살이를 합니다. 그러나 나중에는 애굽 바로왕의 채택을 받아서 국무총리가 되고 마는 것입니다. 요셉의 일생은 한없는 시련과 환난과 눈물이었지만 나중에 돌이켜 보니, 그 시련과 환난과 눈물이 요셉을 이끄는 지팡이가 되었습니다. 요셉은 애굽의 국무총리를 하였고 나중에 전 팔레스타인에 거대한 기근이 다가올 때 자기 아버지 가족을 다 불러다 잘 먹고 잘 입고 잘 살도록 도와주는 기회가 되고 만 것입니다.

오늘날 자신의 세계도 보십시오. 시험과 환난을 안 당할 때는 자행자지하면서 제 마음대로 행하였습니다. 그러나 시험과 환난을 당할 때 깨어져서 자기의 길을 버리고 하나님께 순복하여 복 받고 올바른 사람이 되어 걸어온 체험은 얼마든지 있는 것입니다. 저도 환란을 통해서 하나님을 만나 목사가 되었습니다. 오히려 시험과 환난을 당하기 전에는 우리는 범죄하고 살았습니다. 시험과 환난을 당하고 난 다음 변화 받아 하나님 뜻대로 사는 온전한 신앙생활을 합니다. 제가 변하니 하나님이 형통한 삶을 살도록 이끌어 줄 때가 한 두 번이 아닌 것입니다. 시험과 환난 동안에 하나님께서 또한 주의 막대기 즉, 권세를 보입니다.

목동은 막대기를 가지고 짐승들이 다가오면 치고 짐승을 죽이고 양들을 보호하는 것입니다. 환난을 통하여 주님의 권능을 체험하고 또 풍성한 신앙과 축복의 세계에 들어온 간증은 얼마든지 많습니다.

또 모든 생활이 평탄하면 하나님의 권능을 체험할 수 없습니다. 하나님의 지팡이를 체험할 수 없어요. 인생에 거친 시험과 환난이 다가올 때 하나님을 체험할 수 있습니다. 당신은 돌이켜 보십시오. 당신이 병들었을 때, 당신의 집안에 우환과 질병이 있을 때, 사업이 어려움에 부딪쳤을 때, 고통스러울 때, 그때 당신은 금식하고 엎드려 기도했습니다. 그러므로 말미암아 하나님의 권능의 지팡이를 체험하게 되고 당신의 신앙이 크게 자란 체험을 가지고 있을 것입니다.

시편 91편 15절에 "저가 내게 간구하리니 내가 응답하리라 저희 환난 때에 내가 저와 함께 하여 저를 건지고 영화롭게 하리라"고 말씀하신 것입니다. 환난은 우리를 파멸시키는 것이 아니라, 오히려 우리를 영화롭게 하기 위한 하나님의 수단인 것을 알게 되기를 바랍니다. 이렇기 때문에 비록 사망의 음침한 골짜기를 지나도 하나님은 환난을 통하여 우리에게 더 큰 형통을 허락하여 주시는 것입니다.

2.원수의 목전에서 내게 상을 베푸신다.

성경은 주께서 원수의 목전에서 내게 상을 베푸시고 기름으로 내 머리에 바르셨으니 내 잔이 넘치나이다. 그렇게 노래하고 있습니다. 이것은 원수에게 당하는 시험과 환난 때인 것입니다. 우리는 대개 원수가 우리를 시험하고, 우리를 공격하면 원수만 바라봅니다. 원수의 사나운 눈을 바라보고, 원수의 사나운 손톱과 발톱을 봅니다. 우리는 그만 아우성을 치고 절망에 처합니다. 원수가 왔으니 우린 이젠 절망이라고 말합니다. 우린 세상에 살면서 수많은 환경과 역경과 사람과 대면할 때 그들이 원수가 되어서 우리를 물고 찢기 위해서 다가올 때가 많은 것입니다.

원수가 우리를 공격할 때 어떠한 태도를 취해야 할까요. 우리가 하나님의 뜻을 알면 원수가 다가올 때 절망하고 좌절하고 부정적이 되어서 도망치지 않습니다. 왜냐하면 하나님의 뜻을 알면 하나님은 원수의 바라는 것의 정반대로 해 주시는 것입니다. 원수가 우리에게 올 때 하나님은 그것을 계기로 삼아서 원수를 아예 하나님께서 수치스럽게 만드는 것입니다. 그것은 원수가 오면 원수는 우리가 고통당하기를 바랍니다. 그러나 하나님께서는 원수가 올 때 오히려 고통 대신에 평안과 축복의 잔치상을 베풀어 주십니다.

원수는 우리에게 고통을 주려고 애를 쓰는데 하나님은 오히려 원수 앞에서 우리에게 평안과 축복의 진수성찬을 차려놓습니다. 그 다음에 우리로 그것을 누리게 하면서 원수보고 용용 죽겠지, 용용 죽겠지, 하나님은 그렇게 하시는 것입니다. 하나님의 승리라는 것은 원수가 원하는 것의 정반대로 해주시는 것입니다. 원수는 우리가 망하기를 원합니다. 그러나 원수가 쳐들어오면 하나님께선 오히려 우리에게 형통하고 흥하는 잔치상을 베풀어주시는 것입니다. 원수의 목전에 잔치상을 베푸십니다. 그래서 원수는 우리가 망하기를 바라고 온갖 도적질하고 죽이고 합니다.

하나님은 오히려 원수 앞에서 우리에게 형통과 흥하는 잔치상을 베풀어서, 원수가 오면 올수록 우리는 더 살찌고 더 부흥하고 더 발전하는 것입니다. 원수는 우리가 죽기를 원하나 하나님께서는 그 기회를 이용해서 오히려 우리를 살리게 하고 더 강성하게 하여 잔치상을 베풀어 주시는 것입니다. 이러므로 하나님을 알지 못하는 사람은 원수하고 대결해 싸우다가 도망치고 상처입고 절망에 처하지만, 우린 그렇지 않습니다. 성경은 오히려 원수가 주리거든 먹이고 목마르면 마시게 하라고 말씀하셨습니다. 원수를 부정적으로 보지 말고 원수가 올 때 오히려 하나님께 감사해야 합니다. 원수를 저주하지 말고 복 빌어줄 것은 원수를 통해서 하나님은 오히려 우리를 축복의 기회로 삼아주시는 것입니다.

우리, 지금까지 해방 이후 북한이 계속해서 우리를 죽이려고 했습니다. 북한은 6.25 사변도 그렇고 시시때때로 늘 우리를 괴롭힙니다. 북한은 우리가 고통당하기를 바랍니다. 그래서 이번에 연평도에 포격을 해서 사람을 죽이고 집을 파괴한 것입니다. 그런데 하나님은 오히려 여러 가지 시험과 환난 중에서 북한보다 더 편안하게 살도록 우리를 위해 만든 잔치상을 베풀어 주셨습니다. 북한 공산주의자들은 우리가 망하기를 바랐으나 하나님은 오히려 북한보다 더 흥하고 경제적으로 더 유력하게 살도록 만들어 주셨습니다. 북한 공산주의자들은 우리를 죽이기를 원하나 오히려 하나님은 우리를 살려주셨습니다.

이를 통해 우리의 생명력이 강성해져서 전 세계로 뻗어 가는 기상을 하나님께서 허락해주시고 마는 것입니다. 그러므로 성경은 무엇이라고 말합니까. 하나님이 우리와 같이 계시면 누가 우리를 대적하리요. 그 아들을 아끼지 않고 우리에게 주신 이가 그 아들과 함께 무엇을 선물로 주지 아니하시겠느뇨. 원수가 오거든 원수를 보고 두려워하지 마십시오. 그 앞에 우리에게 진수성찬을 차리는 수단으로 삼으신 것입니다. 원수가 원하는 것은 하나도 이루어지지 아니합니다. 원수가 원하지 않는 것을 우리에게 이루셔서 원수가 그 앞에서 연기되어 사라지기를 원하고 계시는 것입니다.

그러고 난 다음 원수 앞에 하나님은 우리에게 기름으로 머리에 발라 잔이 넘치게 한다고 했습니다. 기름을 바른다는 것은 능력을 준다는 것입니다. 성령을 기름이라는데 성령이 너희에게 임하시면 너희가 능력을 받는다고 했습니다.

많은 원수들이 공격하면 하나님은 우리에게 많은 능력을 주어서 원수 앞에서 우리가 유능한 사람이 되어서 우리 모든 하는 일에 성공하여 잔이 넘치게 하길 원한다는 것입니다. 우리에게 기쁨의 잔이 넘치고, 소망의 잔이 넘치고, 사랑의 잔이 넘치고, 믿음의 잔이 넘치고, 평화의 잔이 넘치고, 형통의 잔이 넘치게 하는 것입니다.

자기도 못 마시고 빈 그릇만 가지고 있으면 어떻게 되겠습니까. 잔이 넘치면 자기도 마시고 다른 사람에게도 나누어 마실 수 있는 것입니다. 하나님은 원수가 오면 원수의 목전에서 원수를 멸하는 것이 아닙니다. 원수보다 우리를 더 강하게 하기 위해서 우리에게 기름을 부어서 우리를 권능 있게 만들어 주십니다. 우리 모든 생활에 잔이 넘치게 만들므로 말미암아 원수를 완전히 극복할 수 있게 만들어 주겠다고 말씀하신 것입니다. 우리는 기도합니다. 하나님 원수를 없애 주소서. 하나님은 원수를 없애지 않습니다. 오히려 원수를 보내놓고 원수 앞에서 우리를 유능하게 만들어서 기름 부어 주셔서 우리 생활의 잔이 넘치는 승리와 성공을 주시기를 원하시는 것입니다.

우리는 이 땅에 사는 동안 원수 가운데 살고 있습니다. 죄는 원수입니다. 마귀도 원수고 질병도 원수고 저주도 원수입니다. 또, 우리의 적도 원수입니다. 우리 예수 믿는 사람들은 바로 원수 가운데 살고 있습니다. 그렇기 때문에 하나님께서는 이 땅에 사는 동안 우리에게 성령을 부으셔서 우리 예수 믿는 사람들에게 주님께서 더 유능하게 해주시고 우리의 모든 생활의 잔이 넘치게 간절히 바라고 계시는 것입니다. 이래서 우리 영혼이 잘 됨 같이 범사에 잘 되며 강건하고, 모든 일에 항상 모든 것이 넉넉하여 모든 착한 일을 넘치게 할 수 있게 되길 바라고 계시는 것입니다. 잔이 넘쳐야 남과 나누어 먹지 잔이 없는데 어떻게 남과 나누어 먹을 수가 있겠습니까. 이러므로 오히려 하나님은 원수 앞에서 우리를 형통하게 하는 것을 우리는 알아야 할 것입니다.

3.죽음에서 우리를 형통하게 하신다.

다윗은 말하기를 나의 평생에 주의 선하심과 인자하심이 정녕 나를 따르리니 내가 하나님의 집에 영원히 거하리라. 사람은 한번 낳아서 죽는 것은 정한 이치요. 죽고 나서 심판을 받는 것입니다. 불신자에게는 죽음은 인생의 끝을 의미합니다. 모든 삶의 종결이요. 그러므로 죽음은 궁극적인 공포요, 슬픔이요, 절망인 것입니다. 그러나 예수 믿는 사람에게는 그렇지 않습니다. 예수 믿는 사람은 죽음이 우리에게 굉장한 형통의 세계를 열어 주는 것입니다. 안 믿는 사람에게는 죽음이 절망인데 우리는 죽음이 소망이요. 안 믿는 사람은 죽음이 끝인데 우리는 죽음이 시작이요, 안 믿는 사람은 멸망인데 우리는 영광인 것입니다. 왜냐 죽음을 통해서 우리는 예수님과 함께 사는 삶을 시작하는 것이기 때문입니다.

빌립보서 1장 21절에서 24절에 바울이 말하기를 "이는 내게 사는 것이 그리스도니 죽는 것도 유익함이니라. 그러나 만일 육신으로 사는 이것이 내 일의 열매일진대 무엇을 가릴는지 나는 알지 못하노라 내가 그 두 사이에 끼였으니 떠나서 그리스도와 함께 있을 욕망을 가진 이것이 더욱 좋으나 그러나 내가 육신에 거하는 것이 너희를 위하여 더 유익하리라" 바울은 말했습니다. 내가 너희들과 같이 있으면 내가 너희들에게 전도도 하고 너희들에게 위로하기 때문에 너희들은 유익하다. 그렇지만 내가 원하는 것은 차라리 몸을 떠나 예수님과 함께 거하는 것이 더 좋다고 말한 것입니다. 우리는 죽음을 겁을 내지만 바울 선생은 오히려 육신을 떠나 그리스도와 함께 있을 욕망을 가진 것을 좋다고 말씀하고 있습니다.

그렇기 때문에 고린도후서 5장 8절에도 바울은 말하기를 "우리가 담대하여 원하는 바는 차라리 몸을 떠나 주와 함께 거하는 그것이라고" 말하고 있는 것입니다. 우리는 몸을 떠나면 사라질 줄 알지만 우리가 육신의 장막 집을 떠나면 우린 그 다음에 곧장 주 예수와 함께 살게 되는 것입니다. 주님과 함께 거하게 되는 것입니다. 그렇기 때문에 오히려 우리는 죽음이 절망이 아니라 우리에게 주와 함께 사는 크나큰 영화로움을 가져다주는 것입니다. 이 세상에는 오늘 가장 어려운 것은 있을 곳이 없는 것입니다.

우리 한국에도 보십시오. 전세 값이 오르고 사글세 값이 올라서 집 없는 사람의 서러움이 하늘에 닿았습니다. 가난은 나라도 못 감당하지만 그러나 이러한 경제적인 위기가 다가오지 말아야 합니다. 그런데 우리가 걱정하는 것은 이 세상에서도 전셋집이 비싸고 사글세 값이 비싼데 천당에도 전셋집 내노라 하면 어떻게 합니까. 사람이 이 세상 살면서 있을 곳이 없는 것이 가장 괴롭습니다. 사람이 있을 곳만 있으면 안정이 되기 때문에 먹는 것은 어떻게 해결해 나갈 수가 있는 것입니다. 그러나 우리 예수 믿는 사람에게 크나큰 안심이 되는 것은 이 육신의 장막을 벗어놓은 다음에 우리는 전셋집에 들어갈 필요가 없습니다.

고린도후서 5장 1절에 "만일 땅에 있는 우리의 장막집이 무너지면 하나님께서 지으신 집 곧 손으로 지은 것이 아니요, 하늘에 있는 영원한 집이 우리에게 있는 줄 아나니"라고 말씀하셨습니다. 우리에게 이제는 쫓겨 나가시 아니하는 영원힌 집이 우리에게 있습니다. 그렇기 때문에 예수님께서 친히 말씀하시기를 요한복음 14장 1절에서 3절에 "너희는 마음에 근심하지 말라 하나님을 믿으니 또 나를 믿으라. 내 아버지 집에 전셋집이 많도다. 혹은 내 아버지 집에 사글세 집이 많도다. 그렇게 말하지 아니하시고, 내 아버지 집에 맨션이 많도다." 라고 그렇게 말씀하셨습니다.

내 아버지 집에 맨션이 많도다. 내가 너희를 위해서 너희 있을 곳을 예비하러 가노니 가서 있을 곳을 예비하면 다시 와서 나 있는 곳에 너희도 함께 있게 하려 하심이니라. 할렐루야. 그러므로 우리가 육신을 떠난다는 것은 이제는 영원히 거하고 다시 빼앗기지 아니하는 주께서 친히 만들어 예비하신 맨션으로 들어가는 것을 말하기 때문에 우리는 죽음조차도 우리에게 형통함이 되는 것입니다.

요한은 밧모 섬에 유배를 당했을 때 하나님의 놀라운 계시를 받으셨습니다. 우리가 장차 들어가 살 곳을 하나님이 미리 요한에게 보여 주셨습니다. 요한계시록 21장 1절에서 7절에 "또 내가 새 하늘과 새 땅을 보니 처음 하늘과 처음 땅이 없어졌고 바다도 다시 있지 않더라. 바다는 순종하는 인생의 환난을 말하는 것입니다. 다시 환난이 없는 그런 세계인 것입니다. 또 내가 보매 거룩한 성 새 예루살렘이 하나님께로부터 하늘에서 내려오는 그 예비한 것이 신부가 남편을 위하여 단장한 것 같더라" 너무너무 우리가 살 새 예루살렘이 멋있는지라 말하기를 신부가 그 남편을 위해 단장한 것 같더라.

여자의 일생에서 가장 자기를 멋있게 화장하는 때가 시집가는 때인 것입니다. 여기에 요한이 말하기를 하나님이 우리를 위해서 예비한 우리가 거할 새 예루살렘이 내려오는데 하나님이 얼마나 정성으로 만들었던지 신부가 그 남편을 위해서 예비한 것 같다고 말씀하신 것입니다. "내가 들으니 보좌에 큰 음성이 나서 가로되 보라 하나님의 장막이 사람들과 함께 있으매 하나님이 저희와 함께 거하시리니 저희는 하나님의 백성이 되고 하나님은 친히 저희와 함께 계셔서 모든 눈물을 그 눈에서 씻기시매 다시 사망이 없고 애통하는 것이나 곡하는 것이나 아픈 것이 다시 있지 아니하리니 처음 것들이 다 지나갔음이러라. 보좌에 앉으신 이가 가라사대 보라 내가 만물을 새롭게 하노라 하시고 또 가라사대 이 말은 신실하고 참되니 기록하라 하시고 또 내게 말씀하시되 이루었도다 나는 알파와 오메가요 처음과 나중이라 내가 생명수 샘물로 목마른 자에게 값없이 주리니 이기는 자는 이것들을 유업으로 얻으리라 나는 저의 하나님이 되고 그는 내 아들이 되리라"

 이것이 우리가 죽음 저 건너편에 가서 거할 영원한 세계입니다. 새 하늘과 새 땅이 있는가 하면 새 하늘과 새 땅의 서울이 바로 새 예루살렘입니다. 오늘날 우리 예수 믿는 사람들은 서울인 새 예루살렘으로 들어가게 되는 것입니다. 이 어찌 아름답고 영화로운 것이 아닙니까. 이렇기 때문에 바울이 말한 것처럼 사망아 너희 이기는 것이 어디 있느냐. 사망아 너희 쏘는 것이 어디 있느냐. 그렇게 담대하게 외칠 수 있었습니다. 이렇기 때문에 다윗이 외치는 것처럼 내가 여호와의 집에 영원히 거하리로다. 인생의 마지막 길에는 내가 하나님의 집에 가서 영원히 하나님과 천국의 세계 속에서 거하게 되는 것입니다.
 그러나 두려워하는 자들과 믿지 않는 자들과 살인자들과 행음자들과 우상 섬기는 자들과 모든 거짓말하는 자들은 불과 유황으로 타는 못에 참예하리니 이것이 둘째 사망이라고 말한 것입니다. 육신이 죽는 것이 첫 사망이고 영혼도 죽어서 하나님께 버림받아 불과 유황으로 타는 못에 던짐을 받은 것은 둘째 사망인 것입니다. 그러므로 차라리 믿지 않고 두 번째 사망을 당하는 것은 사람으로 태어나지 않는 것이 좋았습니다.

오늘 그래서 시편 기자 다윗을 통해서 보면 우리는 환난 날에 형통하게 하는 하나님을 보고 환난을 오히려 즐겁게 느낄 수 있습니다. 환난을 당할 때 하나님을 잃어버리거나 원망하거나 불평을 하면 환난은 우리를 파멸합니다. 그러나 환난 때 하나님을 기억하고 하나님은 환난을 통하여 오히려 더 큰 형통을 가지고 오신다는 것을 알아야 합니다. 그리고 믿고 감사드리고 기도하며 회개하며 연단을 받으며 깨어지며 인내하고 더욱 순종하면 환난은 오히려 우리들에게 하나님의 크나큰 영광을 이루어 주시는 것입니다.

고린도후서 4장 17절에서 18절을 보면 "우리의 잠시 받는 환난의 경한 것이 지극히 크고 영원한 영광의 중한 것을 우리에게 이루게 함이니 우리의 돌아보는 것은 보이는 것이 아니요 보이지 않는 것이니 보이는 것은 잠깐이요 보이지 않는 것은 영원함이니라" 환난의 지극히 작은 것이 영광의 지극히 중한 것을 이룬다고 말씀하고 계십니다. 진주가 왜 귀합니까. 나중에 천당에 들어가면 새 예루살렘에 들어가는 12문은 모두 다 진주로 되어있다고 했습니다. 왜 진주로 되어 있을까요? 하늘나라 문은 진주로 되어 있습니다.

그것은 환난을 통해서 진주가 되는 사람들이 들어오는 문을 상징하는 것입니다. 진주는 어떻게 생겼나요? 조개 혓바닥 밑에 모래가 들어가서 조개가 움직일 때마다 모래가 자꾸 살을 파먹어 들어갑니다. 그러니 조개가 아파서 견디지 못하고 자꾸 분비물을 내어서 그 모래를 감싸고 모래를 감싸고 모래를 감싸기 때문에 동글동글하고 영롱한 진주가 되어 지고 마는 것입니다. 그 혀를 파서 살을 파먹는 모래가 들어가지 않고는 조개는 절대로 진주를 만들어 내지 못합니다. 우리의 인격이 귀한 진주가 되고 보석이 되는 것은 우리에게 환난이 다가오니까, 우리가 환난을 통해서 하나님께 회개하게 되고 부르짖어 기도하게 되고, 말씀 읽게 됩니다.

또 하나님께 가까이 가게 되고 우리의 생애 속에 하나님의 영광스런 진주가 이루어지게 되는 것입니다. 그래서 우린 귀하고 아름다운 인격을 생성하게 되는 것입니다. 예수님을 보십시오. 예수님은 이 세상에 오셔서 우리의 죄를 대신 짊어지고 우리의 불의와 추악과 죽음을 대신 짊어지고 십자가에서 한없는 환난을 당하셨습니다. 십자가에 못 박혀서 수족의 피를 흘리고 창에 맞아 심장이 터져 물과 피가 다 쏟아졌었습니다. 예수님이 당한 환난은 이루 말로 다 할 수 없습니다.

그래서 죽어 무덤에 들어가신지 사흘 만에 예수님은 부활하셨을 때 그 환난으로 말미암아 예수 그리스도는 온 인류를 구원하는 구원의 원천이 되었습니다. 하나님이 예수를 높이시매 모든 이름 위에 높은 이름으로 얻고 하나님의 영광의 보좌 우편에 앉아 계시는 것입니다. 오늘날 예수님은 당신이 환난 당한 것을 돌아보고 오히려 크게 기쁘게 여기시고 만족하게 여기신다고 성경에는 말씀하고 계시는 것입니다. 이러므로 환난은 잠시 당하나 환난 이후에 그러므로 말미암아 우리가 받는 복은 영원하고도 영광스럽고 중요한 것입니다.

그렇기 때문에 예수를 믿고 의지하는 사람은 환난이 오히려 변해서 우리에게 크나큰 영광이 된다는 것을 잊지 않게 되기를 주의 이름으로 소원합니다. 환난당할 때 원망하고 불평하고 탄식하고 반항하지 말고 긍정적이고 적극적이며 창조적이고 생산적인 태도를 가지고 환난 때 기도하고 오히려 감사하고 찬양하십시오. 눈에 아무 증거 안보이고 귀에는 아무 소리 안 들리고 손에는 잡히는 것 없고 내 앞이 칠흑같이 어두워도 하나님만 생각하세요. 환난을 통하여 영광을 이루며 환난 가운데 형통을 주신 하나님을 찬미하게 될 때 얼마 있지 않아 안개구름은 확 사라지고 온 세계가 청량하게 비치는 하나님의 영광의 세계가 우리 앞에 전개될 것입니다.

환란을 통과하면 반드시 형통의 축복이 다가옵니다. 형통의 복을 받으려면 환란이 찾아오더라도 기쁨으로 감당을 하십시오. 하나님은 환란을 통하여 연단되고 단련되어 영적으로 더욱 깊어진 다음에 형통의 축복으로 역사하십니다. 고난의 종국은 형통입니다. 지금 환란과 풍파와 고난을 당하고 계십니까? 형통의 축복이 한 발 다가왔다고 믿으십시오.

그러면 하나님이 믿음을 보시고 환란과 풍파와 고난을 잠재우시고 형통으로 역사하십니다. 하나님은 절대로 연단되고 훈련되지 않으면 형통의 복을 주시지 않습니다. 고난이 오거든 달게 받고 통과하려고 하십시오. 그래야 형통의 축복을 빨리 받게 됩니다. 그러므로 환란과 풍파와 고난이 찾아 오더라도 절대로 원망이나 불평을 하지말고 감당하십시오, 반드시 형통의 축복을 받게 될 것입니다.

19장 형통하고 창대해지는 복

(욥기8:7)"네 시작은 미약하였으나 네 나중은 심히 창대하리라"

하나님은 세상에서 어렵고 힘든 사람들을 불러서 형통의 복으로 축복하십니다. 나중에는 창대하여 간증하며 전도하게 하십니다. 고전 1:26에 보면 교회 안에 들어온 사람들 중에 세상적으로 지혜로운 자나 능력 있는 자 그리고 집안이 좋은 사람들이 많지 않다고 말합니다. 예수님 당시에도 예수님을 따르던 사람들 중에는 문벌 좋은 사람들과 돈 많은 사람들도 있었으나 그들은 소수에 불과했습니다. 예수님을 따르던 무리들 중에 대부분은 그 당시 사회에서 멸시천대 받던 사람들이었습니다. 예수님의 친구들 중에는 우리나라의 난지도처럼 지지리도 못살던 베다니에 살던 나사로가 있었고, 창기 출신들도 많았습니다. 주님의 제자 중에서도 괜찮은 사람은 가룟유다 하나였다고 합니다.

그럼에도 불구하고 예수님을 믿고 신앙생활을 하는 사람들에게는 희망이 있습니다. 그 이유를 고전 1:27,28에서 말합니다. "그러나 하나님께서 세상의 미련한 것들을 택하사 지혜 있는 자들을 부끄럽게 하려 하시고 세상의 약한 것들을 택하사 강한 것들을 부끄럽게 하려 하시며 하나님께서 세상의 천한 것들과 멸시 받는 것들과 없는 것들을 택하사 있는 것들을 폐하려 하시나니" 하나님은 미련한 사람을 들어서 지혜로운 사람을 부끄럽게 하시고, 약한 자를 들어서 강한 자를 부끄럽게 하시고, 천한 자들과 멸시 받는 자들을 들어서 있는 자들을 부끄럽게 하시는 분입니다.

당신이 미련하고, 약하고, 천하고, 멸시 받는 사람의 입장에 있다면 철저히 하나님을 의지하여 지혜롭고, 강하고, 있는 자들을 부끄럽게 하는 형통하고 복된 성도들이 되기를 바랍니다.

그러면 지혜롭고, 강하고, 있는 자들은 어떻게 해야 할까요? 하나님은 무작정 심판하시고 멸하는 분이 아닙니다. 그런 사람은 하나님을 의지하고 내가 가진 지혜와 강함과 있는 것을 하나님의 뜻대로 사용한다면 하나님은 여러분의 지혜와 강힘과 소유를 더욱 복되게 하실 것입니다.

그렇다면 하나님은 무엇 때문에 미련하고, 약하고, 천하고, 멸시 받는 자를 들어서 지혜롭고, 강하고, 있는 자들을 부끄럽게 하시는 것일까요? 고전 1:29에 답이 나옵니다. "이는 아무 육체도 하나님 앞에서 자랑하지 못하게 하려 하심이라" 자신이 가진 지혜와 강함과 소유가 자신의 능력으로 얻게 된 것이 아니라, 하나님께서 주시는 것임을 알게 하려고 하시는 것입니다.

하나님이 복을 주시는 분이지 우리가 만들어 낼 수 있는 존재가 아닙니다. 그래서 누구든지 하나님 앞에서 자랑할 수 없게 하기 위함이라는 것입니다.

다윗과 사울이 좋은 예가 될 것 같습니다. 사울은 약한 자였습니다. 그는 사무엘이 자신에게 기름을 부어 이스라엘의 왕으로 삼으려 할 때 "나는 이스라엘 지파의 가장 작은 지파 베냐민 사람이 아니니이까 또 나의 가족은 베냐민 지파 모든 가족 중에 가장 미약하지 아니하니이까"라고 말했던 사람입니다. 사무엘이 이스라엘 백성들을 미스바로 불러모아 이스라엘 왕을 뽑을 때 사울의 행동을 보면 그는 정말 왕이 될 만한 사람이 아니라는 것을 쉽게 발견할 수 있습니다.

사무엘이 제비를 뽑아 이스라엘 12지파 중에서 사울이 속한 베냐민 지파가 뽑혔고, 다시 제비를 뽑아 사울이 속한 마드리의 가족이 뽑혔고, 다시 제비를 뽑아 사울이 뽑혔습니다. 제비뽑은 후에 사람들이 사울을 찾아도 사울이 없었습니다. 사울은 왕이 되는 것이 두려워서 짐 보따리 사이에 숨어 있었습니다. 그 모습을 보고 어떤 사람들은 "이 사람이 어떻게 우리를 구원하겠느냐"라고 하며 멸시를 했습니다. 그렇게 약한 자였으나 하나님은 그를 택하여 이스라엘의 왕으로 삼았습니다.

사울이 왕이 된 후에 하나님께서 은혜를 주셔서 그가 점점 강해져 갑니다. 그가 강해진 것이 그에게 오히려 독이 되었습니다. 그가 약할 때에는 하나님 앞에 겸손했고 전적으로 하나님을 의지했는데, 그가 강해지자 하나님을 붙잡지 못하고 하나님의 말씀을 버립니다. 그리고 나중에는 신접한 여인 즉 무당을 찾아가게 됩니다. 결국 하나님은 하나님을 버린 사울을 버리시고, 그를 멸망에 처하게 만드십니다. 마치 연이 하늘을 멋있게 날다가 끈이 끊어지면 곤두박질치는 것처럼 사울의 인생은 절망적인 나락으로 떨어지고 말았습니다.

　사울을 부끄럽게 하는데 사용된 사람이 다윗입니다. 하나님은 사울을 버리시고 다윗을 선택하사 사울을 부끄럽게 하시는 도구로 사용하십니다. 다윗이 사무엘을 통해서 왕의 기름부음을 받을 때 그의 직업은 양치기였습니다. 이스라엘에서 흔하고 천한 직업이 양치기입니다. 사무엘이 다윗에게 왕의 기름을 붓기 위하여 다윗의 아버지 이새의 집에 갔을 때에도 다윗은 양치기 일을 하고 있었습니다. 이새에게는 8명의 아들이 있었습니다. 이새는 사무엘이 자기 집에 온다고 하니 8명의 아들 중에서 선지자를 맞이해야 할 아들과 양을 지켜야 할 아들을 선택해야 했습니다. 만약 다윗이 아들 중에서 특출하게 잘났다면 이새는 다윗으로 하여금 사무엘을 맞이하게 하지 양치기를 시키지는 않았을 것입니다. 하나님은 그렇게 약한 다윗을 선택하셨습니다. 그리고 사울을 부끄럽게 만드신 것입니다.

　다윗과 사울은 싸움이라는 단어가 어울리지 않는 엄청난 간격이 있었습니다. 사울은 왕이었고 다윗은 베들레헴이라는 시골 동네의 이름 없는 양치기에 불과했습니다. 하지만 하나님은 다윗을 점점 강하게 하시고 사울을 점점 약하게 하셔서 결국은 다윗으로 하여금 승리하게 하신 것입니다. 대상 11:9에 보면 "만군의 여호와께서 함께 계시니 다윗이 점점 강성하여 가니라"고 말씀하고 있으며, 삼하 3:1에서는 "사울의 집과 다윗의 집 사이에 전쟁이 오래매 다윗은 점점 강하여 가고 사울의 집은 점점 약하여 가니라"고 말씀합니다.

지금 우리가 아무리 약하고 미련하고 천하고 멸시 받는 자리에 있다 하더라도 소망이 있습니다. 본문은 이렇게 말합니다. "네 시작은 미약하였으나 네 나중은 심히 창대하리라" 지금은 미약하지만 나중이 심히 창대하게 될 수 있습니다. 믿음을 가지십시오. 지금 힘들고 어려워도 "나의 나중은 심히 창대하리라"는 담대한 고백을 하며 이 어려운 세상을 승리하며 사시기를 바랍니다.

그렇다면 지금은 미약하고, 시작은 미약한 자가 나중이 심히 창대하게 되는 방법이 무엇입니까? 본문은 생각지 못했던 고난으로 완전히 망한 욥과 그의 친구들의 대화입니다. 욥은 엄청난 복을 받았으나 사탄의 시험으로 모든 것을 잃고 몸도 병이 들었습니다. 욥은 고통이 너무 심하니 사는 것보다 죽는 것이 더 낫다고 말합니다. 그런 고통이 몇 달 동안 계속되었습니다. 그에게는 작은 소망도 없었습니다. 그가 고통 중에 있을 때 친구들이 욥을 위로하러 찾아옵니다.

친구들이 욥을 보고는 너무나 기가 막혀서 7일 동안이나 말을 못했으니 욥의 형편이 어느 정도였는지 짐작이 갈 것입니다. 말문이 막혀서 7일을 말을 못할 정도이니 기가 막힌 것입니다. 빌닷이라는 친구가 이런 상황 속에 있는 욥에게 해결책을 제시하는 것이 본문의 내용입니다. 빌닷은 본문에서 2가지 해결책을 제시합니다. 빌닷이 제시한 "시작은 미약하였으나 나중이 심히 창대하리라"는 말씀은 하나님께서 우리에게 주신 말씀입니다. 이 말씀을 붙잡고 그 말씀대로 행하여 우리의 나중이 심히 창대하게 되기를 소원합니다.

1. 하나님을 찾으라.

5절에 보니 "네가 만일 하나님을 찾으며 전능하신 이에게 간구하고"라고 말합니다. 하나님을 찾아야 하는 이유는 모든 문제의 열쇠가 하나님에게 있기 때문입니다. 약한 자를 창대케 하실 수 있는 분이 전능하신 하나님이시기 때문입니다. 욥은 믿음으로 산다고 살았던 사람이지만 실제로 문제가 발생하니 하나님에게 긍휼을 구하며 하나님에게 도움을 구하지 않았습니다. 오히려 하나님과 변론하려 했습니다. 자신은 죄가 없는데 하나님께서 왜 이렇게 자신을 힘들게 하는지 모르겠다고 말합니다. 욥 32:1절로 2절에 보면 "욥이 자신을 의인으로 여기므로 그 세 사람이 말을 그치니 람 종족 부스 사람 바라겔의 아들 엘리후가 화를 내니 그가 욥에게 화를 냄은 욥이 하나님보다 자기가 의롭다 함이요" 라고 말합니다.

욥이 자신의 의를 강하게 주장하니 친구들이 말을 그쳤습니다. 더 이상 말할 필요가 없다는 것이지요. 심지어는 욥이 자기가 하나님보다 더 의롭다고 하니 친구들이 화를 내게 됩니다. 믿는 자들을 자세히 살펴보면 평상시에는 모든 문제를 해결하실 분이 하나님이라고 말합니다. 모든 좋은 것이 하나님께로부터 온다고 말합니다. 그러나 실제로 문제가 발생하고 무엇인가가 부족하면 그 문제를 풀고, 부족한 것을 채움 받기 위하여 하나님을 찾지 않고 다른 방법을 생각합니다. 혹시 요즘 어려운 문제가 있습니까? 내 능력으로는 도저히 해결할 수 없는 일들이 있습니까? 하나님을 찾으십시오. 간절히 하나님을 찾으십시오.

하나님은 하나님을 찾는 우리를 보시고 우리의 문제를 해결해주시고 우리의 나중이 심히 창대하게 되게 하실 것입니다. 그럼 하나님을 찾는다는 말은 무슨 의미입니까? 그 말은 하나님에게 도움을 구하는데 간절하게 적극적으로 구하라는 의미입니다. "해주시면 감사하고 안 해주시면 할 수 없고"가 아닙니다. 무슨 일이 있어도 해결하겠다는 적극적인 자세를 말합니다. 여기서 '하나님을 찾으며'라는 말씀을 표준 새번역에서는 '간절히 찾으면' 이라고 번역했고, 개역 성경에서는 '부지런히 구하면'이라고 했습니다. 박윤선 주석에는 "새벽에 구하라"고 풀이를 했습니다.

좀 쉽게 풀어보면 "하나님께 결사적으로 매달려라"입니다. "풀어야 할 문제가 있거든, 지금 너의 현실이 심히 미약하거든, 나중이 심히 창대하게 되기를 원한다면 하나님을 찾아라. 간절히 찾아라. 결사적으로 하나님께 매달려라" 그런 말입니다. 문제를 가지고 기도하고 응답이 없으면, 포기할 것이 아니라 다시 기도하고, 그래도 응답이 없으면, 새벽기도를 하고, 안 되면 철야기도를 하고, 그래도 안 되면 금식이라도 하면서 매달리라는 것입니다. 어떤 사람은 "하나님은 전능하시며 자비가 풍성하신 분이라 우리가 약하게 살살 찾기만 해도 응답해 주셔야 하는 것 아닙니까?"라고 의문을 제시할 수 있습니다.

물론 하나님은 우리가 한 번만 불러도 대답하실 수 있는 분이고, 우리가 극성스럽게 기도하지 않아도 바로 응답이 가능한 분입니다. 그런데 그런 하나님께서 적극적으로 간절하게 때로는 오랫동안 간구하게 하시는 이유가 무엇입니까? 그 이유는 하나님께서는 보이는 현실 세계만을 변화시키기를 원하지 않으시기 때문입니다. 우리가 당한 문제를 통해서 하나님을 찾고 하나님을 찾으므로 우리를 영적인 사람으로 만들기를 원하시는 것입니다. 사람은 육체를 가진 영적 존재입니다. 하나님은 우리의 육체만 축복하고 우리가 육체적인 만족에 목표를 두고 살기를 원하지 않으십니다. 육체는 옷과 같습니다.

욥은 "내 가죽이 벗김을 당한 뒤에도 내가 육체 밖에서 하나님을 보리라"(욥 19:26)고 말합니다. 가죽이 벗김을 당한다는 말은 육체적인 죽음을 말합니다. 인생은 육신의 죽음으로 끝나는 것이 아닙니다. 육신이 죽은 후에는 참된 나인 영이 육체 밖에서 하나님을 보게 됩니다. 하나님은 문제를 통해서 하나님을 찾는 사람의 문제를 해결하는데 목적이 있는 것이 아닙니다. 문제를 가진 사람이 간절히 하나님을 찾게 만들어서 문제를 해결하시는 것만 아니라, 그 문제를 통해서 영적인 사람으로 만드시는 것입니다. 바르게 알아야 합니다. 분명하게 하나님은 우리를 영적으로 만드시는 것입니다.

2. 그릇을 준비하라.

시작이 미약한 사람이 나중이 심히 창대하게 되려면 하나님이 풍성한 은혜를 주실 수 있는 사람으로 준비되어야 합니다. 6절에 보면 "네가 만일 청결하고 정직하면" 이라고 또 다른 조건을 제시합니다. 사람이 청결하고 정직하게 되는 것은 복의 그릇을 준비하는 것입니다.

하나님은 사람을 그릇으로 보십니다. 딤후 2:20에 보면 "큰 집에는 금 그릇과 은그릇뿐 아니라 나무 그릇과 질그릇도 있어 귀하게 쓰는 것도 있고 천하게 쓰는 것도 있나니"라고 말씀합니다. 우리 모두는 하나님 앞에서 그릇과 같은 사람들입니다. 금

그릇도 있고 은그릇도 있습니다. 또 나무그릇도 있고 질그릇도 있습니다.

다양한 그릇이 있는데 그 가운데 하나님이 천하게 쓰는 그릇도 있고 귀하게 쓰는 그릇도 있습니다. 기왕이면 하나님께 귀하게 쓰임 받는 그릇이 되어야 하겠습니다.

딤후 2:21에서는 하나님 앞에 귀하게 쓰임 받는 비결을 가르쳐줍니다. "그러므로 누구든지 이런 것에서 자기를 깨끗하게 하면 귀히 쓰는 그릇이 되어 거룩하고 주인의 쓰심에 합당하며 모든 선한 일에 준비함이 되리라" 하나님 앞에 귀하게 쓰임 받는 비결은 다른 것이 아니라 깨끗한 그릇이 되는 것입니다. 하나님이 우리에게 주시기를 원하시는 것은 너무나 좋은 것들이며 깨끗한 것입니다. 그런데 그것을 담을 그릇이 더럽다면 어떻게 하나님이 주시는 것들을 담을 수 있겠습니까?

깨끗해야 합니다. 그것이 참된 영적 능력입니다. 사람들은 자신은 변화되지 않으면서 하나님의 역사가 없다고 불평하고 원망합니다. 아무리 불평하고 원망해도 내가 변화되지 않으면 하나님은 역사하실 수 없습니다.

하나님은 우리의 신앙생활의 목표를 우리가 변하여 주님 닮아 가는데 두고 계십니다. 엡 4:11-12에 보면 성도들의 신앙생활을 위하여 사역자를 세우셨습니다. 목사를 세우신 이유가 성도들이 신앙생활을 잘하게 하기 위하여 세우신 것입니다. 그런데 사역자를 세우신 목적이 무엇입니까? "성도를 온전하게 하여 봉사의 일을 하며 그리스도의 몸을 세우려 하심이라"입니다. 성도를 온전하게 해서 봉사하게 만들고 그리스도의 몸 즉 교회를 세우려고 하시는 것입니다.

그런데 성도가 온전하게 된다는 말이 무슨 뜻입니까? 성도가 온전하게 되는 것은 예수님을 닮는 것입니다. 신앙생활을 하면 내가 변화되어 내게서 주님의 모습이 점점 더 드러나야 하는 것입니다. 이것이 하나님께서 우리의 신앙생활 속에서 가지고 계신 목적 중에 하나입니다.

그런데 나는 변화되지 않으면서 하나님이 주시는 심히 창대한 것만을 원한다면 그것이 이루어지겠습니까? 사업가 아버지가 아들에게 사업을 물려주려고 마음을 먹었어도 아들이 사업가로서 준비가 되지 않았는데 사업을 넘겨줄 수 있겠습니까? 우리는 신앙생활을 하면서 하나님께서 내게 요구하시는 변화가 무엇인지를 알아야 합니다. 그리고 나를 하나님이 원하시는 대로 변화시켜야 합니다.

이 일을 위하여 하나님은 우리에게 성령을 보내주신 것입니다. 롬 8:26에 보면 "이와 같이 성령도 우리의 연약함을 도우시나니"라고 말씀합니다. 성령님은 우리가 하나님의 뜻대로 변화되어지도록 우리를 돕습니다. 우리의 기도도 하나님의 뜻에 합당한 기도가 되도록 돕는 분입니다. 그러므로 온전히 변화되기를 원한다면 성령을 좇아가야 합니다. 그분의 인도하심을 따라 살아야 합니다. 육체의 소욕을 물리치고 성령의 소욕을 따라 살아야 합니다. 그래야 내가 하나님이 모든 좋은 것을 주실 수 있는 사람으로 변화되고, 내가 변화되어야 나의 나중이 형통하고 심히 창대하게 되는 것입니다.

그런데 우리의 신앙생활을 보면 나는 변화되지 않으면서 다른 사람만 변화시키려고 합니다. 내 눈의 들보는 보지 못하고 남의 눈에 티만 봅니다. 그래가지고는 하나님의 역사를 볼 수 없습니다. 변화에는 아픔이 있습니다. 자기를 쳐서 복종시키지 않으면 변화는 없습니다.

육체가 원하는 대로 살던 사람이 성령의 인도를 받아 산다는 것은 고통이 따릅니다. 육체의 소욕은 육체에 달콤하고 성령의 소욕은 육체에 쓴 약과 같습니다. 육체의 소욕을 따르는 것은 당장에 좋으나 나중에는 자신에게 큰 아픔을 주고 결국에는 사망을 이루는 것입니다. 성령의 소욕은 육체적으로 귀찮고 피곤한 것 같지만, 결국은 그것이 복이 되는 것입니다.

마치 시험을 앞둔 학생이 시험공부를 하는 것은 힘든 것이지만, 힘든 것을 참아내고 시험공부를 열심히 하면 좋은 성적이 나오는 것과 같습니다. 공부가 힘들다고 공부를 하지 않으면 보나마나 성적은 형편없는 것입니다. 자신을 변화시키십시오. 힘들어도 성령의 인도를 받으십시오. 육체를 쳐서 복종시키며 성령의 인도하심을 따라 사십시오. 그것이 나중이 형통하고 심히 창대하게 되는 길입니다.

3. 하나님께 기도하라.

"네가 만일 하나님을 부지런히 구하며" 뒤에 '빌고'라는 말을 다시 사용함으로 이 말은 단순히 기도만 하라는 것이 아니라 '하나님을 바라고 하나님을 신뢰하며 다가가는 것'을 말합니다. 사 55:7절 "악인은 그 길을, 불의한 자는 그 생각을 버리고 여호와께로 돌아오라 그리하면 그가 긍휼히 여기시리라 우리 하나님께로 나아오라 그가 널리 용서하시리라" 주께 돌아오고 주께 나아가라는 말입니다. 더 깊게 말하면 하나님을 전적으로 의탁하는 것을 말합니다.

욥5:8절 "나 같으면 하나님께 구하고 내 일을 하나님께 의탁하리라" 또, 주님께 도움을 요청하는 손을 흔드는 것을 말합니다. 욥11:13절 "만일 네가 마음을 바로 정하고 주를 향하여 손을 들 때에" 주님을 향하는 마음으로 간절하게 무엇인가를 요청하는 것입니다. '부지런히 구하며' 열심히 기도하라는 말씀입니다 만은 또 다른 의미로 '하나님의 낯을 뵈어야 한다.'는 뜻입니다. 즉 하나님을 만나야 한다는 것입니다. 하나님은 어떻게 만납니까? 그분의 말씀 속에서 만납니다. 시1:2절 "오직 여호와의 율법을 즐거워하여 그 율법을 주야로 묵상하는 자" 가 주님을 만나는 자요 복 받을 자입니다.

　모세는 가시덤불 불꽃 가운데서, 바울은 다메섹 도상에서, 대부분의 제자들은 고기 잡다가 바닷가에서 말씀하시는 주님을 만납니다. 또한 열심이 없으면 못 만납니다. 이스라엘에 소경이 바디매오 뿐입니까? 다 고침 받은 것이 아닙니다. 눈을 뜬 사람은 열심을 가지고 외친 바디매오입니다.

　"전능하신 이에게 빌고" 빈다는 것은 기도를 말합니다. 기도는 마땅히 해야 할 성도의 사명입니다. 그런데 기도가 또한 나중을 기대하게 만드는 도구가 됩니다. 은혜를 받고 성령의 은사를 체험하였어도 기도를 소홀히 하면 죽은 나무의 진액이 마름 같이 성령은 소멸되며 신앙생활에 생명력과 활기가 없어지면서 형식과 의식만이 남게 됩니다.

　기도의 단을 쌓은 자들이 훗날 축복의 단도 쌓을 수 있습니다. 심은 데로 거두기 때문입니다. 제자들이 귀신을 쫓아내지 못하자 답답했습니다. 막9:28-29절에 "우리는 어찌하여 능히 귀신을 쫓아내지 못하였습니까?" 라고 묻자, "기도 외에 다른 것으로는 이런 유가 나갈 수 없느니라" 기도의 힘을 역설한 대목입니다. 기도는 문제를 해결함으로 장래를 보장하는 도구가 됩니다. 지금 가지고 있는 문제를 계속 가지고 간다면 장래는 별로 희망이 없습니다. 그런데 기도는 그 문제를 해결하고 내일로 가도록 하는 장치입니다.

그러기에 기도하는 사람이 장차 창대한 복을 기대할 수 있는 것입니다. 눅18:1절 "항상 기도하고 낙망치 말라" 고 하셨는데 기도가 그 문제를 해결할 것이라는 말씀입니다. 기도에 확실한 언약이 있습니다. 마7:7-8절 "구하라 그러면 너희에게 주실 것이요 찾으라 그러면 찾을 것이요 문을 두드리라 그러면 너희에게 열릴 것이니 구하는 이마다 얻을 것이요 찾는 이가 찾을 것이요 두드리는 이에게 열릴 것이니라."

4. 부지런한 사람이 되라.

아무리 가진 것이 있다 하더라도 '열심 없는 사람, '열정 없는 사람은 형통하고 창대하여 성공할 수가 없습니다. 본문에서 "부지런히 구하며"란 말은 '밤이 새도록 열심히 찾는 것'을 의미하는 것입니다. 그렇습니다. 그런 사람은 하는 일마다 하나님께서 복으로 말미암아 형통하게 될 것입니다. 우리는 세 가지 면에서 부지런해야 됩니다.

첫째, '하나님을' 부지런히 찾아야 됩니다. 그러므로 신앙생활이 부지런해야 됩니다. "항상 기뻐하라. 쉬지 말고 기도하라. 범사에 감사하라." 그런 말씀을 하셨습니다. 잠언 8장 17절에 나를 간절히 찾는 자가 나를 만날 것이니라. 그 말을 히브리말로 "나를 새벽에 찾는 자가 나를 만날 것이다" 그랬습니다. 누구보다 먼저 하나님을 찾아라, 부지런히 찾아라, 새벽에 찾아라, 열심히 찾아라, 주님이 만나주신다는 것입니다.

시편 40편 16절에 "무릇 주를 찾는 자는 다 주로 즐거워하고 기뻐하게 하시며 주의 구원을 사랑하는 자는 항상 말하기를 여호와는 광대하시다 하게 하소서." 이렇게 말씀합니다. 그러므로 오늘 우리가 하나님을 찾고, 성령을 모시는 삶이야말로 신앙인의 최우선의 목표가 되어야 된다, 그 말입니다. 또 우리는 무엇이 부지런해야 됩니까?

둘째. 자기 직업에 부지런해야 됩니다. 근면하게 일하며 살아야 됩니다. 잠언 6장 7-8절입니다. 개미는 두령도 없고 간역자도 없고 주권자도 없으되 먹을 것을 여름 동안에 예비하며 추수 때에 양식을 모으느니라 이렇게 말합니다. 땀을 흘립니다. 애를 씁니다. 오늘 땀흘려 일하는 사람은 내일 기쁨으로 수확을 거둘 수 있습니다.

셋째, 봉사에 부지런한 사람입니다. 세상 명예, 권세만 가졌다고 그것이 귀하고 아름다운가요? 아니지요. 정말로 아름다운 것은 나보다 어려운 사람, 나보다 고통당하는 사람, 나보다 소외된 사람을 위해서 봉사하는 마음, 봉사하는 생활, 이것보다 더 아름다운 것은 없는 것입니다. 이런 사람들에게는 칭찬이 있습니다. 이런 사람들은 정말로 하나님께서 심히 창대하게 하는 복을 받게 되는 것입니다. 하나님의 은혜를 받았으면 교회에서 봉사를 부지런하게 해야 합니다.

5. 청결한 사람이 되라.

나중에 창대한 복을 받는 사람은 마음이 청결한 사람입니다. 마5장 8절 마음이 청결한 자는 복이 있나니 저희가 하나님을 볼 것임이요 이렇게 말씀했습니다. 그렇습니다. 마음이 순수하고 거리낌이 없어야 하나님을 볼 수 있습니다. 청결한 사람은 세 가지 특징이 있습니다. 야고보서 4장 2절로 3절입니다. "너희가 욕심을 내어도 얻지 못하고, 살인하며 시기하여도 능히 취하지 못하나니, 너희가 다투고 싸우는 도다. 너희가 얻지 못함은 구하지 아니함이요, 구하여도 받지 못함은 정욕으로 쓰려고 잘못 구함이니라," 말씀했습니다. 그렇습니다. 욕심을 가지고 구하는 것은 성경적 기도가 아닌 것입니다.

1) 청결한 사람특징은 욕심을 내지 않습니다. 또 오히려 남을 위해 더 주고, 또 주어도 복 받는 것이 하나님의 지혜인 것입니다. 그래서 우리가 정말로 하나님의 지혜로 사는 사람은 어떤 사람이냐? 베풀고 사는 사람입니다. 누가복음 6장 38절 말씀입니다. "주라 그리하면 너희에게 줄 것이니 곧 후히 되어 누르고 흔들어 넘치도록 하여 너희에게 안겨 주리라." 그런 은혜, 그

런 사랑, 그런 복을 다 받으시기를 주의 이름으로 소원합니다. 주님이 우리에게 가르쳐주신 말씀이 있습니다. 주라 그리하면 너희에게 줄 것이니 곧 후히 되어 누르고 흔들어 넘치도록 하여 너희에게 안겨 주리라. 말씀하십니다.

2) 청결한 사람은 하나님을 보듯이 미래를 봅니다. 기독교 신앙은 희망의 신앙입니다. 믿음은 뭡니까? 히11장 1절입니다. "믿음은 바라는 것들의 실상이요 보지 못하는 것들의 증거니" 그랬습니다. 그러므로 마음이 청결하게 되면 성령께서 미래의 비전을 보게 해 주시는 것입니다. 사도행전 2장 17절 "하나님이 가라사대 말세에 내가 내 영으로 모든 육체에게 부어 주리니 너희의 자녀들은 예언할 것이요 너희의 젊은이들은 환상을 보고 너희의 늙은이들은 꿈을 꾸리라." 이렇게 말씀하십니다. 우리가 예수 믿고 성령 충만함 받으면 우리가 꿈을 가지고 산다, 미래를 보면서 산다, 그 말입니다.

3) 또 청결한 사람은 자신을 겸손히 낮춥니다. 낮은 자리에서 배움이 있습니다. 낮은 자리에서 성장이 있습니다. 낮은 자리에서 남을 이해하는 마음이 생길 수 있습니다. 정말로 우리가 낮은 자리에서 사는 체험이 있을 때 우리가 높은 것도 누릴 줄 알고 살아간다, 그 말입니다. 정말로 우리는 꿈과 희망은 크게 갖되 우리의 삶은 항상 겸손한 마음으로 살아가야 됩니다.

6. 정직한 사람이 되라.

어떤 사람이 나중에 창대 하는가? 갈6장 7절 "스스로 속이지 말라 하나님은 만홀히 여김을 받지 아니 하시나니 사람이 무엇으로 심든지 그대로 거두리라." 이렇게 말씀하셨습니다. 그렇습니다. 많이 심으면 많이 나고, 적게 심으면 적게 나고, 안 심으면 안 나고. 하나님의 성경의 법칙입니다. 그러므로 정말로 나중에 심히 창대한 사람은 오늘 내가 좀 손해 보는 것 같다 하더라도, 인정받지 못한 것 같다 하더라도, 정직한 사람이 되어야 될 것을 성경은 말합니다.

정직한 사람은 더딘 것 같지만 계속 올라가고, 올라가고 정말 든든한 자리에서 힘이 있게 누리면서 일할 수 있습니다. 어쩌다 한번 요행으로 지도자의 위치에 서게 된 사람 또다시 또 추락할 수밖에 없습니다. 욥은 나중에 창대케 된 대표적인 사람입니다. 본문에 보면 수아사람 빌닷이 욥을 향해서 말한 것입니다. 욥을 향한 그의 주장이 모두 옳고 정당한 것은 아니었음에도 불구하고 이 말씀이 마치 예언과 같이 그대로 이루어졌습니다.

욥은 고생 많이 했습니다. 그런데 욥은 그 초년에 복보다 노년의 복이 갑절로 받았다고 그랬습니다. 4대 동안 자식을 보았다고 그랬습니다. 140세를 더 살고 나이 많이 늙어서 죽었습니다. 병으로 죽은 것이 아니라 늙어서 죽었습니다. 복중의 복을 욥이 다 받았습니다. 욥의 노년이 다 복을 받았습니다. 왜 그렇습니까? 그는 부지런했기 때문에, 그는 하나님께 빌었기 때문에, 그는 청결했기 때문에, 그는 정직했기 때문에 하나님께서 그를 축복하셨습니다.

말씀을 정리합시다. 지금 힘들고 어려워도, 지금 미약해도 우리에게는 희망이 있습니다. 왜냐하면 하나님은 미약한 우리들을 형통하게 하시고 심히 창대하게 하시는 분이기 때문입니다. 우리의 미래가 심히 창대하게 되기 위하여 하나님을 찾으십시오. 그리고 자신의 그릇을 변화시키십시오. 그래서 현실적인 문제도 해결되고 영적인 변화까지 경험하는 모두가 되기를 바랍니다.

이 책을 통해 예수님이 땅끝까지 전파 되기를 소원합니다.
(출판으로 인한 이익금은 문서선교와 개척교회 선교에 사용합니다.)

형통의 복을 받는 법

발 행 일 ｜ 2013.09.05 초판 1쇄 발행

지 은 이 ｜ 강요셉

펴 낸 이 ｜ 강무신

편집담당 ｜ 강무신

디 자 인 ｜ 강은영

교정담당 ｜ 원영자/최옥희

펴 낸 곳 ｜ 도서출판 성령

신고번호 ｜ 제22-3134호(2007.5.25)

등록번호 ｜ 114-90-70539

주   소 ｜ 서울 서초구 방배천로 4안길 20(방배동)

전   화 ｜ 02)3474-0675/ 3472-0191

E-mail ｜ kangms113@hanmail.net

유   통 ｜ 하늘유통. 031)947-7777

ISBN ｜ 978-89-97999-14-9 부가기호 ｜ 03230

가   격 ｜ 18,000원

이 책의 내용은 저자의 저작물로 복제,복사가 불가합니다.
복제와 복사시 관련법에 의해 처벌을 받게 됩니다.